티베트 돈점 논쟁 연구

프라즈냐 총서
37

티베트 돈점 논쟁 연구

| 『돈오대승정리결頓悟大乘正理決』을 중심으로 |

박건주 著

운주사

책을 펴내며

8세기 말 티베트에서 펼쳐진 인도 전래의 점법과 중국 전래의 선종 돈법 사이에 펼쳐진 이른바 돈점 논쟁은 종래 티베트 자료에 의해 그 내용이 전해지고 이해되어 왔으나, 1세기 전 발굴된 돈황문헌 가운데 중국 측 기록인『돈오대승정리결頓悟大乘正理決』이 발견되면서 새로운 양상을 띠고 활발히 의론되게 되었다. 1952년 프랑스의 폴 드미에빌 (Paul Demiéville, 1894~1979)은 이 본을 발견하고, 연구 출간함으로써(Le Concile de Lhasa, Paris, 1952/1986) 이후 이 분야 연구의 서막을 열었다. 중국과 티베트 문헌의 상반된 기술은 당연히 여러 의론을 일으켰고, 돈점 논쟁의 해명과 진상을 추구하는 세계 각국의 연구가 이어졌다. 국내에서도 늦게나마 드미에빌의 글이 국역되었고(2011~2015), 몇몇 연구논저가 이루어졌다. 또한 티베트 자료를 국역하고 해설한 성과도 나왔다.

필자는 주로 중국 선종의 법문을 연구 해설 소개하는 분야에 힘써 왔는데 대부분 티베트 돈점 논쟁에 직결되는 내용들이다. 그런데 필자의 입장에 의하면, 이 논쟁에 직접 참여하였던 인도 점법승漸法僧들을 비롯하여 지금까지 이에 대한 여러 연구 성과들도 선종의 돈법頓法 이해에 미진하거나 잘못된 부분들이 있다고 보았기 때문에 이 문제에 대해 나름대로의 입장을 펼쳐보고자 하였다. 본 연구를 통하여 세계

각국의 연구성과가 갖추지 못한 부분과 미진한 면들을 보완하고자 하였다.

불교의 모든 수행법은 점법과 돈법으로 크게 구분된다. 티베트에서의 돈점 논쟁을 올바로 깊이 이해한다면 불법의 수증론修證論 전반을 이해하고 꿰뚫을 수 있게 된다. 점법에 대해서는 대부분 익히 알고, 알 수 있는 분야이지만 돈법은 그렇게 쉽게 파악될 수 있는 법문이 아니다. 그래서 인도 불교를 대표하는 연화계蓮花戒(Kamalasila, 740~795) 등도 대승경론을 통해 돈법을 자세히 해설한 중국 선종의 마하연 선사의 답변을 제대로 받아들이지 못하고 있다.

본서의 검토를 통하여 돈점 논쟁의 진정한 결과와 그 배경을 파악하는 과제도 소중하고, 당연히 추구되어야 할 것이지만, 그보다 더욱 중요한 사항은 마하연 선사가 설파한 돈법을 어떻게 올바로 깊이 이해하느냐 하는 것이다. 양자의 대론對論에서 두 입장이 뚜렷이 대비되는 까닭에 본 논쟁의 여러 자료가 돈법을 이해하는 데 좋은 자료가 된다. 본 연구의 주안점은 무엇보다도 돈법을 자세히 깊이 해설함으로써 가능한 한 온전히 이를 이해토록 함에 있다. 종래의 여러 연구에 가장 부족하고 미진한 면이 바로 돈법을 깊이 있게 제대로 해설하지 못하고 있다는 점이다. 때문에 이 논쟁의 진상과 의미를 올바로 파악하지 못한 부분이 많다.

본서를 기획한 지 어언 10년이 되었다. 근래 세계 학계의 관련 자료 소개 해설이 이어지고, 티베트 자료가 일부분이나마 국역되어 소개되었으며, 드미에빌의 저서가 국역되면서 그간 연구의 진전을 가로 막았던 사항들이 대부분 해소될 수 있었다. 늦게나마 본서가 출간을 하게 된 것은 실로 이러한 여러 선행 연구들의 성과에 힘입었기 때문이다.

점법과 돈법의 차이와 그 위상位相 및 각 행법이 시설된 의의를 파악하는 일은 모든 불자가 필수로 거쳐야 할 사항들이다. 본서를 통하여 그러한 사항들이 해명되고 통달되어지길 바란다.

2017년 6월

無等山下 元照 박건주 讚佛

I. 서론

1. 티베트 돈점 논쟁 개관

8세기 말 티베트에서 마하연(摩訶衍, 생졸년도 未詳)을 중심으로 한 중국 선종의 돈법론頓法論과 후기인도불교를 대표하는 적호(寂護, Śāntarakṣita, 보디싸따, 725~788)와 연화계(蓮花戒, Kamalaśila, 740~795)를 앞세운 인도의 점법론漸法論 사이에 논쟁이 펼쳐졌다. 종래 이 논쟁은 '라싸의 종론宗論(또는 對論)'·'삼예(gSam yas)의 종론'으로 칭해졌으나 여러 곳에서 여러 차례 펼쳐졌다는 점, 그리고 그 핵심 주제가 돈점 문제라는 점에서 '티베트 돈점 논쟁'으로 칭하는 것이 타당하다. 티베트는 불교를 인도와 중국으로부터 각각 받아들였는데, 이 두 불교가 수증론상修證論上에서 너무 다른 입장을 취하고 있었기 때문에 논쟁이 펼쳐지게 되었다. 대론對論의 결과에 대해서는 양쪽의 자료에 상반된 내용이 기술되어 있어 그 진상을 살펴보는 일이 중요하다. 그 사실관계를 밝히는 것도

중요한 일이지만 아울러 양편의 입장을 먼저 명확하게 이해하는 것이
선결과제이다.

    티베트에 불교가 전입傳入된 모습이 어느 정도 뚜렷해진 시기는
대략 7세기부터이다. 티베트는 함형 원년咸亨元年(670)부터 장수 원년長
壽元年(692)까지 22년간 구자龜玆·우전于闐·소륵疏勒·쇄엽碎葉 등 안
서사진安西四鎭 지역을 지배한 적이 있는데 이 지역은 5세기 이래
소승과 대승이 함께 성행하였고, 7세기와 8세기에 이 지역을 여행한
현장玄奘의 『대당서역기大唐西域記』와 혜초慧超의 『왕오천축국전往五
天竺國傳』에서도 그러한 모습을 알 수 있다.[1] 지리적으로 티베트는
안서지역의 불교가 먼저 전입된 것으로 보인다. 그러나 토착종교인
뵌교의 맹렬한 불교 배척 활동이 이어져 불교의 유포가 쉽게 이루어지
는 못하였다. 33대 쏭쩬감뽀(松贊干布, Sron btsan sgam po, 629～650
재위) 왕은 여러 부족국가를 통합하고, 티베트문자를 창제한 후 불경을
들여오고 번역사업과 사원 건축을 일으켰다. 이어 당唐의 문성공주(文成
公主, ?～680)와 네팔의 티쭌공주와 혼인하였고, 그녀들에 의해 불경
등의 여러 전적典籍과 문물이 다수 전입되었다. 아울러 인도와 중국의
고승을 적극 초빙하였다. 37대 티데쭉땐(704～754 재위) 왕 때는 당의
금성공주(金城公主, 695～739/740?)를 왕비로 맞이하게 되어(710년) 불교
사찰이 여러 곳에 건립되고 중국승려가 주석하였으며, 불경이 전래
번역되었다.

---

1 이에 대해서는 釋慧嚴, 「中國禪宗在西藏(『中華佛學學報』 7, 1994. 7.) 참조.

중국과 티베트의 일부 자료에서 금성공주의 아들로 전해지는[2] 티쏭데짼(赤松德贊, 742년 출생, 755~797 재위) 왕이 즉위하여 뵌교를 강력하게 제압하고, 그 사제들을 소집하여 불교의 승려가 되거나 평민이 되거나 변방으로 이주할 것을 선택하도록 하였다. 그리하여 779년에는 불교를 국교로 정식 선언하였다. 그는 770년대에 인도의 명승 보디싸따(寂護, Śantaraksita)와 빠드마삼바바(蓮華生, Padmasambhava)를 초빙하였다. 이들은 백성을 감화시키고, 삼예사의 건립(775~779)을 지도하는 등 티베트불교의 초창기 건립에 중요한 역할을 하였다. 768년부터 범어의 학습이 시작되고, 역경사업이 발족되었다.[3] 또 781년에는 공식으로 중국에 사절을 파견하여 법사法師를 보내줄 것을 청하였다.

중국과 티베트의 관계는 당 현종(玄宗, 712~756 재위) 때 우호조약이 이루어져 대체로 안정된 상태였으나, 727년 티베트 장수 실낙라(悉諾邏, 悉諾邏恭祿)가 개인적 탐욕으로 조약을 어기고 옥문관 지역인 과주瓜州를 공략한 이래 수십 년에 걸쳐 연이은 티베트의 중국 공략이 펼쳐지게 되었다. 이에 대처하여 튀르크족(돌궐족) 출신 중국 장수 가서한(哥舒翰, Keshu Han)이 747~754년간에 성공적으로 티베트를 공략한 바 있었지만, 755년에 일어난 안사의 난(安史亂)으로 위태해진 중앙 지역을 지원

---

2 금성공주와 티쏭데짼의 친자 관계에 대한 중국과 티베트의 자료에 대한 상세한 소개와 해설은, Paul Demiéville의 저서: 국역본, 김성철·배재형·차상엽 공역, 「라싸 종교회의: 서기 8세기 인도와 중국 불교도들의 돈頓/정적靜寂주의 논쟁」(『불교학리뷰』 9, 2011의 각주 7), pp.275~286 참조. 드미에빌의 고증에 의하면 티쏭데짼은 742년에 탄생했고, 금성공주는 739년에 사거하였기 때문에 금성공주의 아들일 수 없다고 단언하고 있다. 위의 국역(2011), pp.284~285.

3 山口瑞鳳, 「摩訶衍の禪」(『敦煌佛典と禪』, 東京, 大東出版社, 1980), p.382.

하기 위해 농우隴右 하서河西의 삭방군朔防軍이 동쪽으로 이동하자 그 틈을 노린 티베트는 농우 지역을 석권하기 시작하였다. 763에는 12일간 장안長安 지역을 점거하다가 하서 지역으로 방향을 돌려 764년에는 양주涼州를 공략하였다. 감주甘州와 숙주肅州는 766년, 과주瓜州는 776년, 돈황 지역인 사주沙州는 10년간의 포위 끝에 781년(786년 또는 787년)에 점령하였다. 돈황 지역을 점령한 기간은 대중大中 2년(846) 전후(848/850년?)까지 60여 년이다. 그 이전에도 한승漢僧이 포로가 되어 티베트에 오게 된 예가 종종 있었지만 점령한 기간에는 당연히 더 많았을 것이다.

마하연 선사는 돈황에서 활동하고 있었고, 대덕大德으로 칭해지는 명승이었다. 그는 포로라기보다는 초빙되어 온 예에 속한다. 본 논쟁의 중국 측 기록인『돈오대승정리결頓悟大乘正理決』에 의하면 마하연은 사주沙州가 함락되던 때 티베트 왕의 은명恩命을 받아 티베트에 입국하게 되었다고 하였다. 이때 마하연과 함께 한승漢僧 3인이 초빙되었다고 한다. 그리고 그즈음 인도로부터 30인의 승려가 초빙되었다. 돈황이 티베트에 점령된 이후 786~787년 무렵 북종 신수神秀의 재전제자再傳弟子로서 이 지역에서 존숭을 받으며 활동하고 있던 마하연 선사는 티베트에 초빙되어 선종의 돈법을 펼치게 된 이후 그 교세가 날로 성장하였다. 왕비와 왕의 이모 및 귀부인 30여 인이 출가하였다. 또 그의 신도가 5천여 인에 이르렀다고 한다. 당시 티베트에는 770년대 이래 연화생(蓮華生, 파드마삼바바)과 적호가 티베트불교 초창기를 이끌며 그 법문이 상당한 영향력을 얻고 있었다. 이러한 상황에서 양측의 수증론修證論

사이에 토론이 펼쳐지게 되었다.

  티베트 사서史書 『까탕데응아(五部遺敎)』「돈문직입장頓門直入章」에 의하면 792년 왕의 명령으로 펼쳐진 논전 이전에 티쏭데짼 왕과 종교지도자 뻴양 및 까와뻴쩩 등의 티베트인 5명과 인도의 아사리 다르목따라 등 3인과 중국의 마하연 화상을 비롯한 31명의 선사들이 함께 모여 각자의 주장을 개진한 바 있다고 한다.[4] 이에 의하면 후술하는 왕이 주관하여 펼쳐진 두 차례의 공식 대론을 포함하여 최소한 3회의 대론이 있었음을 알 수 있다. 마하연 선사 이전에도 중국불교가 유입된 바가 있었지만 별로 주목받지 못한 상태였다. 그러나 마하연 선사의 활동으로 그 세력이 짧은 기간에 성대해지자 이를 시기한 인도의 점법을 따르던 세력들이 마하연이 주장한 선법禪法은 불설佛說이 아니고, 불설에 합당하지 않으며, 그러한 행법行法으로 성취가 가능할 것인가 하고 비판 공격하며, 이를 금지할 것을 티베트 왕에게 요청하였다. 티베트 측 기록에 의하면, 그들은 왕에게 그 흑백을 가려야 함을 청하였고, 마하연과 왕이 그에 응함으로써 792년 왕이 관여한 첫 번째 대론이 펼쳐지게 되었다. 그런데 중국 측 기록인 『돈오대승정리결頓悟大乘正理決』에 의하면 인도 점문(漸門, 漸法派)의 공격이 격심해지자 중국 마하연 선사가 티베트 왕에게 청하길, 인도 바라문승(『대승입정리결』은 인도에서 온 승려들을 '바라문승'으로 칭하고 있다)들로 하여금 질문사항을 제출하게 하면 자신이 답을 하도록 하겠으며, 답변이 조금이라도 불설에 어긋나면 당장 포교를 중지하겠다고 약속하였다고 한다. 이를 승낙한

---

4 중암 저, 『까말라씰라의 수습차제 연구—쌈예(bSam yas)의 논쟁 연구—』, 불교시대사, 2006, p.97.

왕은, "바라문승들은 연도별로 매월 경의經義를 수색搜索해서 자주 질문할 항목을 올리고, 힘써 잘못된 곳을 찾아 모으시오!"라고 명하였다. 즉 대론의 방식은 일단 질문자가 글로 작성하여 상대측에 보내고, 답변자가 이에 대해 또한 글로 답변하여 보내는 것이었다. 그 과정이 왕에 의해 보고되고 직접 열람하는 형태였다. 그 과정에 통역자가 항상 참여하였다. 『돈오대승정리결』에 의하면 점문漸門에서는 거의 1년 동안 거듭 준비하여 누차 질문사항을 주상奏上하였고, 마하연은 그때마다 모두 명쾌하게 답변하였다. 또한 그 시작이 신년(申年, 792년) 초부터였고, 양측 자료에 의하면 결말이 술년(戌年, 794년) 정월 15일에 티베트 왕의 명령에 의해 내려지고 있기 때문에 이 1차의 대론 기간은 1년에서 2년 사이의 기간에 걸쳐 행해진 것이 된다.

제1차 대론에서 마하연 선사의 경론에 의거한 자세한 답변으로 결국 할 말이 궁해진 점법승들은 대론으로 돈법에 패배하게 되자 대신들을 움직여 돈법의 금지 조치를 내리게 하였다. 이에 분격한 돈문頓門에서 자살로 항의하고, 30인이 연명連名하여 선종이 허용되지 않으면 환속하겠다고 주상하였다. 티베트 돈법 계통의 거센 반발로 입장이 곤란해진 점법 세력과 왕의 주변은 결국 금지령을 해제하였다. 그리고 왕은, 마하연의 선법은 불설에 기반한 것으로 어떠한 잘못도 없으니 그 가르침을 받드는 것은 자유라고 선언하였다. 『돈오대승정리결』은 그 결말을 다음과 같이 기록하고 있다.

술년(戌年, 794년) 정월 15일에 이르러 왕이 크게 명을 내렸다.
"마하연이 개시開示한 선의禪義는 경문을 지극히 다 편 것으로

하나도 어긋남이 없다. 지금부터는 도속이 모두 이 법에 의거하여
수습하게 하라!"

즉 티베트 왕은 명백히 마하연 선사 측의 승리를 선언하고 있다.
그러나 티베트 측 기록들은 점문漸門의 패배 사실을 기록하지 않고
있다. 이를테면 『땐빠응아다르기최중(고대티베트불교사)』에 '인도불교
를 지지하는 측에서 792년에 선종의 금지를 왕에게 제안하게 되고,
왕은 그와 같이 금지명령을 내리게 된다. 이에 중국의 선종을 따르는
자들 가운데서 자살하는 등의 방법으로 거세게 저항하고 나서자, 왕은
793년 말경에는 다시 선종을 허락하는 윤허를 내리게 된다'[5]고 하여
왕의 돈법 윤허가 대론에 의한 것이 아니라 단지 돈법파의 거센 저항에
의한 것이라고만 기술하고 있다. 또 1차 대론 이후 곧바로 연화계(蓮華戒,
까말라씰라)를 초빙하여 마하연 선사에게 대적對敵하게 한 일에 대해서
도 788년 입적한 적호(Śāntarakṣita, 보디싸따)의 예언에 따라 인도에서
그의 제자 연화계(까말라씰라)를 795년에 초빙해 와서 마하연 선사에게
대적케 하였다고 기술함으로써 논전에서 자신들이 패배한 것을 감추고
있다. 그러나 새로 대적할 자를 인도에서 초빙해 왔다는 기술 자체가
자신들의 패배를 자인自認하고 있다.

이에 친교사 예시왕뽀(Yeśe dban po)가 795년 인도로부터 적호寂護
의 제자 연화계(까말라씰라)를 초빙하여 마하연과 대결하도록 하는
안을 제기하여 사자使者가 인도에 파견되었다. 이에 마하연은 4개월간

---

5 중암 저, 앞의 책, p.96.

논전 준비를 하게 된다. 까말라씰라는 795년 쌈예사 보리원에서 왕의 입회하에 논전을 펼치게 되었다. 티베트 자료들에 의하면 이때 마하연은 패배하고, 한토(漢土, 중국)로 돌아가게 되었다고 전한다. 티베트 자료『바새(桑耶寺誌)』에 의하면 이 제2차 대론에서 인도의 까말라씰라뿐 아니라 뺄랭과 예시왕뽀 등 티베트 종교지도자도 점문을 지지하여 돈문에 대한 날카로운 비판을 전개하고 있다(후술).『바새』는 제2차 대론의 결말을 다음과 같이 기술하고 있다.

이에 뙨민(頓門)이 변론의 의지를 상실한 채 꽃다발을 던지고 패배를 인정하였다. 그때 화상의 시자인 쪼마마는 분을 못 이겨서 자살하였다.
이에 국왕이 선언하되, "단박에 깨쳐 들어간다고 주장하는 중국 화상의 선법은 십법행十法行을 훼멸하는 법이므로 행하지 말라. 마음이 우매해서 자타로 하여금 수심修心의 문을 막고 중단시킨다면 마음은 몽매해지고 법은 쇠락하게 되니, 그와 같은 법은 화상 그대만이 닦도록 하라.
…(중략)…
대저 티베트는 땅이 외지고 궁벽하며, 사람의 심성은 우둔하고 성정이 거칠어서 이와 같은 법을 이해하기가 힘들고 어렵다.[6]

점문파들이 돈문을 비판한 내용들은 실은 돈문의 진정한 뜻을 제대로

6 중암 저, 앞의 책, p.112에서 재인용.

이해하지 못하고, 편협하게 한쪽으로 치우친 해석으로 비판한 것이고, 그 비판에 영향 받은 왕이 돈문의 문제점으로 제시한 사항도 잘못된 이해에 의한 것임은 후술한다. 또한 티베트 자료가 지니는 보다 중요한 문제가 있다. 즉 점문들의 비판에 대한 마하연 선사의 답변 내용이 보이지 않는다는 것이다. 맨 먼저 마하연 선사가 돈문을 간략히 소개하는 1회의 발언이 있지만, 이어지는 점문파의 여러 비판의 질문에 답변한 내용은 보이지 않는다. 이렇게 한편의 발언이 결락된 대론의 기록은 정상적인 대론의 기록이라 할 수 없다. 그런데 왕의 판결에 보다 중요한 결정적 영향을 준 것은 바로 "대저 티베트는 땅이 외지고 궁벽하며, 사람의 심성은 우둔하고 성정이 거칠어서 이와 같은 법을 이해하기가 힘들고 어렵다."고 한 데서 드러난다. 사실 돈문의 선지禪旨는 점문의 법을 어느 정도 닦아보아야 알 수 있는 것이고, 대승의 교의를 상당히 깊이 있게 통달하여야 실천할 수 있다는 문제가 있다. 당시 티베트 백성들은 문맹자도 많고, 불교 초심자가 대부분이어서 돈문이 대중적인 법으로서 펼쳐지기는 어려운 바가 있었다. 마하연 선사가 처음 티베트에서 돈문을 펼쳤을 때 상당히 많은 수가 돈문을 이해하여 그 신행자가 된 바 있지만 그들은 대부분 티베트 귀족층으로서 지성인에 속한 자들이었다. 티베트를 불교국가로서 통치하고자 한 티베트 왕으로서는 일반 백성들에게 너무 어려운 돈법으로는 티베트에서의 불교 대중화를 이루기 어렵다고 판단한 것으로 본다. 그래서 그는 티베트 백성을 '우둔하고 성정이 거칠다', '이와 같은 법(돈법)을 이해하기가 힘들고 어렵다'라고 돈법 배제의 이유를 제시하고 있는 것이다.

이렇게 본다면 돈점 논전에서 돈법에 잘못이 있거나, 점법보다 못해

서 제2차 대론의 결과가 결정된 것은 아니라고 보아야 한다. 돈문이
꽃다발을 던져 패배를 인정하였다고 하였으나, 티베트 자료에 기술된
논전의 담론 내용상 1차 대론과 별다른 차이가 없는데 논전상 패배를
선언할 이유도 없다. 즉 거의 같은 내용의 문답이 펼쳐진 것이고,
거의 반복된 주제로 거의 같은 문답이 오고간 것일 뿐이다(후술).
통치자의 입장에서 볼 때 돈법은 우매한 티베트인들에게 적합하지
않았다는 것이 가장 큰 이유였다. 티베트를 불교로 통치하고자 했던
왕으로서는 난해하여 국민이 이해하기 어렵고 따르기 어려운 돈법을
선택하기 난감한 일이었을 것이다. 더구나 점법파에서는 돈법에서
수증상修證上의 여러 행을 하지 않는다는 '불행不行'의 법문을 집중
공략하여 복덕과 지혜의 두 자량資糧을 쌓아가는 불교의 근간도 부정하
고 있다고 맹공하였다. 심지어 돈법파는 드러누워 아무 것도 할 필요
없다고 가르친다고 과장하여 공격하였다. 그러나 마하연 선사의 법문
그 어디에도 드러누워 아무 것도 하지 말라는 가르침은 없다. 이는
경론에 설해진 불행不行의 선지禪旨를 전혀 무시하고, 그 단어만 들어
모략적으로 비난한 것에 지나지 않는다. 대체로 무지몽매한 집단에게
는 먼저 복덕행을 강조하여 신심信心을 키우는 것이 선행되어야 할
필요가 있다. 티베트의 당시 정황으로는 복덕행을 먼저 제시해야 할
필요가 있었다. 또한 돈법은 사실 점법을 어느 정도 익히고, 불교
전반의 지혜행도 터득한 바탕에서 이해되고 행해질 수 있는 것이다.
처음 마하연 선사의 돈법 법문을 듣고는 이를 따르게 된 이들은 상당히
수준이 높은 귀족층이었다. 따라서 제1차 대론과 정반대의 결단을
내린 티베트 왕의 입장은 충분히 이해될 수 있는 것이다. 다만 그

결과에 의해 돈법과 점법의 우열을 가리거나 승자와 패자의 단어로
양자의 위상位相을 판별하려는 것은 잘못이다.

　한편, 중국 측 기록인『돈오대승정리결』에는 제2차 대론에서의 패배
기록이 아예 보이지 않는다. 이 중국 측 기록은 후일 마하연 선사가
돈황에 귀환한 후 속가제자인 왕석王錫에게 기록하게 한 것이다. 여기에
는 티베트 측 자료보다 훨씬 많은 문답의 내용이 기술되어 있고, 문답을
시기별로 구분하여 "구문舊問, 구문제일舊問第一… 등이나 신문新問,
신문제일新問第一 제이第二…, 재신문再新問, 재신문제이再新問第二…"
등으로 표시하고 있다. 여기서 구문舊問을 제1차의 대론對論, 신문新問
을 제2차의 대론을 각각 구분한 것으로 볼 수도 있으나 1차의 대론만
해도 1년 이상의 긴 기간 동안 계속된 것이고, 왕에 의한 승패의 판결이
1차의 1회만 기술된 까닭에 그 문답 내용이 모두 제1차의 대론 내용으로
보아야 할 것이다. 또한 그　말미에 마하연 선사가 티베트 왕에게
올린 상주문이 기록되어 있는데, 거기에 자신이 패배하였음을 드러내는
내용이 보이지 않는다(후술).

　따라서 티베트 자료들은 제1차 대론에서의 패배 사실을 인정하는
직접적 표현을 하지 않았고, 중국 측 자료에는 제2차 대론의 내용이
실려 있지 않은 셈이다. 제2차 대론에서의 문답 내용이 1차 때와 거의
같은 것이어서 생략한 것일 수도 있고, 패배로 결정된 일을 기록할
의향이 없었던 때문일 수도 있다. 이상 양측 자료의 기술 차이는 여러
의혹을 일으키고 있어 그 진상을 파악하기 어렵게 한다.

　그런데 또 하나의 가능성이 있다. 까말라씰라(연화계)는 2차 대론이

끝난 후 같은 해 795년 입적하고 있는데, 그는 대론이 끝난 후 짧은 시일 동안에 티베트 왕의 요청으로 점법의 대강을 기술한 3부部의 『수습차제修習次第』를 저술하였다. 1차 대론이 같은 해 1월 15일에 끝났고, 네팔 지역에 있던 까말라씰라가 티베트에 초빙되어 온 기간과 저술 기간을 고려하면 2차 대론은 1차에 비해 소요 기간이 1, 2개월 정도로 훨씬 짧았을 것이다. 그런데 드미에빌도 지적한 바 있는 것과 같이 티베트 왕은 처음부터 점법에 기울어 있었고, 그 편에 서 있었다. 제1차 대론 이전에 이미 점문의 주장에 따라 돈문을 금지시킨 바 있었다. 1차 대론의 결과 돈문을 승인한 셈이지만 당시 티베트의 종교 지도자였던 뺄양(친교사)과 예시왕뽀(전임 친교사) 등은 점문 지지자들이었다. 그래서 마하연 선사의 활동으로 돈문이 어느 정도 세력을 얻었다 하나 아직 정계의 주력은 점문의 세력 하에 있었다. 그래서 왕은 1차 대론의 판결에서 돈문의 승리를 선언하였는데도 불구하고, 곧바로 예시왕뽀 등 점문의 뜻에 따라 까말라씰라를 초빙하도록 하여 제2차 대론의 개최를 승인한 것이다. 1차 대론에서 결정이 되었으면 그 결정에 따라 종교정책이 이루어져야 할 것인데, 1차 대론이 종결되자마자 곧바로 다시 새로 대론을 하도록 한 것은 왕 자신이 어쩔 수 없이 돈문의 승리를 선포하였지만 그 결과에 불만스러워했다고 볼 수 있다. 또한 중앙 정계 점문파의 집요한 비판과 요구를 수용하지 않을 수 없는 사정도 있었을 것이다. 제2차 대론에서 점문파가 비판한 내용이 사실은 제1차 대론에서 이미 논급되었던 사항들이고, 그에 대한 답변이 마하연 선사에 의해 설해진 바가 있었는데도 불구하고, 그 비판을 같은 내용으로 반복한 것에 지나지 않는데 왕이 정반대의 판결을 내리고 있기 때문에 이 제2차의 대론은 점문의 승리가 이미 예정된 가운데 치루어진 요식행위에 가까운 것이었을 가능성이 크다. 불교정책을 결정해야 하는 왕으로서 돈문의 법으로서는 티베트 백성을 불교로 이끌기가 어려운 일임을 알고 있었기 때문에 제2차 대론에서 돈문이 또 승리하게 될 것을 두려워했을 가능성이 있다. 이러한 사정들에 의하면 제2차 대론은 정상적인 대론의 모습으로 진행되지 못하고 거의 일방적인 비판의 질문 위주로 펼쳐진 것으로 보인다. 티베트 자료에 비판에 대한 마하연 선사의 변론 답변이 전혀 없고, 중국 측 자료인『돈어대승정리결』에는 제2차 대론에 대한 기록이 전혀 없는 것은 그 때문일 가능성이 있다. 제2차 대론에 대한 왕의 판결에서 1차 대론에서와는 달리 마하연 선사의 답변을 평가한 내용은 전혀 없고, 단지 돈법은 당신이나 하고, 티베트 백성은 우둔하여 그러한 돈법은 적합하지 않다고 한 것은 돈법에 대해 왕이 평소에 가지고 있던 입장을 그대로 공표한 것이다. 여러 점문파들의 연이은 비판이 이어진 기회를 이용해서 돈문을 내친 것이라고 생각한다.

2차 대론 이후 돈황으로 귀환하여 활동하고 있는 마하연 선사에 대한 기록이 있다(후술). 그런데 티베트 자료『부뙨최중(부뙨불교사)』에는 對論이 끝난 얼마 후 까말라씰라가 마하연 선사 측이 보낸 자객에 의해 살해당했다고 기술한다(후술). 그러나 이러한 일은 일어나기 어려운 일이었다. 돈황은 이 이후에도 약 30여 년 티베트 지배하에 처해 있었다. 당시 까말라씰라(연화계)를 존숭하고 있던 왕이 돈황의 범인을 그대로 두었을 리가 없다. 후술하는 문서에서 마하연 선사는 티베트 지배하의 돈황에서 이 지역의 정사政事를 대표하여 처리하고 있다.

무엇보다 돈법을 깊이 통달하고, 티베트에서 많은 돈문의 제자를 얻었
으며, 돈황에서 존경받고 있던 마하연 선사가 그러한 일을 하였을
리가 없다. 돈법은 본래 아무에게나 전하지 않는 것이며, 그래서 이를
강요하지 않는다. 점법을 좋아하고, 그에 적합한 자라면 얼마든지 점법
을 권하기도 하는 것이 돈문의 성향이다. 돈법을 거절한다고 해서
앙심을 품을 일이 없는 것이다. 금덩이를 가지고 있는 사람이 금덩이를
주는데 안 받는다고 해서 앙심을 가질 필요가 있겠는가. 티베트 문헌의
이 기록은 점문파에 의해 조작된 모략이라고 생각한다.

　마하연 선사가 중국에 귀환한 후에도 돈문의 흐름은 이어진 바가
있고, 그 세력도 잔존되어 간 바가 있다(후술). 점문에서 이러한 모략을
하게 된 것도 제2차 대론의 결과가 실은 석연치 않은 바가 많았던
것과 관련이 있다고 본다. 즉 결과적으로 점문의 승리로 귀결된 과정
자체가 선명치 못하여 여러 의혹이 있는 것이기 때문에 그 약점을
해소하기 위해 꾸며진 모략 행위라고 본다. 이후에도 수백 년에 걸쳐
티베트에서는 돈점의 논쟁이 이어진 바가 있고, 점문의 승리를 과대
포장한 글들이 연이어 나왔다. 대부분 돈문의 설을 일방적으로 편의적
으로 매도하는 선전용의 글들이어서 돈문에서 설한 변론의 내용은
갈수록 그 자취가 사라져갔다. 그렇지만 선종의 돈법은 티베트불교의
최상승 법문으로서 중요한 역할을 해왔다(후술).

2. 종래의 연구성과와 해결해야 할 주요 과제들

마하연 선사는 20종 내외의 대승경론을 1백 회 가량 인용하면서 그 선법의 근거를 개시開示하는 가운데 선종 선리禪理의 핵심이 확연하게 설파되고 있다. 한편 선종의 선리가 점법漸法의 입장에서는 쉽게 받아들여지지 못하는 이유 또한 인도 승들의 질문을 통해 알 수 있게 된다. 이 양자의 입장은 어느 시대 누구에게나 당면하게 되는 불교 수행법상의 중요한 분기점이고, 현안문제이며, 해결 내지 회통해야 할 과제이다.

불교의 수행법은 크게 점법漸法과 돈법頓法으로 구분된다. 보통 두 문門을 각각 점차로 닦아가는 행법과 단박에 이루어지는 행법으로 간략히 설명하나 실은 그렇게 간단히 요약될 수 있는 사항이 아니다. 그보다는 점법은 아직 무생無生·불변不變·항상恒常의 여여如如한 심성心性 자리를 아직 요지(了知: 뚜렷이 앎)하지 못한 가운데 행하는 법이고, 돈법은 이를 요지하여 행해지는 법이라고 함이 훨씬 가까운 설명이다. 대승의 여러 경론은 그러한 심성 자리는 지知함이 없고, 견見함이 없으며, 분별함이 없다고 도처에서 설하고 있다. 그래서 실은 대승이란 곧 돈법의 가르침이며, 여기에 바로 이르지 못하는 이들을 위해 점법도 아울러 함께 설해진다. 이러한 뜻을 간략하고 명료하게 선지禪旨로서 설한 가르침이 중국에서 달마대사 이래 선종으로서 전해져왔다. 본 돈점 논쟁의 진상과 돈법의 뜻을 올바로 깊이 이해하기 위해서는 우선 중국 선종(달마선)의 돈법 선지를 이해하는 것이 중요하다. 그 달마선의 돈법 선지(禪理)를 필자는 여러 편의 글로 해설하여 온 바가 있다. 본서에서는 그 중에 최근 발표한 논문 「우두선牛頭禪에 보이는 제선가諸

26

禪家 공유 상통의 선지禪旨―종밀宗密의 입장에 대한 비판과 보완」(『禪學』44, 2016. 8.31)을 말미의 〈부록〉에 붙여서 이를 통해 선종 돈법 선지의 전반을 파악하는 데 도움을 주고자 하였다.

본서에서는 중국 선종 돈법의 뜻을 깊이 요지하는 것이 본 '티베트 돈점 논쟁'의 진상과 의의를 올바로 파악하는 길이라고 생각한다. 따라서 논쟁의 대론 과정에서 펼쳐진 돈법과 점법의 뜻을 자세히 해설하여 양자의 차이를 깊이 있게 이해하도록 하는 데 주안점을 둔다.

중국 측 자료인 『돈오대승정리결頓悟大乘正理決』 및 그 『속편續篇』을 국역 해설하고, 국역된 티베트 측 자료들에 대해 자세한 해설을 추가하여 오해된 면과 그 이해가 미진한 면, 보다 세밀한 설명이 필요한 면 등을 보완하여 가능한 한 온전하고 올바로 본 논쟁의 진상과 의의를 파악하게 하고자 한다.

아울러 논쟁의 결과에 대해 양측 자료 사이에 엇갈린 내용이 있는 것에 대한 올바른 파악도 본서에서 논구하고 해결해야 할 사항이다.

1952년 프랑스의 폴 드미에빌(Paul Demiéville, 1894~1979)에 의해 처음 돈황출토 문헌 『돈오대승정리결頓悟大乘正理決』에 대한 불역佛譯과 연구가 발표된 이래 여러 연구 성과가 이루어졌다. 이 문제를 비롯한 티베트 종론 전반에 대한 연구 소개는 상산대준上山大峻의 글(「チバット宗論の始終」, 『敦煌佛敎の硏究』, 京都, 法藏館, 1990) 등에 잘 정리되어 있다. 특히 중국과 티베트에 전해온 관련 자료에 대한 발굴과 일차적인 문헌연구 면에서는 상당한 성과가 있었다. 그리고 대론의 배경과 과정 및 결과에 대한 사실관계에 대해서도 여러 의견이 제기되면서 폭넓은

시야를 갖게 해주었다. 그러나 종론宗論의 핵심이라 할 선리상禪理上의 문제에 대해서는 명확한 해명과 이해가 많이 부족하다고 생각된다. 대체로 연구자들은 핵심을 잡지 못하고 빙빙 돌거나 대론의 결과 인도 점법이 승리하고, 티베트불교는 그 점법의 방향으로 나아가게 되었다는 시각에서 양자의 선법을 가볍게 시비是非하고, 우열優劣을 논하며, 곡해 하고 추단推斷하는 경향이 많다. 마하연 선법의 계통을 신수神秀 계열이 라거나 하택신회荷澤神會라거나 하면서 논란을 벌이는 것도 초기 선종 의 선법을 너무 단선적으로 이해하거나, 잘못 형성된 선입관으로 재단裁 斷하는 잘못된 행태에서 나온 것이다. 그 선리禪理의 본원을 파악하면 신수와 하택신회가 별개의 선법이 아니고, 그러한 사실을 마하연이 티베트에서 펼친 선법 가운데서 명확하게 알 수 있다. 하택신회의 어록(법문집)에서 북종을 매도하고 있는 부분은 그 제자 일각에서 조작 하여 붙인 것에 지나지 않는 것으로 본다.[7] 북종·남종의 선법이 실은 둘이 아니다. 따라서 마하연의 선법을 제대로 이해하는 일은 곧 초기 선종의 실상을 새롭게 이해하는 데 중요한 관건이 될 수 있다.

드미에빌의 돈황본 『돈오대승정리결』의 해석과 연구는 이 분야 연구의 개척자가 된 셈이지만 여러 면에서 비평과 보완이 필요하다. 그는 역사의 사실 규명에 대단히 세밀하고 풍부한 실증적 고증의 성과를 이루어냈고, 이 면은 공인되는 바로서 칭송받을 만하다. 그러나 그가 마하연의 선법을 해설하는 부분에서는 매우 간략하고 단순하여 달마선 의 선법 내지 선지를 깊이 있게 논급하지 못하였고, 그것이 불법 수증의

---

7 이에 대해서는 박건주, 「牛頭禪에 보이는 諸禪家 공유 상통의 禪旨－宗密의 입장에 대한 비판과 보완」(『선학』 44, 2016. 8) 참조. 본서 말미의 〈부록〉에 옮겨 실었다.

세계에서 어떠한 위상을 지니는 것인가에 대해서도 충분한 식견을 갖지 못하고 있었다. 이를테면 그는 선사禪師와 교학승(敎學僧: 義學僧)의 구분 및 그 의의를 제대로 인지하지 못하였다. 마하연의 『돈오대승정리결』 마무리 부분에 마하연은 다음과 같이 술회하였다.

> "마하연은 일생 이래 오직 대승선을 익혔고, 법사가 아닙니다. 법상法相에 대해 들으려거든 (인도의) 바라문 법사에게 가서 듣도록 하십시오."

드미에빌은 이를 다음과 같이 해석한다.

> 그는 스스로 "불법의 대가"임을 전면 부인하면서, 또 정치한 논변에서 논적들이 우월함을 인정하면서 正典들과 중국에서 만났던 고승대덕들의 권위를 방패막이 삼는다.[8]

선승들이 자신들을 법사가 아니라고 함은 교학 연구를 위주로 하는 의학義學의 승僧이 아니라는 뜻인데, 이를 모르고 '불법의 대가'가 아니라는 뜻으로 해석한 것은 잘못이다. 법상法相에 대한 사항도 교학을 위주로 공부하는 인도 점법승들에게 물으라는 뜻이다. 교학을 천착하는 습성이 있는 교학자가 법상을 더 많이 알고 있을 수 있다. 그래서 교학이나 따지는 질문이라면 그들에게 물으라는 뜻이다. 그러나 그

---

8 앞의 김성철 등 3인의 국역본, 「라싸 종교회의 : 서기 8세기 인도와 중국 불교도들의 돈頓/정적靜寂주의 논쟁(II)」(『불교학리뷰』 11, 2012. 6), p.301.

교리에서 선지禪旨를 파악하지 못하면 아무리 법상을 많이 알고 있다 하더라도 '불법의 대가'가 될 수 없다. 교리에서 선지를 파악한 마하연이 실은 '불법의 대가'다. 드미에빌은 선사와 의학의 승을 구분하지 못하였 다. 즉 그는 달마선의 뜻을 제대로 파악하지 못하였고, 따라서 마하연이 대론에서 펼친 선법의 위상과 의의를 올바로 해석하지 못한 면들이 있다.

이 밖에 일본이나 중국의 여러 연구들에서도 가장 취약한 부분이 바로 달마선의 선지와 그 의의에 대해 충분한 이해가 되어 있지 않다는 점이다. 그래서 그 선지를 통달해야 행해질 수 있는 돈법頓法의 뜻을 올바로 드러내지 못하고 있다.

한국에서는 아직 티베트 돈점 논쟁에 대한 연구가 적은 편이다. 단지 중암이 티베트 자료를 국역 해설하면서 연구한 성과가 있다. 다만 그의 연구에는 중국 측 자료인 『돈오대승정리결』에 대한 내용이 너무 소략하고, 티베트 자료를 비판 없이 거의 그대로 수용하고 있다는 문제가 있다.[9] 김성철·배재형·차상엽은 각각 인도불교, 불어, 티베트불 교 전공자로서 2011년부터 폴 드미에빌의 저서를 공동 국역하는 작업에 착수하여 그 성과를 금강대학교 불교문화연구소 발간의 『불교학리 뷰』에 연재로 발표하였다.[10] 티베트 돈점 논쟁 연구의 기초가 되고

---

9 중암 저, 『까말라씰라의 수습차제 연구―쌈예(bSam yas)의 논쟁 연구―』, 불교시대 사, 2006.

10 김성철·배재형·차상엽 공역, 『라싸 종교회의 : 서기 8세기 인도와 중국 불교도들의 돈頓/정적靜寂주의 논쟁』, 『불교학리뷰』(①9권 2011.6/ ②11권 2012.6/ ③14권 2013.12/ ④16권 2014.12/ ⑤17권 12.6/ ⑥18권 2015.12).

대표적 연구서인 본서를 국역하는 작업은 그 중요성에도 불구하고
어려운 점이 많아 국내에서는 이루어지지 못하고 있었고, 국내 연구가
미진하게 된 요인 가운데 하나였다. 각 분야 전문인이 모여 공동 국역한
성과는 칭송받을 만한 일이며, 앞으로 불교 여러 분야의 연구 진전에
큰 도움을 줄 것이다. 한편 김치온은 양편의 자료와 입장을 균등하게
참조하면서 비교적 그 진상을 잘 해설하고 있다. 특히 "『돈오대승정리
결』의 서문과 본문에 나타난 것은 인도불교의 점법이냐 아니면 중국불
교의 돈오선법이냐 하는 쟁론이 아니며, 돈법의 선종이 금구설(金口說:
佛說)인가 아닌가 하는 문제임을 알 수 있다."고[11] 판단한 것은 일면
옳다고 보지만, 점법승들이 줄기차게 비판하고 있는 내용은 일단 돈법
에 대한 비판이다. 즉 점문이 주장하는 핵심사항은 돈법으로는 성취할
수 없다는 것이다. 한편 대론의 결과를 종래 점법승의 일방적 승리로
이해하던 입장과는 달리 인도와 티베트 점법승들의 단합에 의한 모략과
탄압이 있었고, 티베트 왕이 마하연의 선법을 인정하여 경론에 어긋남
이 없다 하고, 어느 법이든 자유롭게 이에 의지하여 수습하는 것이
자유임을 조칙으로 내린 사실 등을 기술한 것은 올바르고 중요한 지적이
다. 필자의 입장도 이와 다를 바 없다. 단지 돈법의 선지에 대한 충분한
해설이 갖추어지지 못한 바 있어 마하연 선법의 요의要義를 깊이 있게
이해시키는 데 보완되어야 할 사항들이 있다.

본서는 『돈오대승정리결』의 주석을 통하여 선종 돈법의 요의를 해설
하고, 아울러 티베트 측 자료들의 잘못된 기술들을 지적 내지 해설하고

11 김치온, 「마하연의 선법 연구─돈황본『돈오대승정리결』을 중심으로」(『보조사상』
  31, 2009).

자 한다.

본 연구에서는 양자의 선리禪理와 수증론修證論의 진의眞義를 파악하
는 데 중점을 두면서, 아울러 초기 선종 선법을 둘러싼 주요 문제에
어떻게 관련되고 어떠한 해답과 의미를 주는 것인가를 모색하고자
한다. 또한 티베트와 인도 자료를 중심으로 한 연구에서는 우선 종론에
서 연화계의 지적에서 보이는 점법의 논리가 어떠한 것인지를 상세히
분석 정리하고, 아울러 그 위상位相과 의미를 논하고자 한다. 종래
인도불교의 어떠한 전통에 의한 것이고, 이후 티베트불교의 전개에
어떠한 의미를 지니는 것인가 등의 문제는 상당한 관심과 성과가 있었지
만 점법의 선리가 중국 선종의 돈법을 만났을 때 보여준 논리가 대승불
법에서 어떠한 의미와 위상을 지니는 것인가 하는 문제에 대해서는
아직 별다른 연구가 없다. 본 연구에서는 특히 이러한 문제를 궁구하는
데 하나의 기초가 되고 지남指南이 될 수 있을 것으로 생각된다.

3. '티베트 돈점 논쟁' 관련 자료의 가치

티베트 돈점 논쟁과 관련 자료는 여러 면에서 중요한 의미를 지닌다.

첫째, 이 종론宗論과 이에 대한 중국과 티베트의 여러 관련 자료들은
티베트불교의 형성과 발전에 중대한 영향을 끼쳤다. 대체로 종론 이후
인도불교 중심으로 전승 내지 전개되었지만, 중국 선종의 돈법에 속하
거나 이에 통하는 법문 또한 수용되고 실천될 수 있었던 것은 중국
선법의 영향에 의한 면이 크다고 하겠다. 또한 이 종론을 전후한 티베트
불교의 모습을 생생하게 전해주는 중요한 자료이다.

둘째, 불교 수증론에서 주요한 쟁점인 점법과 돈법을 이해하는 데 있어서 본 대론은 매우 중요한 자료이다. 왜냐하면 날카로운 대론 과정에서 두 법문의 입장이 비판 내지 변명되고 있기 때문에 이를 통해 양 법문이 지니는 뜻이 뚜렷이 드러나고 있기 때문이다.

셋째, 남돈북점南頓北漸이라는 오래된 시각을 이 종론에 대한 해의解義로부터 벗어날 수 있다. 마하연은 북종北宗 신수神秀의 재전제자再傳弟子로서 근래 대체로 점법으로 이해 내지 곡해되고 있는 북종 계열 출신이지만 그의 대론을 편집한 『돈오대승정리결』에는 간심看心을 통해 무심無心・무념無念・부사不思・불관不觀(絶觀)・불행不行・불용심不用心・부작의不作意의 돈법으로 나아가는 심지心地법문이 『능가경』과 『금강경』을 비롯한 다수의 대승경론을 인용 의거하면서 설파되고 있다. 즉 남종에서 점법으로 쉽게 치부해버린 간심이 경론에 개시된 심성心性 심지법문을 요지了知(理入)하여 이를 자심에서 구현해가는 행이다. 간심을 통해서 경론에 지시된 심성을 자심에서 확인하는 것이고, 이 행을 통하여 위에 열거한 돈법의 선지를 요지할 수 있게 되고 행할 수 있게 되는 것이다. 간심도 그냥 마음을 바라보는 행이 아니라 『능가경』과 『반야경』에 설해져 있는 바와 같이 마음이 본래 텅 비어 고요해서(空寂) 지知함이 없고, 견見함이 없으며 분별함도 없고(여러 『반야경』), 칼이 자신을 베지 못하듯이 마음이 마음을 보지 못하고, 마음이 마음을 알지 못한다는 뜻을(『능가경』, 『반주삼매경』) 자심에서 그러함을 요지하는 것이다.

또한 근래 능가선楞伽禪과 반야선般若禪이란 용어로 각각 북종선과 남종선을 가리키고 있으나, 마하연이 가장 많이 인용하고 있는 두

경이 『능가경』과 『금강경』이고 또한 수십 곳에서 연이어 인용하고 있으며, 어떤 곳에서는 같은 뜻으로 두 경을 함께 인용하고 있다. 따라서 『금강경』 또는 『능가경』 제일주의로서 남북을 가르거나 신수 계열도 『능가경』과 별 관련이 없다는 등의 견해는 큰 잘못을 범하는 것이다. 마하연이 이 대론에서 가장 많이 인용하고 있는 경전이 『능가경』이다. 『능가사자기楞伽師資記』에서는 5조 홍인弘忍 선사가 신수 대사를 평하길, "내가 신수와 더불어 『능가경』에 대해 논하였는데 이理를 말함이 통쾌하다."라고 하였다.[12]

대승의 궁극의 요의要義 내지 요의了義를 일목요연하게 펼치고 있는 것이 곧 선종(달마선)이다. 처음에는 간심看心을 설하지만 이를 통해 심성心性을 자심에서 뚜렷이 요지了知하는 것이니 이 단계가 중요해서 선종에서는 특히 '견성성불見性成佛'·'식심견성識心見性(심성을 알라!)'을 강조한다. 이것이 먼저 이루어져야 앞에 든 부사不思·절관絶觀 등 돈법의 선지를 행할 수 있고, 궁극에는 마음을 잊는 '망심忘心'에로 나아갈 수 있는 것이다. 그리고 마음을 잊는 망심을 통해서 신증身證이 이루어진다. 이 신증에서부터는 언설로 설할 수 없어 불가설不可說 불가설不可說이며 불가사의不可思議이다. 여러 경론에 불가설이라 설한 자리가 곧 신증의 경계이고, 신증은 곧 이 몸으로 일체 법계와 더불어 함께 즉卽하여 각覺되는 자리이다. 신증이 이루어지려면 우선 마음을 잊어야 하고(忘心), 마음을 잊으려면 우선 마음의 소연(所緣: 대상 경계)을 넘어서야 한다. 불교의 모든 법문은 이렇게 마음의 소연을 넘고, 마음까

---

12 박건주, 『능가경 역주』, 운주사, 2010/2011, p.161.

지도 잊게 하는 자리로 이끌고 있다. 대승에서는 특히 법상法相, 즉 불교에서 설하는 여러 법문의 법상들을 버리게 하고 넘어서게 하는 자리로 이끌고 있다. 자신이 경론을 통해서 배우고 익힌 그 법상이 또한 마음의 소연이 되어 애착하고 가리고 장애가 되기 때문이다. 먼저 법상(경론에서 설한 법문)을 알아야 하는 것이 기본이고 근간이지만 알고 나서는 그 또한 버려야 하는 것이 대승의 길이다. 알게 된(了知하게 된) 그 뜻이 실은 알게 된 그 법상도 버리게 하는 것이 바로 요의(了義: 一乘)의 불교이다. 선종(달마선)에서는 특히 여러 법상에 걸려 있는 이들에게 대승의 요의要義 내지 요의了義를 일깨우고 있다.

본 대론에서 마하연에 의해 이러한 돈법의 뜻이 비록 충분히 설명되지는 못한 바가 있긴 하나 그 취지가 여러 대승경론 인용을 통해서 드러나 있다.

넷째, 8세기 후반 인도 불교계의 한 단면을 여실하게 전해준다. 특히 같은 대승경론을 인용하면서도 그 교의 이해와 수증론이 상당히 다른 것을 보여준다. 이들도 인도불교를 대표하는 대학자이고 명성 높았던 수행자들이었지만 돈법을 이해하는 면에서는 부족하여 받아들이지 못하였다.

다섯째, 8세기를 전후한 티베트와 인도, 티베트와 중국 간의 불교 내지 정치 문화적 교류의 일면을 전해주는 중요한 자료이다.

마하연의 선법을 제대로 이해하는 일은 곧 초기 선종의 실상을 새롭게 이해하는 데 중요한 관건이 될 수 있다. 또한 인도 바라문승의 질의와 마하연의 답변을 통해 선종 선법과 인도의 점법 수증론이 명료하게 대비되어 있기 때문에 불법에 있어서 양면의 법이 각각 어떠한 의미와 위상을 지니는 것인가 하는 것도 알아보아야 한다.

적호(Kamalasila) 등 점문漸門에서 제기한 여러 가지 문제와 마하연의 선법을 올바로 이해하여 양자를 같은 불법 내에서 제대로 회통會通하는 일은 한국 선불교가 안고 있는 여러 병폐와 한계를 극복하고 세계불교의 대표주자로서 나가는 데 필요한 과제라고 생각한다. 이 문제를 극복하지 못하면 한국의 선불교가 세계인의 관심을 끌기에는 여전히 한계가 있게 될 것이 자명하기 때문이다. 따라서 이 종론에서 제기된 문제를 중국과 티베트 및 인도의 자료를 통하여 양자의 입장이 지니는 교의와 수증론의 진의를 올바로 이해해야 한다.

4. 마하연 선사 약전略傳과 티베트불교에 끼친 영향

마하연 선사의 생졸연도는 미상이지만, 그가 786~7년 무렵 티베트에 와서 795년 돈황으로 귀환한 후 얼마 동안 활동하고 있으며, 『돈오대승정리결』에서 자신을 '노모老耄'로 칭하고 있기 때문에 이를 미루어 짐작할 수 있다. 그가 스승으로 모시고 가르침을 받은 선사는 북종 신수 대사의 제자들인 항마장降魔藏·소복小福·장화상張和上·웅앙(雄仰, 또는 유앙惟仰)·대복大福(義福) 등이다. 그래서 마하연은 북종 신수의 재전제자再傳弟子이다. 또 일찍이 남종 하택신회荷澤神會의 문하에서 배운 바도 있다. 남북분종과 남돈북점南頓北漸의 설은 하택신회의 제자 일각에서 조작해 선전한 것일 뿐이고, 실은 남북의 선법이 다를 바가 없다.[13] 달마대사의 선종은 모두 돈점頓漸을 함께 가르치는 것이 전통이다. 그의 속가 제자 왕석王錫이 지은『돈오대승정리결頓悟大乘正理決』서언에 의하면, 그는 출가 개법開法한 이래 50~60년 간 산림에 거처하며, 보시 받은 재물은 수시로 모두 다른 사람에게 주었다고 한다. 당唐 이옹李邕이 지은「록산사비麓山寺碑」에 의하면 그는 젊었을 때(早歲) 장사長沙 악록사岳麓寺의 주지住持를 맡은 적이 있다. 이후 그는 돈황에 와서 선법을 펼쳐 크게 존숭을 받고 있다. 그 소문이 티베트 왕에게 알려져 돈황을 점령하자 곧바로 그를 초빙하였다. 티베트 왕은 당시 불교를 국교로 정하고, 불교국가를 이루기 위해 인도와 중국으로부터 여러 명승 대덕을 초빙하고 있던 중이었다. 그가 티베트에서 점문漸門을 상대로 최소한 세 차례의 대론을 펼친 일에 대해서는 본서의 여러 곳에서 해설하였기 때문에 여기서는 생략한다.

한편, 드미에빌은 티베트 지배하의 돈황 지역을 통치하던 절도사 등 지방관들이 티베트 중앙 내지 재상에게 보낸 여러 필사본 뭉치의 내용을 간략히 소개하는 가운데 마하연 화상이 등장하는 하나의 필사본을 소개하고 있다. 그 문서는 티베트 지배에 항거한 일부 세력이 성곽을 급습하자 중국인 절도사는 돈황의 한 유명한 불교사원에 피신하게 되는데 그 사원에서 마하연 화상을 만나고 그를 '티베트의 대덕', '나라(티베트)의 대덕'으로 칭하고 있다. 그들은 관리들을 구할 만큼이나 마하연을 구할 궁리를 하고 있다. 티베트 지배자들과 신민들에게 마하연의 역할이 큰 비중을 차지하고 있는 모습이다. 죄인들이 붙잡혀 압송될 때 이들을 심문하는 일을 마하연이 하고 있다. 중국인 절도사보

---

13 이에 대해서는 필자가 여러 글에서 발표한 바 있다. 그 중에 최근 발표한 논문 1편을 본서 말미에 〈부록〉으로 실었다.

다 티베트 당국자들에게 공식보고를 올린 이도 마하연이다.[14] 이 문서에
보이는 마하연이 대론의 주인공 마하연 화상임은 여러 정황으로 보아
분명하다. 이는 돈황에 돌아온 마하연의 행적을 보여주는 귀중한 자료
이다. 그는 티베트 지배하의 돈황에서 '존숭 받으며, 정치력을 행사하고
있다. 승려 신분이 티베트에서 상당한 정치력을 갖고 있는 모습은
드미에빌이 소개한 8세기~9세기의 여러 자료에서 뚜렷하고, 현대에
이르기까지 거의 변함없는 현상이다. 이 자료에서 마하연이 보인 행동
이 친티베트적인 것으로 보이는 면이 있긴 하나 단순하게 그런 방향으로
만 이해해서는 안 된다. 그가 티베트 왕의 존숭을 받았고, 티베트 정복
이전부터 돈황 지역에서 존숭 받았던 그의 영향력이 있었으며, 승려들
이 정치적 권한도 갖고 있는 티베트의 전통에 의한 것임을 고려해야
한다. 즉 마하연 자신에게 부여된 책임과 의무를 행한 것으로 보아야
한다. 그는 성을 습격하여 많은 사람을 살상한 자들을 티베트 내지
중국 법으로 처리하지 않을 수 없는 위치에 있었다. 그가 그 처리
상황을 티베트 중앙에 직접 보고하고 있는 것은 그러한 책임이 그에게
있었음을 말해준다. 마하연이 중국인으로서 티베트 지배로부터 벗어나
고자 하는 열망이 당연히 있었을 것이나 이러한 상황에서 중국을 위한다
하여 그 죄인들을 방면할 수는 없는 일이다.

　마하연 선사가 티베트에서의 대론對論에서 인용한 대승경론은 다음
과 같다.

　『대승입능가경』(『능가경』7권본, 실차난타 역), 『사익범천소문경思

---

14 김성철 등 국역본⑥, 『불교학리뷰』 18, 2015. 12, pp.227~228.

益梵天所問經(思益經)』, 『금강경』, 『대승밀엄경(不空譯)』, 『대보적경』, 『제법무행경』, 『금강삼매경』, 『대열반경』, 『대반야경』, 『유마힐소설경(유마경)』, 『화엄경』, 『수능엄삼매경』, 『법화경』, 『십지경』, 『대방광입여래지덕부사의경大方廣入如來智德不思議經(入如來功德經)』, 「금광명경』, 『성선주의천자소문경聖善住意天子所問經』

마하연 선사가 비록 돈황으로 귀환하였지만 그가 티베트에 남긴 선종 돈법은 후대에 내내 계승되어 티베트불교에 큰 영향을 끼쳤다. 돈황문헌에는 티베트문 선종 관련 문서가 많다. 그 가운데 〈P. t. 996〉은 『대승무분별수습의大乘無分別修習義』(『大乘無分別修習道』)인데 마하연 선사의 재전제자 익서앙(益西央: ye she dbyags, 약 771~850?: 智音禪師)의 저술이다. 그 스승 허공장(虛空藏: 南喀宁波: Nam kahi snying po, 약 760~830?)은 마하연 선사의 법사(法嗣: 법을 계승한 큰 제자)이다. 마하연 선사가 돈황으로 귀환할 때 제자들이 이후 누구에게 법을 청문해야 됩니까? 물으니, 허공장이 이미 법의法義를 깨달았으며 능히 법을 설하고 경전을 강론할 수 있으니 그에게 청문하라고 하였다.[15] 허공장 선사는 마하연 선사의 티베트 활동에 많은 역할을 하였다. 그는 한漢-티베트 간의 번역 사업을 맡아 힘썼고, 선리禪理에 밝아 이를 티베트에 전승되게 함으로써 선종 돈법과 티베트 문화가 어우러진 여러 종파가 형성되게 하였다. 또한 그에게 길상서조吉祥瑞兆가 많이 일어나 크게 숭앙을 받았다. 익서앙은 허공장의 거처에서 오랫동안 함께 수선修禪하

---

15 沖本克己, 「大乘无分別修習義·序文――ペリオ九九六について」(『花園大學研究紀要』第25期, 1993-1), pp.1~23.

였다. 그는 스승 허공장 선사로부터 '대승의무상법리大乘義無想法理(대승의 深義에 의한 상념 떠나는 理法)', '무주無住의 법의法義'를 배우고 50여 년 잠심潛心 수행하였다고 한다. 『대승무분별수습의大乘無分別修習義』는 서문 부분만 남아 있는데 허공장 선사의 전승 세계世系, 허공장 선사의 공덕, 허공장 선사의 『선정도지찬팔禪定道之贊嘆』, 그 제자 익서앙의 사정 등을 기술하고 있다. 대개 『유일무상의惟一無想義』가 『대승무분별수습의』의 별명인 것으로 보는데, 그렇다면 결락된 본문이 곧 『유일무상의』가 되는 셈이다. 또 『유일무상의』를 『무소득일법경無所得一法經』으로 번역하기도 한다. 이 사본寫本들은 돈황문헌에 〈P. t. 21〉·〈P. t. 116〉·〈P. t. 118〉·〈P. t. 823〉·〈P. t. 827〉·〈S. t. 703〉·〈S. t. 707〉·〈S. t. 70〉·F. 9 등 정본正本과 〈P. t. 817〉·〈P. t. 821〉, 〈S. t. 706〉·〈S. t. 709〉 등 별본別本 10여 건이 있다. 『유일무상의』(『대승무분별수습의』)에는 마하연 선종의 '부사不思·불관不觀'의 선법이 명확히 해설되어 있다.[16] 여기에 「대유가수습의大瑜伽修習義, 깊고 깊은 대승의 여러 경에서 모은 88장章」이라 하였으니 대유가파大瑜伽派의 문헌임을 알 수 있다. 두 사제師弟에 의해 이른바 중국 선종과 티베트 문화가 융합된 티베트 선종 내지 토번 선종吐蕃禪宗 대유가파大瑜伽派(rNal hbyor chen po pa)가 이루어진 셈이다. 돈황문헌에는 대유가파에 속한 여러 문헌들이 있다. 충본극기沖本克己는, 〈P996〉에 "인도와 중국과 티베트의 뛰어난 선사들의 가르침과 비전祕傳과 그것들의 의義와 대승요의경大乘了義經에서 설해져 있는 것 등을 근거로 한다."고 한 데서

---

16 楊富學·秦才郎加,「摩訶衍禪法對吐蕃佛敎的影響」,(『敦煌吐蕃文化學術硏討會論文集』, 敦煌吐蕃文化學術硏討會, 敦煌, 敦煌硏究院, 2008. 8. 1).

알 수 있는 바와 같이 중국 선종과 밀접한 관계에 있다고 하였다.[17] 또 〈P116〉은 그 가운데 "소취所取·능취能取를 떠남을 체득하여 가는 대유가사大瑜伽師들에게 필요한 의의를 핵심만 메모한 것"이라 한다고 하였기 때문에 『대유가사들에게 필요한 의의를 핵심만 메모한 것』(擬題)으로 제題할 수 있는 문헌인데[18] '소취·능취를 떠남이 수증의 근간'임은 특히 『능가경』에서 강조하는 법문으로 선종의 핵심 선지이다. 여러 대유가파 문헌에서 돈문파頓門派(선종)와 대유가파가 동의어로 쓰이고 있다. 또 티베트의 사서史書 『왕통경王統鏡』에 이르길, 마하연은 "윤회를 일으키는 인因은 소취·능취의 둘로부터 생한다"고 하였다 한다. 또 『대유가수습의大瑜伽修習義』(P818, S705)가 있다. 대략 9세기 전반에 성립된 것으로 보이는데, 88장으로 된 질문에 대해 "의거하는 팔십경八十經"에 의해 경전에 의거한 답변을 하는 형식이다. 티베트 돈점 논쟁에서 마하연 선사의 돈문이 대론에 대비하여 의거하는 경문을 추려 메모하였던 것과 같은 방식인데, 티베트·중국·인도에서는 이후 이러한 형식의 학습을 위한 교재 작성이 유행되다시피 하였다. 이 밖에 『대유가최상견해大瑜伽最上見解』(S470) 등이 있다.[19]

　마하연의 돈법은 티베트불교의 각 파에 깊은 영향을 주었다. 까규파(噶擧派: 白敎)의 '대수인법大手印法(Mahāmudrā)', 링마파宁瑪派의 대원만법大圓滿法, 살가파薩迦派의 '도과법道果法' 등에 보이는 돈법은 마하

17 沖本克己, 「敦煌出土のチバット文禪宗文獻の內容」, 『敦煌佛典と禪』(敦煌講座 8, 東京, 大東出版社, 1980, pp.427~428.

18 沖本克己, 위의 글, p.428.

19 沖本克己, 앞의 글, pp.429~432.

연 선사의 돈법과 실은 상통하는 것이다.[20] 12세기 살가파 대학자 살가薩
迦·반지달(班智達: Sa-skya Pandita, 1182~1251)은 그의 『삼율의분별三
律義分別(sDom gsum rab dbye)』에서 밀라레빠(密勒日巴)의 '대수인大手
印'(Mahāmudrā)은 마하연의 선법과 다름없다고 하였다.[21] 또한 내파內
巴·반지달(班智達: Neu pa pandita ta grags pa smon lam blo gros)도
마하연의 교법은 대수인과 같은 것이라고 하였다.[22] 대수인 법문에서
기초 수습과정인 생기차제生起次第 법문은 점법에 해당하고, 무수대수
인無修大手印(無上大手印), 항하대수인恒河大手印, 금강대수인金剛大手
印 등은 돈법에 해당한다. 필자가 그 가운데 무수대수인에 속한 몇
가지 법문들을 국역 해설하여 출간한 바 있다. 여기에서 선종 돈법과
무상대수인無上大手印이 실은 같은 법문이라고 언급한 바 있다.[23] 티베
트에서 마하연의 선법을 비판 일변으로 나아간 이들도 많았으나, 마하
연 선사를 추숭追崇하며 자칭 '화상종和尙宗'으로 칭하는 이들도 적지
않았다. 이를테면 14세기 융흠파隆欽巴는 『실상보장론實相寶藏論』에서
마하연의 선법에 찬동하면서 그와 대립하였던 이들을 '하승下乘', '성문
승聲聞乘'으로 꾸짖고 있다. 9세기 밀법密法의 전승조사 노흠努欽·상길
익희桑吉益希는 『선정목거禪定目炬』에서 마하연을 선종禪宗 제8조로
추숭하였다. 15~16세기의 『오부유교五部遺教』에서도 마찬가지로 마하

---

20 佟德富, 「試論禪宗在吐蕃社會的傳播及其影響」(『內蒙古社會科學』1999-3), pp.67
   ~70.

21 班班多杰, 『藏傳佛教思想史綱』(上海三聯書店, 1992, p.127). 앞에 든 楊富學,
   「摩訶衍禪法對吐蕃佛教的影響」에서 재인용.

22 위의 「摩訶衍禪法對吐蕃佛教的影響」에서 재인용함.

23 박건주 역해, 『티베트 밀교 무상심요법문』, 운주사, 2015(2001초판).

연을 선종 제8조로 기술하고 있다.[24]

24 위의 「摩訶衍禪法對吐蕃佛敎的影響」.

Ⅱ. 담광의 『대승이십이문』과 그 의의

한편 비슷한 시기에 하서河西 지역에서 불교저술과 강론으로 활동하고 있던 담광曇曠이 티베트 왕(티쏭데짼, 赤松德贊)의 질문을 받고 답한 내용을 기록한 돈황문헌 『대승이십이문大乘二十二問』이 있다. 그 질문은 주로 대승불교의 보살행에 대해서이다.[25] 담광은 돈황문헌을 통해 처음 알려진 인물이다. 그는 하서 출신으로 경사(京師: 長安)에 유학하여 불학을 연찬한 후 하서에 돌아와 강학과 저술에 힘썼다. 그의 명성이 알려져 티베트 왕이 그에게 22개 항목의 질문을 하게 되었다.

돈황에서 발견된 담광의 저서 목록은 상산대준上山大峻의 조사에 의하면 다음과 같다.[26]

---

25 이에 대해서는 上山大峻, 「西明寺學僧曇曠と敦煌の佛教學」(『敦煌佛教の研究』第一章, 京都, 法藏館, 1990)에 자세히 해설되어 있다.

26 上山大峻, 앞의 글. pp.18~20.

44

1. 『금강반야경지찬金剛般若經旨贊』 2권 (〈대정장〉 2735)

2. 『대승기신론광석大乘起信論廣釋』 5권 (〈대정장〉 2814)

3. 『대승기신론약술大乘起信論略述』 2권 (〈대정장〉 2813)

4. 『대승입도차제개결大乘入道次第開決』 (〈대정장〉 2823)

5. 『대승백법명문론개종의기大乘百法明門論開宗義記』 (〈대정장〉 2810)

6. 『대승백법명문론개종의결大乘百法明門論開宗義決』 (〈대정장〉 2812)

7. 『대승이십이문大乘二十二問』 (〈대정장〉 2818)

8. 『유식삼십론요석唯識三十論要釋』 (〈대정장〉 2804)

9. 『유마경소維摩經疏』 (〈대정장〉 2772)

티베트 왕이 담광에게 문의한 22개 항목의 질문 내용은 당시 티베트 지역의 불교 교의 이해의 사정을 보여주는 것이기에 여기에 소개한다. 담광은 당시 노년에 와병 중이었다. 그의 답변 부분은 여기에서 생략한다.

저본은 상산대준上山大峻, 『敦煌佛教の研究』資料篇』(京都, 法藏館, pp.485~507)이다.

『대승이십이문大乘二十二問』에서 왕의 질문사항

〈제1문〉

"보살은 세속을 떠나 있어 성문 연각의 행에 향하지 않습니다. 모든 중생의 번뇌를 제거하고자 하건대 어떠한 법을 쓰는 것입니까?"

(菩薩以世俗之地, 不向聲聞緣覺之行. 欲令一切衆生除煩惱苦, 作何法者?)

〈제2문〉

"또 불퇴입행不退入行(不退轉, 제8지 보살)의 보살은 '내소內所(안에서)에서 사의思意하는 것을 외신外身으로 나타낸다(顯現)'고 합니다. 법에 내수內修가 제일의 행법이라 하는데 어떤 것이 외행外行이고 제일의 법이란 어떤 것입니까?"

(又不退入行菩薩, 內所思意, 外身顯現, 法中內修第一行法. 何是外行, 第一法是何?)

〈제3문〉

"신구의身口意의 행을 닦는 데 있어서 처음부터 끝까지의 행은 어떠한 것입니까?"

(修身口意, 從初至修[27]行, 行如何?)

〈제4문〉

"또 지금 오탁악세五濁惡世에 처해 있어도 본래 이미 묶임(縛)이 없었으니 묶임을 풀 것도 없다는 것은 어떠한 뜻입니까?"

(又今處於五濁惡世, 自旣無縛, 彼亦無解, 義如何者?)

---

27 從初至修에서 修는 P2287본은 終이고, 終이 옳다.

46

〈제5문〉

"불佛에 유여와 무여의 열반이 있는데 이 두 열반이 별개로 실재하여 있는 것입니까, 이 또한 가설입니까?"

(佛有有餘無餘涅槃, 此二涅槃, 爲別實有, 爲復假說?)

〈제6문〉

"불佛에 삼신三身이 있고, 법신은 법계에 두루하고 있으며, 화신은 각각 일체의 불佛에 있다고 합니다.

응신應身은 일一입니까, 이異입니까?"

(佛有三身, 其法身者, 周遍法界, 化身各各在一切佛, 而其應身, 有一有二?)

〈제7문〉

"불佛의 일체지一切智는 육바라밀의 수행에 의해 얻어집니다. 그러나 본성이 청정하여 담연湛然부동함이 일체지입니다. 이 두 일체지는 어떠한 관계에 있는 것입니까?"

(佛有一切智, 因從修行六波羅密. 但本性清淨, 湛然不動, 是一切智. 此二種如何?)

〈제8문〉

"중생이 여러 보살행을 행하는 데 있어서 보리심을 발하여야 한다고 하였는데 어떻게 발하는 것입니까?"

(衆生若行諸菩薩行, 發菩提心, 如何發行?)

〈제9문〉

"십지의 보살 중에 몇 지地까지가 유상有相이고, 몇 지까지가 무상無相입니까? 유상有想과 무상無想에서 어떤 것이 올바른 행입니까?"

(十地菩薩, 幾地有相, 幾地無相, 有想無想, 何者是行?)

〈제10문〉

"보살이 여러 해탈문을 갖추어 닦는데 그 행법이 어떠한 것입니까?"

(菩薩具修諸解脫門, 行法如何?)

〈제11문〉

"보살의 법신이 불법신佛法身과 같은 점과 다른 점은 무엇입니까?"

(菩薩法身, 與佛法身, 同不同者?)

〈제12문〉

"보살은 열반과 윤회를 구별함이 없다고 하는데 그 뜻이 무엇입니까?"

(菩薩涅槃, 及與輪迴, 並不分別. 義如何者?)

〈제13문〉

"보살은 열반에 집착하지 아니하고, 세간에 물들지도 않는다고 하는데 어떠한 법에 의거하는 것입니까?

(菩薩所知, 不著涅槃, 不染世間. 依何法者?)

〈제14문〉

"또 대승법에서는 지혜와 방편의 두 가지 행을 함께 행한다고 합니다. 중생의 욕심이 있는 행으로 어떻게 (二種의) 행을 일으킵니까? 보살은 자재하여 바로 능히 행할 수 있습니다만, 중생은 그렇지 못합니다. 어떻게 행할 수 있겠습니까?"

(又大乘法, 智慧方便二種雙行. 衆生欲行, 如何起行? 菩薩自在, 卽可能行, 衆生不然, 何能行者?)

〈제15문〉

"성문·연각·보살의 삼승三乘에서 육진六塵 경계를 각각 어떻게 견見합니까?"

(聲聞緣覺菩薩三乘, 於六塵境, 各如何見?)

〈제16문〉

"성문·연각·보살의 3종에서 초발심의 상과 행법이 어떠합니까?"

(聲聞緣覺菩薩三乘, 初發心相, 行法如何?)

〈제17문〉

"또 이 3종이 모두 열반에 든다고 하는데 성문·연각·보살의 열반이 각각 어떠합니까?"

(又此三種, 皆入涅槃, 聲聞緣覺菩薩涅槃, 各如何者?)

〈제18문〉

"대승경에서 3승을 설함은 방편설입니까, 구경究竟의 설입니까?
혹은 2승(성문 연각)이 모두 성불할 수 있다 하고, 혹은 2승은
성불하지 못한다고 합니다. 그 뜻이 어떠합니까?"

(大乘經中, 有說三乘, 是方便說, 或說究竟, 或說二乘, 皆得成佛. 或說二
乘, 不得性佛, 依如何者?)

〈제19문〉

"경에서 설하길, 성문이 얻은 열반은 불佛과 다르지 않다고 합니다.
(열반하면) 후득지後得智와 삼신三身이 모두 멸함이 마치 촛불과
같아 멸하면 무여無餘라고 하는데 이것이 결정의 설(定說)입니까,
결정의 설이 아닙니까?

(經說, 聲聞所得涅槃, 與佛無二. 後智三身, 一切並滅, 猶如燈焰, 滅卽無
餘. 此是定說, 是不定說?)

〈제20문〉

"대승경에 설하길, 일체 모든 것은 모두 자성自性이 없어서 생함도
없고 멸함도 없어 본래 열반이라고 합니다. 이미 이러하건대 어찌
다시 도를 닦아야 하겠습니까? 일체 모든 것이 자연히 열반을
얻을 것이기 때문입니다."

(大乘經說, 一切諸法, 皆無自性, 無生無滅, 本來涅槃. 旣爾如何更須修
道, 一切自然得涅槃故?)

〈제21문〉

"저 함장식(含藏識: 장식, 아뢰야식)과 대지혜는 비록 청淸과 탁濁의 별(구별)은 있지만 (양자가) 일一이다 하고, 이異라고 합니다. 그 뜻이 무엇입니까?"

(其含藏識, 與大智慧, 雖有淸濁, 是一是二, 義如何者?)

〈제22문〉

"불佛 재세 시에 중승衆僧이 함께 일법一法을 닦았습니다. 불 멸도 후에는 4부部로 나뉘어 같지 않게 되었습니다. 4부 중에 어떤 것이 일법입니까?"

(佛在世時, 衆僧共行一法. 乃佛滅後, 分爲四部不同. 於四部中, 何是一法?)

당시 티베트 왕 티쏭데짼(赤松德贊, 755~797 재위)이 성문·연각·대승의 삼승三乘의 차이에 대해 기본적 지식은 있으나 그 깊은 대승의 교의敎義를 이해하지 못한 부분이 많아서 질의한 것이다. 사실 대승의 깊은 교의는 상당한 연찬이 있어야 그 길이 열리는 것이 보통이다. 왕의 질문은 대승의 교의에 부딪치면 누구나 가질 수 있는 사항들이다. 그렇지만 왕의 질문사항들은 대승의 법문도 어느 정도 섭렵하였음을 말해준다. 그가 돈점 논쟁에서 경론을 인용하며 논리 정연하게 답변한 마하연 선사의 돈법에 대해 평하길, 경론에 의거한 정법임을 인정하고 이를 선포한 것에 의하면(후술), 그의 대승에 대한 식견이 어느 정도 이루어져 있었음을 알 수 있다.

Ⅲ. 마하연 선사의 돈법 선지

이 논쟁에서 선종 돈법을 펼친 이는 돈황에서 활동하고 있던 마하연摩訶
衍이다. 그는 786년 돈황이 티베트(토번)에 점령되었을 때 787년 무렵
티베트에 초빙되어 중국 선종의 돈법을 펼치기 시작하였다. 여기에서
인도승이 전한 점법과 충돌하게 되어 이른바 돈점 논쟁이 펼쳐지게
되었다. 그의 스승들은 항마장降魔藏과 의복義福·혜복惠福인데 이 3인
은 모두 북종 신수(605~706)의 사법嗣法제자 19인(『경덕전등록』권4)
가운데 들어간다. 그 논쟁에서 마하연이 펼친 선법은『돈오대승정리결
頓悟大乘正理決』에 기술되어 있다.

마하연이 중국 선종의 심요心要인 간심看心과 부사不思·불관不觀·불
행不行의 선법禪法을 설함에 상당한 호응을 얻자, 인도에서 온 바라문승
들이 이를 불설(佛說: 金口說)이 아니니 금지해야 한다고 주장함으로써
티베트 왕의 입회하에 대론이 펼쳐지게 되었다. 이 법이 불설이 아니라
는 주장을 반박하기 위해 마하연의 변론은 당연히 다양한 대승경전들을

들어 그 법이 경전에 의거하고 있음을 입증해 보이는 것이었다. 그 『돈오대승정리결』에 의하면 제1차 대론에서 갖가지 대승경전의 구절들을 인용하며 명쾌하게 그 근거를 제시하며 해명한 마하연에게 티베트 왕이 감복하여 "마하연이 개시開示한 선의禪義는 경문을 지극히 다 편 것으로 하나도 어긋남이 없다. 지금부터는 도속이 모두 이 법에 의거하여 수습하게 하라."고 하였다 한다.

　마하연이 티베트에서 설파한 간심과 부사·불관·불행의 법문은 대론 과정에서 설명 되고 있어 그 뜻이 명쾌하게 드러나 있고, 달마선의 핵심 요지를 드러내고 있다. 이 글에서 이 법문을 들어 논하고자 하는 것은 간심과 부사·불관·불행은 언뜻 보아 서로 어울리지 않는 행으로 보이기 쉽기 때문에 이 점을 명확히 하고자 함이다. 간심(看心)은 모든 경론과 모든 종파에서 기본으로 하는 법문이다. 천태지자天台智者 대사 와 신수神秀 대사 모두『관심론觀心論』을 저술하여 현전現傳하고 있다. 단지 '간심'으로 같이 칭해지더라도 어떻게 하는 간심인가에 따라 큰 차이가 있다. 마음의 성품을 교리敎理를 통해 그대로 알고 확인하는 간심과 그렇지 못하여 마음 바라보기 식으로 하는 간심이 있다. 전자가 불타가 가르치신 수행의 근본 지침이요, 바른 길이다. 또는 낮은 수준의 간심으로 마음을 일으켜 마음을 간看하는 법이 있다. 화두선도 이러한 류에 들어간다. 화두를 일으켜 그것을 잡고 간하니 이를 간화선看話禪이 라 한다. 한편 마음의 성품이 불가득不可得이고 무소유無所有이며, 본래 지知하고 견見함 없으며, 무분별無分別이고, 무심無心이라는 뜻을 알고, 자심自心에서 그러함을 확인하는 간심이 있고, 확인이 된 후에 위와 같은 심성心性의 뜻이 저절로 상응하여 간할 바도 없는 불관不觀(絶觀)

부사不思(無念)로 진전되는 간심이 있다. 그래서 『능가사자기』 도신道信의 법문에는 여러 곳에서 염불행念佛行과 간심행看心行을 설하면서 또한 불염불不念佛, 불간심不看心을 설하고 있는 것이다. 심성이 곧 불佛임을 요지了知한지라 참다운 염불은 곧 염불함도 없음이요(不念佛), 심성이 불가득인지라 이를 요지하였다면 참다운 간심은 간심함도 없음이 되는 것이다. 마하연이 설한 간심은 바로 이 후자의 간심이고, 달마선 내지 대승선의 길이다. 그러나 이러한 깊은 뜻의 간심임을 가리어버리고 북종에서 말한 간심을 단지 3승이나 2승에서 행하는 점법으로서의 간심으로 매도하고, 반면 남종은 그와 다른 돈법인 까닭에 달마의 정맥을 이었다고 주창한 이들이 있었다. 그 주창자들은 하택신회(荷澤神會, 684~758)의 제자 가운데 어느 일각에서 일방적으로 주창한 것이고, 사실을 왜곡하여 선전한 것이었다. 그러나 『육조단경』이나 하택신회의 여러 법문에 강조된 핵심 선법이 "식심견성識心見性(自心에서 그 성품을 了知함)"인 바 이는 바로 마하연의 간심과 똑같은 뜻이다. 자심自心에서 무엇을 아는 것인가 하면 바로 경전에서 부처님께서 친절히 마음의 성품이 이렇다 하고 가르쳐주신 것을 요지了知하는 것이다. 즉 심心은 불가득不可得, 무소유無所有, 공적空寂, 일심一心, 무생無生, 무지無知, 무견無見, 무분별無分別, 무심無心, 무념無念임을 요지하는 것이다. 이러한 뜻을 안다면 마음으로 마음을 어떻게 하려는 용심用心의 행을 떠나니 이를 불용심不用心의 행이라 하고, 마음으로 어떠한 법상을 머리에 떠올려 비추어보는 조照의 행도 떠나니 이를 부작의不作意, 불관不觀, 절관絶觀, 무사無事의 행이라 한다. 『육조단경』에 이르길, 경전에서 이를 요지하지 못하면 선지식과의 대화를 통해 요지하도록 한다고

하였다. 이것이 '언하변오言下便悟'이다. 부사不思라든가 불관不觀 부조
不照의 행은 간심의 관행觀行도 함이 없다는 뜻을 드러내고 있는데,
이는 바로 자심의 성품이 자연히 그러한 뜻으로 구현되고 있음을 말한
다. 또한 그렇게 불관不觀 부사不思하는 행에도 마음을 두지도 않는다.
그래서 무엇을 닦는다 함이 없이 닦음이 이루어지니 이를 무수지수無修
之修라 한다. 이 간심과 불관 부사의 행은 상당 부분 곡해되거나 충분히
이해되지 못하여 왔다. 그러나 북종 신수의 재전제자인 마하연이 이
법문을 통해 달마의 선지를 티베트 종론에서 펼치고 있는 것이다.

그런데 마하연은 이 간심을 통하여 일체의 망상 습기를 제거하여
성불할 수 있다고 하였고, 이에 대해 인도에서 온 바라문승들은 일체제
불이 한량없는 다겁 동안 한량없는 공덕을 쌓고, 지혜를 원만히 갖추어
서 성불하였다고 하였는데 어찌 간심에 의한 망상 습기의 제거만으로
성불할 수 있다는 것인가 하고 비판하였다. 마하연은 이에 대해, "단지
마음의 망상을 떠나면 제불여래법신이며, 부사의不思議의 지혜가 자연
히 드러난다"(『능가경』)는 등 여러 대승경전의 구절들을 인용하여 반론
하고 있다. 또 인도의 바라문승이 반론하길, 어떤 천인天人이 망상을
제어하여 무상천無想天에 태어났지 성불한 것이 아니라고 함에 마하연
은 답하길, 저 천인들은 관觀함이 있고, 취향趣向하는 바가 있어 무상정
無想定을 취한 것이며, 이 망상으로 인하여 저 천天에 태어난 것이니
만약 능히 무상정을 떠난다면 망상이 없게 되어 저 천에 태어나지
않게 된다고 말한다. 또 이 법은 범부들이 수행하기에 적합하지 않다는
비판에 대해 마하연은 답하길, "일체중생이 무시이래 망상분별로 인해
선악의 법에 망상하여 취착하고, 혹은 선행에 뛰어나고, 혹은 악행에

뛰어나니 이 인연으로 생사에 유랑하여 벗어나지 못합니다. 때문에 경문에 '무릇 상相이 있는 것은 모두 허망하나니, 만약 제상諸想(諸相)이 비상非想(非相)임을 요지한다면 여래를 봄이다'(『금강경』)고 하였습니다. 만약 이를 요지한다면 무량겁 동안 선법善法을 수습하는 것이 이 일념一念 공덕보다 못합니다. 또 범부들에게는 이 법을 수학하기에 적합하지 않다고 말씀하셨는데 일체제불보살이 무량겁 동안 선법을 닦아 등정각等正覺을 이루었다고 하신 것은 모두 후대 말법중생으로 하여금 수학하도록 하기 위해 남기신 것입니다. 이미 범부중생이 배우기에 이 법이 부적합한 것이라 하셨으니 그렇다면 이 제불의 법문은 누구를 위해 남긴 것입니까. 범부들에게는 이 법이 수학하기에 적합하지 않다는 것이 어느 경문에 나옵니까?"라고 하였다. 또 "어떻게 간심看心하는 것입니까?" 하는 질문에, "심원心源을 반조返照하여, 심상心想이 동動함을 간심하되, 유有·무無와 정淨·부정不淨과 공空·불공不空에 대해 모두 사량분별하지 않으며(不思議), 그렇게 불관不觀함도 또한 부사不思하는 것입니다. 까닭에 『정명경淨名經(維摩經)』에서 설하되, '불관不觀이 보리(菩提: 覺)다'고 하였습니다."라고 하였다. 즉 심상의 당념當念을 간심하되 유·무 등 일체의 사량분별을 함이 없으니 여기에 불관의 뜻이 있고, 억지로 불관하고자 하여 불관의 상想을 짓고 있는 것도 아니니 여기에 부사의 뜻이 있다. '심원을 반조한다'는 것은 마음을 일으켜 반조한다는 것이 아니다. 심원이 당념當念 당처當處를 떠나 따로 있는 것이 아님을 알았다면 당념 당처가 그대로 심원인 까닭이다. "마음이 마음을 모르고, 마음이 마음을 볼 수 없다"(『반주삼매경』)고 하였으니, 당념 당처가 바로 그러함을 요지한 까닭이다. 또한 심원을

56

반조한다 하여 마음이 내內로 향하는 행도 아니다. 마음이란 본래 내외가 없는 까닭이다. 내외 어디에도 향함 없음이 곧 심원이고, 당처이다. 내외 어디에도 향함 없으면 곧 분별 떠남이 된 것이고(無分別), 마하연이 여러 번 인용하고 있는 바와 같이 『능가경』과 『금강경』에 바로 "분별 떠남이 진여이다."라고 한 바와 같다. 자칫 잘못하여 마음을 일으켜 내로 향하는 것으로서 심원을 반조한다 생각하기 쉬우나 이렇게 되면 심원이 아니라 마음으로 지은 내內라는 영상 내지 환상에 향하고 붙잡는 것이다. 이 차이를 분명히 알아야 한다. "심원을 반조하여, 심상心想이 동함을 간심하되 유·무와 정·부정과 공·불공 등 어떠한 법상도 사량분별하지 않는다"라 한 행은, 곧 무심 무념의 행이 되는 것이다. 사실 당념의 당처 외에는 아무 것도 없는 것이다. 당념의 동하는 심상을 대상으로 하여 유다, 무다 하는 등의 사량분별을 할 자가 따로 없고, 이미 당념뿐인지라 당념 자체가 그러한 사량분별의 대상이 될 수 없는 것이다. 그래서 불관不觀이 되는 것이고, 이때의 불관은 이미 간심 그대로의 당처에서 되는 것인지라 불관을 의도하여 짓는 행이 아니다. 즉 간심에서 간심을 잊는 것이니, 이는 이러한 행이 순숙되는 과정에서 저절로 이루어진다. 그리하여 궁극에는 마음도 잊는 망심忘心을 성취하는 것이고, 신증身證이 되는 것이다. 그래서 마음으로 무엇을 해야겠다거나 불관의 법을 취하여 이를 지니거나 의거하는 바도 없다. 그래서 어떠한 법도 취하거나 지니거나 의거하는 바가 없다. 따라서 간심과 불관 부사의 선법禪法은 다른 법이 아니라 동시에 구현되는 불이不二의 법이다. 요컨대 불관不觀 부사不思 불행不行(無修)의 간심看心이다. 또한 자심自心이 본래 견見함도 없고, 지知함도 없으며, 분별함이 없는 까닭에 자심이 그러함을 자심에서 요지함이 곧 간심이다. 그리고 자심이 지知함 없음을 아는지라 자심의 그러한 성품 따라 간심도 행하는 바가 없다. 즉 간심의 능지能智도 떠나는 것이다. 그렇지만 항상 자심의 그러한 성품이 구현되는지라 그 행이 없지 아니하다. 이 자리를 말로 드러낼 수가 없다. 그래서 마하연은 대론의 말미에 이르길, 이제까지 여러 경전을 인용하여 이리저리 설명하였으나 진실한 뜻은 말로 드러낼 수 없다고 하였다.

돈황에서 발견된 하택신회의 법문집에서(『하택신회선사어록』)[28] 북종 신수의 간심법문을 비평하길, 마음 일으켜 간심하는 행이라 하고, 그래서 점법漸法이고, 달마의 정통선이 아니라고 비판하였다. 이를 기술한 부분은 하택신회의 제자 일각에서 위조하여 끼워 넣은 것임이 분명하다.[29] 그들의 이러한 주장은 후대에 큰 힘을 발휘하여 남종 천하가 되는 데 결정적 기능을 하였다. 그러나 근래 돈황에서 발견된 『대승개심현성돈오진종론大乘開心顯性頓悟眞宗論』과 『돈오진종요결頓悟眞宗要決』, 『대승북종론』 등 여러 북종 법문에 『육조단경』이나 하택신회의 선법과 다름없는 돈법頓法이 뚜렷이 기술되어 있을 뿐 아니라 오히려 더 넓고 깊이 설파되어 있다.[30] 북종 신수가 초심자나 대중법회에서 더러 방편의 점법을 설한 경우도 있을 수 있고, 이를 가지고 점법으로만 매도한 것일 수도 있다. 그러나 오조五祖의 수제자인 신수가 선종 선지禪

---

28 박건주 역주, 『하택신회선사어록—돈황문헌역주Ⅰ』, 씨아이알, 2009.

29 박건주, 「牛頭禪에 보이는 諸禪家 공유상통의 禪旨—宗密의 입장에 대한 비판과 보완」(『禪學』 제44호, 2016. 8).

30 박건주 역주, 『북종선법문—돈황문헌역주Ⅱ』, 씨아이알, 2009.

닙의 근본을 몰랐다는 것은 말이 안 된다. 그 신수의 재전제자인 마하연이 이미 돈법을 뚜렷이 설파하고 있는 것이다. 그 돈법의 선지는 다음의 대화에서 더욱 뚜렷해진다.

"어떠한 방편으로 망상과 습기를 제거하는가?"라는 질문에 대해, "망상이 일어났을 때 불각不覺이면 이를 생사生死라 하고, 각覺이면 망상에 따라감이 없고, 번뇌 일어남에 취함도 없고, 머무름도 없어 염념念念 해탈이고 반야이다."라고 한다. 마음이 본래 공적하여 무생無生이고 무지無知 무견無見임을 각覺하지 못했다면 망상에 끌리고 휩싸여가니 바로 이것이 생사윤회의 길이다. 만약 마음의 성품이 그러함을 각覺하였다면 어떠한 번뇌 망상이 일어나도 그것을 취하거나 따라가거나 버리려 하거나 함이 없다. 어떠한 한 법도 얻을 바 없기 때문이다. 마음이 본래 무엇을 취하거나 버리거나 함이 없기 때문이다. 마음의 성품은 본래 취사함(취하고 버림)이 없다. 따라서 이 법이 행해지기 위해서는 당연히 먼저 자심自心의 그러한 성품을 자심에서 요지了知(깨달아 앎, 뚜렷이 앎)함이 있어야 한다. 간심을 먼저 말하는 것은 자심에서 그러한 성품을 먼저 뚜렷이 보아야 하는 까닭이다. "직지인심直指人心 견성성불見性成佛"은 바로 이 뜻이다. 또 여러 경에 의거하여 이르길, "불성佛性은 본래 있는 것이니 닦아서 이루어지는 것이 아니다. 단지 삼독三毒과 허망 망상 습기의 더러운 옷을 떠나면 해탈이다."라고 한다. 수행을 통하여 불성을 새로 이루어 가는 것이라면 점법으로 가야겠으나, 불성이란 본래 완전무결하게 누구에게나 갖추어져 있는 것이니 무슨 행으로 새로 만들어지는 것이 아니어서 단지 그러함을 뚜렷이 알아 망념에 물들지만 않으면 된다. 그래서 '견성성불'의 돈법이 강조되는 것은 당연하다. 이 돈법의 뜻을 모르면 마음을 이리저리 지어서 무엇을 이루고자 집중하고 향하고 힘을 쏟는다. 그러한 행은 불성에 위배되는지라 도리어 많은 병폐를 낳아 성불에서 멀어지게 한다.

또 인도의 바라문승은 반문하길, "『십지경十地經』에 의하면 팔지보살八地菩薩이어야 불관不觀에 들어가 수행하도록 한다고 하였으니, 이에 의거한다면 범부는 아직 초지보살도 되지 못하였는데 오직 불관의 행으로 어떻게 성취하겠습니까?" 하였다. 근래도 주변에서 이 달마선을 듣고 어느 정도 이해하고서도 이러한 류의 의문을 제기하는 경우가 많다. 이에 대해 마하연은, 팔지보살은 일체의 관觀과 분별습기를 떠났고, 십지(초지에서 十地)의 보살 계위는 어디까지나 중생의 분별 따라 시설한 것일 뿐이며, 승의勝義로서는 그러한 차제가 없다는 『능가경』의 내용을 인용하고, 팔지보살은 일체행을 초과하여 무생법인無生法忍을 성취한 자리인데 팔지보살로 하여금 수행을 하도록 하였다는 말을 듣지 못하였다고 하였다. 그런데 현전하는 당역唐譯 『십지경』 9권과 구마라습 역의 『십주경』 4권에는 인도의 바라문승이 제기한 구절이 보이지 않는다. 『화엄경』의 60권본과 80권본에도 없다. 단지 이 불관不觀에 해당하는 내용으로는 각 경에 모두 나오는 "팔지보살이 되어 무공용無功用의 행이 모두 성취된다"는 구절이 가장 가깝다. 현전하는 한역 경전에는 없으나 인도의 바라문승이 보았던 범본(梵本: 산스크리트어본)에는 그 구절이 있었을 수도 있다. 불관이란 무공용을 전제로 이루어지는 것이다. 무수지수無修之修에서 무수無修란 곧 무공용(無作意)인 수修를 말하고, 무공용인 수修가 없지 않아서 무수지수이고, 불관지관不觀之觀이다. 그런데 여기서 마하연이 변론한 내용 가운데는 다소

보완해야 할 부분이 있다. 『화엄경』에 의하면 팔지보살에서 구지와 십지보살에 이르기 위해서는 대원력大願力·입여래지入如來智·복덕 지혜의 성취·대원비심大願悲心·수순여래력隨順如來力·수순여래지隨順如來智·일체지一切知·자재력自在力 등을 비롯한 여러 행이 수반되거나 갖추어져야 한다. 단지 팔지보살 이상의 위位에서 이루어지는 행은 자비행원慈悲行願을 제외하고는 무생법인을 증證하고 입여래지入如來智한 전제 위에서 이루어질 수 있는 행이다. 따라서 소요되는 위의 여러 행 또한 불관不觀 내지 후술하는 불행不行을 바탕으로 하는 행들이다. 불관의 행은 유심唯心이고 일심一心이어서 무생無生이라는 이理를 요지하여야 할 수 있는 행이다. 분별 떠났으니 불관이지만 억지로 분별하지 않는다고 하여 불관이 되는 것이 아니다. 『능가경(7권경)』 「게송품」에 설한 바와 같이 단지 분별 일으키지 않는다고 해서 해탈이 아니고, 유심唯心임을 깨달은 각지覺智가 있어야 한다. 유심이고 일심이어서 마음이 본래 불관不觀 부사不思함을 알아야 한다. 그렇게 깨달아 아는 것이 곧 이입理入이고, 아직 팔지보살이 안 되었어도 이입하였다면 불관의 행이 가능하다. 팔지보살은 그러한 행이 원만히 순숙되어 성취되는 것이고, 그러한 행의 시작은 이입이 되면서 이루어지는 것이다. 유심을 아직 온전히는 통달하지 못하였지만 대승경전의 심의深義에 이입하였다면 그 요지한 의義에 따라 불관의 행이 펼쳐지게 되는 것이다. 초지에서 십지까지는 이사무애理事無碍가 완숙되어 가는 과정이어서 그 얕고 깊음에 따라 위차位次를 나누지만 그 행하는 바탕인 이理는 분별 떠난 진여眞如의 이理, 즉 무분별지無分別智로서 다름이 없다. 그래서 『능가경』 「게송품」에서, "보살십지가 초지이며, 보살초지가

팔지이고, 보살칠지가 팔지이나니, … 무상無相인데 어찌 위차가 있겠는
가."라고 하였다. 무상은 곧 이理를 말한 것이다.

　이입理入을 위한 법문은 아직 이입하지 못한 범부중생을 위해 설해진
다. 또한 아직 이르지 못한 이들에게 이르도록 설하는 것이 법문이다.
불관不觀의 행을 위한 법문도 이제 그 행이 완숙하게 된 팔지보살을
위해서만 설해질 것이 아니다. 아직 법을 몰라 범부중생이지만 그
가운데는 대승근기로서 얼마든지 이 법을 듣고 이입하여 행할 수 있는
이들이 있을 수 있다. 다만 『십지경』에서 팔지보살이어야 불관에 들어
가 행한다 한 것은 팔지에서 무생법인(唯心이니 無生이라는 진리)을
증證하여 진정한 불관이 되는 까닭이다. 그러나 무공용의 행 내지
불관이 팔지 이전에는 전혀 이루어지지 않는다는 것은 아니다. 원만한
성취는 아니지만 초지 이상에서 이미 일부분의 무공용 내지 불관이
이루어진다. 각 하나의 계위階位에도 처음 들어가는 위位(入位)가 있고,
순숙되어 가는 과정의 위(隨分)가 있으며, 온전히 순숙된 위가 있다.
각覺의 위位도 그래서 크게 나누면 상사각相似覺(初地 이전의 三賢位),
수분각隨分覺(초지에서 제10지), 구경각究竟覺(妙覺)으로 구분된다. 요컨
대 법을 듣고 자심에서 유심과 무생의 뜻을 요지하였다면 불관의 행은
자연이 되어가는 것이고, 동시에 이 불관不觀 부조不照의 법문은 유심과
무생의 뜻을 한층 뚜렷이 해준다. 여기에 각 법문이 혜慧의 증證을
상호 증장케 해준다는 뜻이 있다.

　다음은 불행不行에 대해 설명한다. 불관不觀 부조不照이고 부사不思
의 행이니 당연히 불행의 행이 된다. 마하연은, "불성은 본래 있는
것이니 닦아서 이루어지는 것이 아니다."고 하였다. 이 법문은 여러

대승경전에 설파되어 있다. 또『사익경(사익범천소문경)』제2에서 범천의 질문에 대해 부처님이 답하신 구문을 들고 있다. 그 요지는 다음과 같다. 보살이 제불로부터 어떠한 행으로 수기를 받는가 하면, 불행생법不行生法, 불행멸법不行滅法, 불행선법不行善法, 불행불선법不行不善法, 불행세간법不行世間法, 불행출세간법不行出世間法, 불행유죄법不行有罪法, 불행무죄법不行無罪法, 불행유루법不行有漏法, 불행무루법不行無漏法, 불행유위법不行有爲法, 불행무위법不行無爲法, 불행열반법不行涅槃法, 불행견법不行見法, 불행문법不行聞法, 불행각법不行覺法, 불행지법不行知法, 불행시법不行施法, 불행사법不行捨法, 불행계법不行戒法, 불행복不行覆, 불행인不行忍, 불행선不行善, 불행법不行法, 불행정진不行精進, 불행선不行禪, 불행삼매不行三昧, 불행혜不行慧 등의 불행이다(〈대정장〉권15, 45c). 또 제법諸法의 이상二相을 떠남, 신구의身口意의 업상을 떠남이 수기授記의 뜻이라 한다. 석가모니불께서 과거 무량 아승지겁에 걸쳐 제불을 만나 가르침을 따르며 헛되이 세월을 보내지 않았으나 수기를 받지 못하였는데 그것은 행에 의지한 까닭이었다. 나중에 연등불을 만나 수기를 받을 수 있게 된 것은 일체의 제행을 넘어섰기 때문이었다. 일체의 유위법을 행하지 않음이 정행正行이고, 일체법을 불행不行함이 수법행隨法行(진리를 따르는 행)이다. 왜냐하면 제법을 불행함이 정正이다 사邪다 하고 분별하지 않음인 까닭이다.

이러한 불행의 뜻은 매우 심오하여 근기가 이르지 못한 이에게는 사실 불법을 알기 이전에 아무 행도 하지 않는 것과 구분을 못해버린다. 또한 여러 경전에서 필요성이 강조되어 있는 갖가지 행품行品들도 불행한다는 것이어서 자칫 망설妄說이나 비불설非佛說로 매도되기 쉬

운 법문이다. 그래서 당시 티베트에서 인도의 바라문승들은 이 법을
비불설이니 정폐停廢해야 한다고 주장하기에 이른 것이다. 이들을 이끌
었던 적호寂護와 연화계蓮花戒도 대승경전을 많이 인용하며 논지를
펴고 있고, 마하연도 마찬가지인데 양자의 견해가 크게 엇갈린 것은
아무래도 그 뜻을 뚜렷이 깊이 통달한 면에서의 차등 때문일 것으로
생각한다. 마하연의 주장이 대승경전의 구절 인용을 통해 분명히 모두
입증되고 있다.

　불관 부사와 마찬가지로 불행도 먼저 유심과 일심을 요지하여야
행할 수 있는 법이다. 불행은 곧 분별 떠남이고, 분별 떠남이 진리를
따르는 행(隨法行)이라 하였는데, 『능가경』에 설한 바와 같이 분별
떠남은 유심임을 요지하여야 이루어지는 것이다. 유심의 뜻을 온전히
안다면 자연히 불행의 행이 되어 진다. 불성은 본래 온전히 구족되어
있어 무슨 특별한 행에 의해서야 비로소 이루어지게 되는 것이 아니다.
무슨 특별한 행을 지어가는 것으로 성취하려는 것은 이미 닦아서 이루어
지는 것이 아니라는(非可修相) 불성의 도리에 어긋나는 것이기에 수기
를 받을 수 없고, 성불하지 못한다. 그렇다고 해서 인연 따라 마땅히
행해지는 것까지 일부러 거부하고 불행하라는 것은 아니다. 만약 그렇
게 일부러 불행하고자 한다면 불행이라는 행을 취하는 것이 되어버려
이미 불행이 아니다. 진실한 불행이란 분별을 떠남이라 하였으니 분별
떠난 가운데 일체행이 원만히 구족되는 것이고, 분별 떠난 가운데
하는 행이 없지 않아서 일체행이 없지 않다. 분별을 떠났다는 것은
이미 '행이 있다', '행이 없다'로 드러낼 수 없는 자리이다.

　자심自心의 성품은 그 묘용妙用이 한량없다. 분별 떠난 불행의 자리에

서 그 묘용이 온전히 발휘된다. 진정한 일체행은 바로 그 묘용 가운데서 나온다. 그런데 어찌 분별 떠나지 못한 자리에서의 무슨 행으로 그러한 묘용이 이루어지겠는가. 오히려 본래의 묘용을 방해하고 가리는 것이 되어버린다. 무슨 특별한 행으로 잠시 나타나는 증험들은 일시적이고 한정된 것이며, 원만하지 못하고, 잘못되고 삿됨에 이르게 한다.

마하연은 대론의 끝에 이르길, "마하연은 일생 이래 오직 대승선大乘禪을 수습하여 왔으니 법사가 아닙니다. 만약 법상法相에 대해 듣고자 하건대 (인도의) 바라문 법사들에게서 듣도록 하십시오. 마하연이 설한 바는 소론疏論에 의하지 아니하고 대승경문의 지시에 의거한 것입니다. 마하연이 수습한 것은 『대반야』, 『능가경』, 『사익경』, 『밀엄경』, 『금강경』, 『유마경』, 『대불정수능엄경』, 『화엄경』, 『열반경』, 『보적경』, 『보초삼매경』 등입니다."라고 하였다. 세간에서는 선사禪師가 경전을 자주 인용하여 말하면 교리나 강講할 줄 아는 법사 정도로 여겨버리는 경우가 많다. 요즘 한국불교계에서는 이러한 현상이 더욱 심한데 당시도 그러한 면이 있었던 모양이다. 후대로 갈수록 선사들은 경론의 인용을 회피해 왔다. 경론 대신에 알쏭달쏭한 선문답식 법문을 잘하여야 큰스님, 대선사로서 칭해졌다. 최상승선으로서의 달마선의 선지禪旨는 언어 분별을 뛰어 넘는 자리로 직입直入하게 하는 돈법이지만, 그렇게 이끄는 것은 결국 대승경전에 명쾌하게 개시된 법문에 의한다. 마하연이 이 대론에서 이 선법禪法이 불설임을 논증하기 위해 여러 대승경전을 많이 인용하여 말하였지만 그는 단순히 경론의 글귀나 설명하여 전하는 법사가 아니었다. 경론의 법상法相을 떠나 분별을 떠난 불행의 자리를 증證하고 있는 선사였다. 같은 대승경전을 수습하고 있었지만 인도의 바라문승들은 불관, 부사, 불행의 선지는 아직 얻지 못하고 있었다.

또한 인도의 바라문승들은 마하연의 불행의 선지에 대해 집중하여 비판하고 있고, 후대 티베트에서 기록된 자료들도 거의 모두 이 부분만을 치우치게 제시하면서 일방적으로 비난하고 있다(후술). 그 비판에 대해 마하연이 대론에서 이미 충분히 답변하였지만 티베트 기록들은 답변한 내용을 제외시키고 언급함이 없이 불교의 근간이 되는 복덕행, 지혜행 등을 무시하는 것으로 매도하고 있다. 그러나 마하연은 돈법을 바로 행하지 못하는 이들에게 복덕행을 쌓아가는 행도 권한다는 것을 분명히 설명하고 있다. 이는 『육조단경』에서 혜능이 자종自宗에서는 선대 조사로부터 점법과 돈법을 함께 쓴다고 한 것과 같다.

이 대론의 결말에 대한 어느 쪽의 기록이 진실한가가 문제가 아니라 양편의 견지見地를 각자가 이법理法과 행상行相에서 스스로 판단할 수 있는 안목을 갖는 것이다. 양편의 주장이 지니는 나름대로의 타당성을 인지하면서 모순으로 생각되는 사항들을 회통할 수 있는 지혜가 중요하다. 이 대론의 내용은 최상승선으로서의 달마선을 행하는 이들에게 돈법의 위상과 특장을 확인시켜주는 귀중한 자료이다.

Ⅳ. 티베트 자료에 기술된 돈점 논쟁의 기록 및 해설

티베트 돈점 논쟁의 시말에 대한 티베트 측 기록들이 다수 전한다. 그 대표적인 것이 『바새〔sba based 쌈예사지(桑耶寺誌)〕』・『최중캐뻬가뙨(智者喜宴)』・『바새샵딱마(sBa bsed shab btags ma)』・『부뙨불교사』・『최중매똑닝뽀(花精佛教史)』・『갤새(rGral bshed)』・『빠새(dPah bshed)』・『방새(hbans bshed)』 등이다. 대체로 윗대 고사古史의 기술을 후대에 그대로 옮겨 기술하면서 약술하고, 약간의 첨삭으로 계승된 내용들이기에 중복된 부분들이 대부분이다.

근래 한국에서 중암 스님이 본 논쟁 관련 티베트 자료들을 망라하여 국역과 함께 연구 정리 해설하였다.[31]

필자는 여기에 번역된 티베트 쪽 기술들의 원문을 전인轉引하면서,

---

31 중암 저, 『까말라씰라의 수습차제 연구－쌈예(bSam yas)의 논쟁 연구－』, 불교시대사, 2006.

마하연이 설한 돈법의 뜻을 어긋나게 이해하고 있거나 치우치게 기술한 곳을 지적하고, 올바른 이해를 위해 해설한다.

* * *

돈황 지역(沙州)이 티베트에 점령된 것은 당唐 덕종德宗 정원貞元 2년(786년)경이고, 이때 마하연 선사가 역경사업을 펼치고 있던 티베트 왕 티쏭데짼에 의해 역경을 위해 티베트에 초빙되었다. 당시 『반야십만송』을 번역한 중국의 마꼴레(Makole) 화상 등 대략 7명 정도가 참여한 듯하다(중암, p.92~93). 단지 『돈오대승정리결』에는 "청한승대선사 마하연등삼인請漢僧大禪師摩訶衍等三人"으로 되어 있어 중국 선승 3인이 초빙되었다 하였고, 나머지 2인은 여타 자료에 보이지 않는다.

『땐빠응아다르기최중(고대티베트불교사)』에는 돈점 논쟁이 시작된 정황을 다음과 같이 기술하고 있다.

"친교사 보디싸따(Śantaraksita, 寂護)가 (787년에) 열반하고 난 뒤, 인도불교가 조금 침체되어 가는 상황 아래서, 왕비인 도싸장춥이 791년 친교사 뺄양(dPal dbyan)으로부터 출가한 뒤, 왕비의 후원 아래 중국의 선종은 한층 번성하기에 이른다.
이로 인해서 인도불교를 지지하는 측에서 792년에 선종의 금지를 왕에게 제안하게 되고, 왕은 그와 같이 금지명령을 내리게 된다. 이에 중국의 선종을 따르는 자들 가운데서 자살하는 등의 방법으로 거세게 저항하고 나서자, 왕은 793년 말경에는 다시 선종을 허락하는 윤허를 내리게 된다.

그 뒤 왕이 이 분규를 어떻게 처리하면 좋은지에 대해서 쌈예사의 친교사 직책을 맡고 있던 뺄양과 상의하였으나 그는 인도와 중국의 불법에 대해서 중립적인 태도를 취했다. 뚜렷한 해결방안이 없음을 알자, 호닥의 동굴에서 수행하고 있던 전임 친교사 예시왕뽀 (Yeśe dban po)를 다시 부르게 된다. 마침내 예시왕뽀가 제안하는 대로 아사리 까말라씰라(Kamalaśīla)를 초청해서, 794년 그 두 사람이 티베트 역경사의 중계로 쌈예사에서 양측이 논쟁을 하게 된 것이다." (중암, p.96에서 轉引)

〈해설〉

돈점 논쟁에서 까말라씰라(연화계)를 초빙한 것은, 제1차 논쟁에서 점문이 패배하자 바로 이어 795년 1월 사신을 보내어 초빙한 것이다. 그리하여 까말라씰라가 참여한 논쟁이 제2차 논쟁이다. 그런데 이 기록에서는 제1차 논쟁에서 패배한 사실을 감추어 드러내지 않고 있다.

한편 『까탕데응아(五部遺敎)』「돈문직입장頓門直入章」에 의하면 위의 논쟁 이전에 티쏭데짼 왕과 뺄양 및 까와뺄쩩 등의 티베트인 5명과 인도의 아사리 다르목따라 등 3인과 중국의 마하연 화상을 비롯한 31명의 선사들이 함께 모여 각자의 주장을 개진한 바 있다고 한다(중암, p.97).

까말라씰라(蓮華戒)의 스승 보디싸따(산타락시타: 적호)가 입적하면서(787년), 미래에 중관의 견해에 반대하는 논쟁이 일어날 것을 예견하고, 그 일이 발생하면 제자 까말라씰라를 오게 해서 대론하게 하면 법답게 종식될 것이라 하였다. 그가 입적 후 티쏭데쩬 왕은 당시 네팔에서 불법을 전하고 있던 까말라씰라를 초청하였다. 아울러 왕은 교단의 수장으로 새로 예시왕뽀를 임명하고, 출가자 한 사람마다 여섯 가구씩을 배당해서 생계를 뒷받침하게 하였으며, 사원마다 많은 가구를 배당해서 생계를 뒷받침하게 하고, 사원마다 많은 가구를 할당해서 (삼보를 유지할 수 있도록) 조치하였다(『최중깨빼가뙨 智者喜宴』, 중암, pp.95~96).

이후 예시왕뽀가 수행을 위해 동굴로 가게 되고, 그 뒤를 이어 뻴양이 종단의 수장을 맡고 있을 때 마하연 화상의 제자가 급속히 늘어났다(『智者喜宴』, 중암, pp.98~99).

『지자희연智者喜宴』은 쟁론의 계기가 된 견해의 차이를 다음과 같이 기술한다.

(마하연 화상은 이르길) "선업은 선취善趣에 태어나고 악업은 악도에 태어나서 윤회한다. 그러므로 몸과 말로 짓는 선악과 일체의 作意를 버린 뒤, 몰록 무념에 들어가야 한다."고 설하였다. 그러나 친교사 보디싸따의 가르침을 따르는 소수를 제외하고, 나머지 대부분은 마하연 화상의 가르침을 따르게 되었다. 그래서 뙨민(sTon min 頓門)과 쩬민(brTse min 漸門)의 둘로 갈라져서 다투게 되었다.(중암, p.99)

또 『지자희연』은 『바새(桑耶寺誌)』를 인용하여 이를 더 자세히 기술한다.

그때 중국의 마하연 화상이 닥마르(지명)에 주석하면서, "몸과 말의 법행法行이 필요치 않다. 신구의身口意 선업에 의해서는 성불하지 못한다. 부사不思와 부작의不作意를 닦음으로써 성불한다."라고 설하며 가르침을 펴자, 티베트의 모든 승려들이 순식간에 그의 가르침을 따라서 배우게 되었다.

그래서 쌈예사의 불전에는 공양이 끊어지고, 경전의 학습과 신구의의 선행을 닦는 일이 단절되었다. 단지 바라뜨나와 바이로짜나 등의 소수만이 친교사 보디싸따의 가르침을 따랐다.

이와 같이 견행見行이 일치하지 않아서 서로가 논쟁하고 반목하자 국왕이, "이 중국 도사의 법은 법이 아니다. 그렇지 않은가?"라고 반문함으로써 뙨민(頓門)으로 알려지게 되었다.

…(중략)…

(이에 돈문의 무리가 크게 낙담해서 마하연 화상의 제자 몇 명이 자살하기에 이르렀다는 내용이 있음)

이에 국왕은 돈문과 점문의 둘 사이에서 어찌할 바를 몰라, "여기의 모든 승려들의 견해가 일치하지 않아서 서로 다투고 있으니 어떻게 해야 할지 알 수 없다. 어떻게 하면 좋은가?" 하고 예시왕뽀에게 전갈을 내려서 속히 입궁하라고 몇 차례 사자를 파견하였다.

…(중략)…

(왕이 어떻게 해야 하지를 묻자 예시왕뽀가 아뢰길, 이전 보디싸따가 예언한 말대로 하라 하였고, 이에 까마라씰라를 초빙하게 되었다.)

* * *

(마하연 화상은) 법의 수행이 필요 없이 단지 누워 있는 것으로도 족하다는 뜻의 『쌈땐넬쪽기콜로(禪明睡轉法輪)』, 그 시비를 끊는 『쌈땐기뢴당양뢴(釋禪明睡轉法輪辯)』 두 권, 또 그것을 정리로서 논증하는 『따왜갑싸(ITa bahi rgyab śa)』와 교설로서 논증하는 『도테개쭈쿵(mDosdebrgyad cu kuns, 八十經文典據)』 등을 저술하였다. 또한 『해심밀경解深密經』은 '자신의 견행見行과 어긋나는 것임을 알고서 이것은 법이 아니다'라고 말한 뒤 거둬 치워버렸다. (중암, pp.99~102에서 轉引)

〈해설〉

마하연 화상이 위의 저술을 한 것인지 불분명하다. 중국에서 이러한 류의 문헌을 찾아볼 수 없고, 그 이름을 인용하는 곳도 없다. 중국의 여러 선종문헌에도, "법의 수행이 필요 없이 단지 누워 있는 것으로도 족하다"는 식의 법문은 찾아보기 어렵다. 선종에서 무수지수無修之修를 설하나 이는 마음으로 어떠한 법상을 짓거나 떠올려 관조하거나, 마음으로 마음을 어떻게 조정하는 등의 행을 하지 않는 행으로 불용심不用心 부작의不作意의 행을 가리킨다. 이러한 가운데 진실로 닦아지는 것이니 수修가 없지 않아 무수無修의 수修라고 한다. 후술하는 마하연의 『돈오대승정리결』에서 무행無行을 특히 강조하고 있고, 인도 점법승들의 비판도 여기에 집중되어 있지만, 이 무행도 아무런 행도 하지 않거나 필요 없다는 뜻이 아니다. 일부러 마음을 짓거나 내어서 무엇을 이루려는 의도나 복을 짓고자 하는 등의 행을 가리킨다. 마하연도 무행의 뜻을 이해 못하는 점법 근기의 행자들에게는 그러한 행으로 복덕을 짓는 것도 설한다고 하였다.『육조단경』에도 설한 바와 같이 선종은 점법과 돈법을 함께 쓴다고 하였다. 각 근기와 정황에 따라 양편을 함께 적재적소에 쓰는 것은 부처님 이래 전통이고 정통이다. 또『해심밀경』에 대해 마하연이 진실로 그렇게 한 것인지도 불분명하다.『해심밀경』에는 점법에 속한 행들도 설해져 있다. 그러나 여러 돈법의 선승들이 마하연과 같은 행동을 하였다는 사례를 찾아보기 어렵다. 단지 돈법의 궁극에서 보면, 그리고 돈법에 이미 익숙해졌다면『해심밀경』의 관법 법문 등에 매달릴 필요가 없다. 왜냐하면 더 높은 단계의 행을 이미 알고 있고 행해지고 있기 때문이다. 미국을 가고자 비행기에 올라 있는데 버스로 옮겨갈 필요가 없는 것과 같다. 요컨대 마하연이 이러한 행동을 했다 하더라도 이 또한 하나의 가르침으로 보아야 한다. 즉 돈법으로 가야 할 제자가 있을 때『해심밀경』의 행법에 머무르거나 향하거나 얽매일 필요가 없는 것임을 그러한 행동을 통해 일깨우는 것이다. 그러나 점법의 차원에만 머무르고 있는 이들에게는 그 법이 보배처럼 소중하여 그에 어긋나는 행들을 받아들일 수 없고, 불법을 해치는 마魔로 여겨지는 것이다. 그래서 점법가들은 마하연의 가르침을 불법이 아닌 마魔라고 지탄하였다.

한편 중암은『람림첸모(菩提道次第廣論)』에 나오는 마하연 화상이 『해심밀경』에 대해 말한 부분을 인용하고 있다(중암, p.102, 각주 173).

'보살이 몸과 마음의 경안輕安을 얻은 다음 거기에 머물면서, 마음의 산란을 제멸한 뒤, 그와 같이 잘 사유한 그 법들 안에서, 삼마지의 행하는 바의 경계인 (그 법들의) 영상들을 여실히 분별하고 승해勝解하는 것이다. 그와 같이 삼마지의 경계인 그 영상들의 실의(實義, 所知障)를 사택思擇하고, 최극사택最極思擇하고, 주편심사周徧尋思하고, 주편사찰周徧伺察하고, 감내堪耐하고, 애락하고, 분변分辨하고, 관조하고, 식별하는 그 일체가 위빠사나(觀)인 것이다. 그와 같으면 보살이 위빠사나에 효달함이다'라고 말한 바와 같이, 이 경에서 위빠사나는 여실히 관찰하는 반야임을 쟁론의 여지가 없이 명백하게 밝히고 있음을 보고서 마하연 화상이 비방하되 '이것이 경인가? 알지 못하겠다'라고 말한 뒤 거둬 치워버렸다고 알려졌다. (『람림첸모菩提道次第廣論, 典據探』, p.173, 白館戒雲, 日藏佛敎文化叢書Ⅵ, 西藏佛敎文化協會, 2001. 3, Japan)

위에서 인용된 경문은 『해심밀경』권3 「분별유가품分別瑜伽品」에 나온다. 본문은 다음과 같다.

이때 자씨보살마하살이 부처님께 말하였다.
"세존이시어! 보살이 무엇에 의지하고 어디에 머물러 대승에서 삼마지(사마타, 止)와 위빠사나(비바사나毘鉢舍那, 觀)를 닦습니까?"
부처님이 자씨보살에게 설하셨다.
"선남자여 마땅히 알아야 한다. 보살을 위해 임시로 안립安立한 법과 아뇩다라삼먁삼보리(無上正等覺) 성취의 원願을 버리지 않음을 의지처로 삼고, 머물 곳으로 삼아 대승에서 사마타와 위빠사나를 닦느니라."

자씨보살이 다시 부처님께 말하였다.

"이를테면 세존께서 4종의 소연경사所緣境事를 설하셨습니다. 1은 분별영상分別影像이 있는 소연경사, 2는 분별영상이 없는 소연경사, 3은 사변제事邊際의 소연경사, 4는 소작성판所作成辦의 소연경사입니다. 이 4종 가운데 어떤 것들이 사마타 소연경사이고, 어떤 것들이 위빠사나 소연경사이며, 어떤 것들이 구소연경사(俱所緣境事: 사마타와 위빠사나를 함께 갖춘 所緣境事)입니까?"

자씨보살이 부처님께 말하였다.

"세존이시어! 어떻게 보살이 이 4종 사마타 위빠사나의 소연경사에 의지합니까?"

부처님이 자씨보살에게 설하셨다.

"선남자여! 이를테면 내가 여러 보살을 위해 법을 임시로 안립하여 설하였나니, (그 12부경에 대해 …중략…) 보살이 이를 잘 듣고 잘 받아들이면 말은 날카롭게 뜻에 잘 통하고, 마음은 세밀하게 잘 사유하며, 지견은 잘 통달하게 되느니라. 즉 그와 같이 잘 사유하는 법으로 홀로 공한처空閑處에서 작의作意 사유하는 것이니라. 또 바로 이 능히 사유하는 마음에서 안으로 마음이 상속하여 작의 사유하나니, 이와 같이 바른 행으로 자주 안주하는 까닭에 몸이 경안輕安하고 마음이 경안하게 되나니 이를 사마타라 한다. 이와 같이 보살이 능히 사마타를 구한다면 그는 몸과 마음의 경안이 얻어지고, 이에 의지하게 되는 까닭에 바로 그와 같이 잘 법을 사유하는 데서 안으로 삼마지(사마타)에서 행해지는 영상을 승해(勝解: 뛰어난 이해)로 관찰하여 심상心相을 버리고 떠난다. 즉 이와 같이 삼마지 영상에서 알아지는 뜻에서 능히 올바로 사택思擇하고(盡所有性을 사유관찰), 최극最極으로 사택하며(如所有性을 사유관찰), 두루 심사(尋思: 所緣의 경계를 作意하여 취함이 있는 사유관찰)하고, 두루 사찰(伺察: 세밀한 사유관찰, 所緣의 상에서 진실한 뜻을 파악함)한다. 인(忍: 勝解를 바탕으로 관찰로 파악된 深義를 확신함), 낙(樂: 관찰의 행으로 확신된 뜻을 즐기며 이를 체득코자 함), 혜(慧: 여러 미세한 뜻을 날카롭게 잘 분간함)하고, 견(見: 거친 단계의 관찰)하고, 관(觀: 미세한 行相의 관찰)하나니 이를 위빠사나라 하느니라. 이와 같이 보살은 능히 위빠사나를 잘하느니라.[32]

---

32 "爾時, 慈氏菩薩摩訶薩白佛言, "世尊! 菩薩何依何住, 於大乘中, 修奢摩他毘鉢舍那. 佛告慈氏菩薩曰, 善男子! 當知! 菩薩法假安立, 及不捨阿耨多羅三藐三菩提願, 爲依爲住, 於大乘中修奢摩他毘鉢舍那." 慈氏菩薩復白佛言, "如世尊說四種所緣境事, 一者, 有分別影像所緣境事, 二者, 無分別影像所緣境事, 三者, 事邊際所緣境事, 四者所作成辦所緣境事, 於此四中, 幾是奢摩他所緣境事, 幾是毘鉢舍那所緣境事, 幾是俱所緣境事?" 佛告慈氏菩薩曰, "善男子! 一是, 奢摩他所緣境事, 謂無分別影像. 一是, 毘鉢舍那所緣境事, 謂有分別影像, 二是, 俱所緣境事, 謂事邊際所作成辦." 慈氏菩薩復白佛言, "世尊! 云何菩薩依是四種奢摩他毘鉢舍那所緣境事, 能求奢摩他能善毘鉢舍那?" 佛告慈氏菩薩曰, "善男子! 如我爲諸菩薩所說法假安立, 所謂契經·應誦·記別·諷誦·自說·因緣·譬喩·本事·本生·方廣·希法·論議, 菩薩於此善聽善受, 言善通利, 意善尋思, 見善通達, 卽於如所善思惟法, 獨處空閑作意思惟, 復卽於此能思惟心, 內心相續作意思惟, 如是正行多安住故, 起身輕安及心輕安, 是名奢摩他. 如是菩薩能求奢摩他, 彼由獲得身心輕安爲所依故, 卽於如所善思惟法, 內三摩地所行影像, 觀察勝解, 捨離心相, 於如是三摩地影像所知義中, 能正思擇·最極思擇·周遍尋思·周遍伺察. 若忍若樂若慧若見若觀,

위와 같이 『해심밀경』에서 작의作意의 사유관찰 내지 사택思擇의 행을 설하는 내용들은 부사不思, 부작의不作意, 불용심不用心, 불행不行, 절관絶觀의 돈법을 설하는 중국 선종의 선법과 배치되는 면이 있다. 그래서 마하연 화상이 이를 치워버렸을 가능성이 있다. 그런데 사마타(止)와 위빠사나(觀)의 행은 그 깊이 익어진 수준에 따라 여러 단계로 나누어지고 단계별로 명명命名되어 있다. 각 단계별로 이루어지는 소연경사所緣境事, 즉 마음에 소연所緣이 되는 경계가 있게 된다. 이 경에서는 그 소연경사를 4종으로 구분하였다. 1은 분별영상分別影像이 있는 소연경사, 2는 분별영상이 없는 소연경사, 3은 사변제事邊際의 소연경사, 4는 소작성판所作成辦의 소연경사이다. 처음 지관止觀의 행에는 분별의 영상이 있게 되고(有分別影像 所緣境事), 위빠사나의 사유관찰행도 법문을 깊이 이해하고, 더 높은 법을 이해하게 됨에 따라(勝解, 了知) 거친 사유관찰(尋思)에서 미세한 사유관찰(伺察)로 진전된다. 지(定)와 관(慧)이 함께 어울려지면서 양자가 서로 돕게 되고 더 나아가서는 지관불이止觀不二의 행이 된다. 이러한 행이 익어지면서 점차 소연경사가 사라져간다. 즉 분별하는 영상이 없게 되고, 소연경사가 있어도 대상으로서 인식되는 것이 아니고, 향해지거나 집착되는 것이 아니라 있어도 있다 할 바가 없다. 이를 무소유無所有라한다. 이 두 소연경사는 승해勝解가 갖추어져 이를 바탕으로 이루어진 것이지만 아직 신증身證이 되지 못하여 초지初地 이전의 현위賢位에서 성위聖位인 초지 이상으로 나아가야 한다. 보살초지부터는 신증이

是名毘鉢舍那. 如是菩薩能善毘鉢舍那."(〈대정장〉 권16, 698a).

되어 일체 우주와 내 몸이 함께 각覺되는 것이다. 사변제事邊際는 곧 우주법계의 모든 일들을 말하고, 이들을 모두 아는 것이다. 보살 제8지에서 일체지一切知가 이루어지고, 보살 제9지에서 도종지道種智가 이루어진다. 보살초지에서부터 각 방면별로 일부분에서 점차 확대되어 알게 된다. 이 단계는 머리로 생각해서 아는 것이 아니라 몸으로 체득하는 까닭에 언설로 설명할 수 없어 불가설不可說 불가설不可說이라 하고, 불가사의不可思議라 한다. 그래서 경론에서 보살초지부터는 불가사의라고 하였다. 즉 보살초지 이상의 보살지에서 소연所緣이 되는 경계가 곧 세 번째 사변제 소연경사이다. 끝으로 네 번째 소작성판所作成辦의 소연경사는 행이 성취된 과만果滿의 불위佛位에서의 소연경사이다. 그 소연경사가 곧 일체종지一切種智이다. 일체종지는 모든 존재의 인연까지 다 아는 지혜이다.

요컨대 이 4종의 소연경사는 곧 지관수행의 기초에서 점차 익숙해지고 깊어지면서 몸으로 체득되어 가는 과정을 4단계로 구분하여 설한 것이다. 또 경문에 이어지는 인忍·낙樂·혜慧·견見·관觀의 위빠사나도 그 단계이기도 하고, 근간이 되기도 하는 것이다. 각 단계별 행상(行相, 因位)과 과상(果相, 果位)은 개별로 놓고 보면 큰 차이가 있지만, 아랫단계의 행이 익어지면서 저절로 윗 단계로 이어지는 면이 있기 때문에 단절되어 있다고 하기보다는 하나로 관통되어 연결되어 있다고도 할 수 있다. 또한 더 높고 깊은 법문을 듣고 그 뜻을 요지了知하게 되었다면 마차 타고 가다가 비행기 타고 가게 된 것처럼 그 단계가 비약되기도 하고, 오르기 힘든 높고 높은 곳까지 이를 수 있게 된다. 즉 마차로는 이를 수 없는 곳을 비행기로는 이를 수 있는 것과 같다. 그래서 돈법을 설하는 1승의 대승경론에서는 점법의 성문승(3승)을 외도와 함께 나열하며 매도한다. 점법을 어느 기간 동안 해야 하지만, 거기에만 머물러 있으면 안 된다는 것이다. 점법의 단계가 익어지면서 윗 단계로 진전되긴 하지만 점법에 집착되어 있다면 거기에서 벗어나기 어려운 면이 있기 때문이다. 대승경론에서도 점법을 설하지만, 위의 『해심밀경』에서처럼 돈법과 함께 설하기 때문에 점법에 애착하여 여기에만 고집하지 않게 된다. 그리고 돈법의 법문을 듣고 약간이나마 이해하게 되었으면 이것이 바로 돈법으로 가게 되는 종자가 되는 것이다. 즉 그 씨앗(因)이 심어지게 되는 것이다. 대승 돈법의 보배를 가지고 있고, 이를 점법행자에게 전해주어 그를 이롭게 할 수 있다면 그가 타고 있는 점법의 수레(乘)를 비판할 수 있다. 비행기에 태울 수 있다면 마차를 비판하여 그것을 버리고 비행기로 옮겨 타도록 할 필요가 있다. 단지 그 대상이 어떠한 근기인지 잘 살펴서 인도해야 하고, 적재적소에 적합한 방편을 써야 한다. 대승경론은 대부분 점법과 돈법이 함께 설해진다. 달마선도 마찬가지이다. 마하연도 복덕 공덕행을 쌓는 일 등 방편의 법문도 필요한 자들에게는 설하여 이끈다고 하였다. 그런데 여러 티베트 자료에는 마하연이 점법도 필요하면 설한다는 등을 설한 내용은 기술하지 아니하고, 돈법에서 점법의 행들을 부정하는 등의 부분만을 클로즈업시켜 기술한 것이 대부분이다. 돈법으로 나아가게 하려면 이제까지 해오던 점법에 대한 애착을 버리는 일이 필요하다. 석가모니부처님도 수많은 행을 인위因位의 보살행 때에 행하였지만 성불할 수 없었는데, 그러한 행을 모두 버리고 나서 무행無行으로 성불하셨음을 마하연은 『제법무행경諸法無行經』을 인용하면서 자세히 설파하고 있다(후술).

진소유성盡所有性이란 삼계三界 오온(五蘊: 色受想行識) 18계界에 포괄되는 일체 모든 청정淸淨 염오染汚 등 차별상들의 세계를 가리킨다. 여소유성如所有性이란 그러한 차별상들에 공통하는 평등 여여부동한 성품을 가리킨다. 여소유성이 진소유성을 떠나 다른 자리에 있는 것이 아니다. 또한 여소유성은 무상無相이어서 이를 먼저 보게 할 수 없다. 그래서 먼저 진소유성을 관찰하게 한다. 그 진소유성에서 그것이 환幻과 같고 꿈과 같음을 승해(勝解, 了知)하게 하는 것이다. 그렇게 진소유성이 환과 같고 꿈과 같아 취할 바 없고, 그래서 버릴 바도 없는 것임을 요지하게 되면 그 자리가 바로 진실한 자리가 되어 여소유성이 드러나는 것이다. 즉 진소유성에서 환인 줄 모르고 취사取捨함이 있으면 이를 망妄이라 하고, 환인 줄 요지하게 되면 그 자리에서 취사함을 넘어서게 되어 진소유성 그대로 여소유성이 되는 것이다. 여소유성은 이상理上에서 요지하게 되는 것이라 미세한 관찰에서 드러나는 것이니 이를 '최극最極의 사택思擇'이라 이름하였다. 이렇게 망妄과 진眞이 실은 다른 자리에 있는 것이 아니고, 그래서 불이不二라 한다. 환인 줄 알면 망의 자리가 곧 진이 되는 것이다. 그래서 망이 망인 줄 알게 하는 법문을 통해 먼저 공부해 들어가게 하는 것이고, 그 과정에 당연히 소연所緣의 경계사(境界事, 影像)가 있게 된다. 또한 이 공부가 진전됨에 따라 그 소연의 경계사가 달라지는 것이니 이를 기준으로 몇 단계의 진전 과정을 설하게 되는 것이다. 그 단계를 여러 경론에서는 크게 나누기도 하고 더 세분하기도 해서 여러 법문이 있다. 이 『해심밀경』「분별유가품」의 지관별止觀別 수행 차제는 『유가사지론瑜伽師地論』의 17지地와 연계되어 있다.[33]

* * *

논쟁의 진행 과정에 대해 『바새(쌈예사지桑耶寺誌)』는 다음과 같이
기술하고 있다.

…(前略)… 드디어 아사리 까말라씰라가 도착하자 〔794년에 쌈예
사의 북원에 해당하는〕 장출링(菩提院)에서 〔최후의 대론장對論場
이 마련되고〕 중앙의 사자좌에 국왕이 앉은 뒤 오른쪽의 사자좌에
마하연 화상이 오르자, 그의 뒤를 따라서 비구니가 된 왕비 도싸장
춥과 쑤양닥과 랑까 비구 등의 뙨민(돈문)의 많은 제자들이 열을
지어서 길게 앉았다.

또 왼쪽의 사자좌에 아사리 까말라씰라가 자리를 잡자, 쩬민(점문)
의 제자들인 뺄양과 바이로짜나와 예시왕뽀 등 많지 않은 수의
비구들이 따라 앉았다.

이에 국왕이 두 아사리와 뙨민과 쩬민의 모든 승려들에게 흰
꽃다발을 하나씩 손에다 받치고 나서 말하길, "내가 (뵌교의)
혹법을 고집하는 웅아리 지방의 백성들을 위해 인도에서 친교사
보디싸따를 모셔온 뒤 적은 수의 백성이나마 불법을 믿게 하였고,
신심이 있는 몇몇은 출가를 하기도 하였다. 또 사원도 여럿 건립해
서 삼보의 터전을 마련한 뒤 모든 백성들로 하여금 불법을 배우도록
하게 해서, 소수의 신심 있는 자들이 출가하는 상황 아래 마하연
화상이 여기에 와서 머물게 되자, 대부분의 반대 승려들이 중국

---

33 이에 대해서는 唐阿美(惟果), 「圓測의 解深密經疏 연구」, 동국대박사학위논문,
1999, pp.170~178을 참조할 필요가 있다.

화상의 가르침을 따라 배우게 되었다.

그 나머지는 친교사 보디싸따의 제자들인 까닭에 화상의 법을 따라 배우지 않게 되자, 마침내 뙨민과 쩬민의 둘로 갈라지게 되었다. 양측이 견해가 같지 않아서 서로 다투는 것에 대하여 〔친교사 보디싸따의 견행見行을 따르라는〕 나의 명령을 달가워하지 않는 화상의 제자들 가운데서 (이하 몇 사람이 자살한 사례를 들고 있음 …중략…) 내가 그와 같이 하지 못하게 하고자 이와 같은 방안을 마련한 것이다.

쩬민의 대표는 친교사 보디싸따이며, 그의 제자가 까말라씰라인바 그가 이제 여기에 왔으므로 마하연 화상과 둘이서 논쟁토록 하라. 논리가 수승한 쪽에게 논리가 부족한 측이 교만을 버리고 법답게 꽃다발을 받치도록 하라."고 명령을 내렸다. (중암, pp.105~106에서 轉引)

* * *

여기까지가 논쟁이 시작되어 왕의 대론對論 명령이 있기까지의 기술이다.

바로 이어서 양자의 대론에서 펼쳐진 문답식 대화록이 기술되고 있다.

까말라씰라가 돈법을 비판한 내용을 먼저 싣고, 이어 필자가 그 비판에 대해 돈법의 입장에서 반론의 해설을 기술한다.

중국의 마하연 화상이 말하되, "내가 이곳에 먼저 왔으므로 먼저

문겠으니 답하길 바란다."라고 하였다. 아사리 까말라씰라가 말하
되, "그러면 먼저 그대의 견해를 변론토록 하라."고 대답하였다.
마하연 화상이 말하되, "모든 유정들이 마음의 분별로 야기한
선과 불선에 의해서 선취와 악취 등의 과보를 받으면서 삼계에
윤회하는 것이다. 어떤 이가 (일체를) 전혀 사유하지 않고, 전혀
행하지 않는다면 그는 윤회에서 완전히 해탈하게 된다. 그러므로
(일체를) 전혀 사유하지 않는 것이다.

보시 등의 십법행(十法行: 사경·공양·보시·聞法·受持·독송·강설·
默誦·사유·修習)을 행하는 것은 범부로서 선근이 없는 우둔한
자들을 위해서 설해진 것이다. 미리 지혜를 닦아서 근기가 날카로
운 자들에게는 흰 구름이든 검은 구름이든, 그들 전부가 또한
태양을 가리는 것과 같이 선악의 두 가지도 역시 장애가 되는
것이다.

그러므로 (일체를) 전혀 사유하지 않고, 전혀 분별하지 않고,
전혀 관찰하지 않는 것은 (제법을) 가히 보지 않고, 곧바로 법성(法
性, 찍짜르Cig car)에 들어감으로써 십지보살과 같다."라고 주장하
였다.

아사리 까말라씰라가 반론하되, "그와 같이 (일체를) 전혀 사유하
지 말라고 하는 그것은 여실히 분별하는 반야를 버리는 것이다.
제법의 본성인 그 무분별의 법계는 여실히 관찰하는 반야로써
마땅히 깨닫는 것이다. 또 여실지如實智의 근본은 여실히 관찰하는
반야인 것이므로, 그것을 버림은 출세간의 지혜 또는 반야도 역시
버리는 것이다. 참으로 여실히 관찰하는 반야가 없이 유가사瑜伽寺

가 어떠한 방법으로 무분별에 안주할 수 있겠는가?

설령 일체의 법을 억념(憶念, smṛ)함이 없고 작의(作意, manasikāra) 함이 없다 할지라도, 이미 경험한 법들을 가히 억념하지 않고 작의하지 않음은 불가능한 것이다. 만약 내가 모든 법을 전혀 억념하지 않고, 작의하지 않겠다고 생각하면 그것은 더욱 억념하고, 더욱 작의하는 것이다. 단지 억념과 작의가 없음을 행하는 것으로 (분별이) 없다고 하는 것은 이치가 아니다. 억념이 단지 없는 것으로써 무분별을 이루는 것이라면 기절과 만취와 혼절한 때에도 역시 억념이 없는 것이므로 자연히 해탈하게 되는 것이다. 그러므로 여실히 관찰함이 없이는 무분별에 들어가는 방법이 없다.

설령 억념을 근사하게 차단할지라도 여실한 관찰이 없다면 제법의 무자성성無自性性에 어떻게 깨달아 들어갈 수 있겠는가. 또한 무자성의 공성을 깨닫지 못한다면 장애를 제멸除滅하지 못함은 자명한 것이다.

또 공성을 비록 깨닫지 못하여도 단지 무상無想에 의해 해탈하고 열반을 얻는 것이라면 색계와 무색계의 천신들도 또한 전부가 해탈하고 열반을 얻게 되는 것이다.

또 억념이 전혀 없는 무지한 마음으로 어떻게 정도正道를 닦는 유가사가 될 수 있겠는가? 그것은 마치 깊은 잠 속에 빠진 치심癡心과도 같은 것이다. 억념하고 있음에도 또한 억념하지 않는다고 하는 것은 바른 도리가 아니다.

또 억념과 작의를 행함이 없이 어떻게 과거세를 기억하고, 일체지를 얻을 수 있으며, 번뇌는 또한 어떻게 소멸할 수 있겠는가?

그러므로 (법의 뜻을) 여실히 관찰하는 반야로써 전도된 망상을 영원히 여의게 되는 것이며, 그것을 끊고 버림으로써 전도됨이 없는 청정한 지혜의 광명이 법성의 진실을 더욱더 통연하게 깨닫는 것이다.

그와 같은 진실을 분명하게 깨달은 유가사는 삼세에 걸쳐서 내외의 모든 법들이 공한 것임을 증득해서, 일체의 분멸망상들을 제멸하고, 모든 악견들을 영원히 여의는 것이다.

그와 같이 그것을 닦게 될 때, 방편과 반야의 둘에 어리석지 않게 되어서, 일체의 장애들을 그대로 멸함과 동시에 원만한 지혜를 구족하여 일체의 불법을 또한 얻게 되는 것이다."라고 주장하였다.

(중암, pp.105~109에서 轉引)

〈해설, 반론〉

이 첫 번째 쟁론의 주제는 마하연 화상의 이른바 무행無行의 주장과 그에 대한 반론이다. 마하연은 선행이든 악행이든 마음의 분별로 야기된 것이기 때문에 어떠한 행으로 인해서는 윤회의 바퀴에서 벗어나지 못하는 것이며, 따라서 일체행을 짓지 말아야 하고(無行), 억념하지 않아야 하며, 작의作意함이 없어야 하며, 분별함과 관찰함도 없어야 법성에 곧바로 들어가는 것이라고 하였다. 흰 구름(선행)이든 검은 구름(악행)이든 모두 태양을 가리는 것은 마찬가지이기에 본성이 드러나는 데 장애가 된다는 것이다.

이 주장에 대해 까말라씰라가 편 반론의 요지는, 본성인 무분별의 법계는 여실히 사유관찰하는 반야로써 깨닫게 되는 것인데 사유·억념·

작의함이 없이 어떻게 무자성성無自性性을 깨달을 수 있겠는가라는 것이다. 또 억념이 전혀 없는 무지한 마음으로 정도正道를 닦을 수 없는 것이며 깊은 잠 속에 빠진 어리석은 마음(癡心)과도 같은 것이라고 한다.

이 티베트 쪽 기록에서는 마하연 화상의 무행론無行論에 대해 너무 단편적 서술에 그치고 있다. 중국 측 기록인 『돈오대승정리결』에는 훨씬 더 자세하게 경론을 인용하며 무행의 뜻을 펴고 있다. 그 내용에 대해서는 후술하는 역해에서 기술될 것이다.

그런데 까말라씰라의 반론에는 여러 잘못이 있다.

첫째, "여실히 관찰하는 반야가 없이 유가사가 어떠한 방법으로 무분별에 안주할 수 있을 것인가."라고 하였는데, 마하연이 설한 무행無行은 이미 여실한 관찰행으로 반야가 이루어지고 그 행이 순숙된 후에 무행의 뜻을 알게 되는 것이기 때문에 거기에는 이미 반야가 전제되어 있는 것임을 알아야 한다.

둘째, 까말라씰라는 반론하길, "만약 모든 법을 전혀 억념하지 않고, 작의하지 않겠다고 생각하면, 그것은 더욱 억념하고, 더욱 작의하는 것이다."고 한다. 그러나 돈법에서 억념하지 않고 작의하지 말라고 한 것은 마음을 그렇게 하도록 하는 것이 아니라, 마음이 본래 억념함이 없고, 작의함이 없는 것임을 요지了知한 자리에서 저절로 이루어진다는 것이다. 즉 심성이 본래 억념함이 없고 작의함이 없다는 것이다. 사실 무심하려고 하면 무심에 비슷한 자리를 맛볼 수는 있으나 진실한 무심은 되지 못한다. 무심하려는 그 마음이 있기 때문이다. 그래서 마음이 본래 무심함을 먼저 알아야 돈법이 되는 것이며, 진실한 무심이 이루어지는 것이다. 선종에서 견성성불을 강조하는 것은 먼저 심성이 그러함을 알아야(견성) 돈문頓門이 열리게 되는 까닭이다. 까말라씰라가 반론한 것은 실은 돈법이 아니라 점법이다. 그래서 마하연의 돈법을 비판하는 것이 아니라 점법의 문제를 비판한 것이 되어버렸다.

셋째, 까말라씰라는 반론하길, "억념을 근사하게 차단할지라도 여실한 관찰이 없다면 제법의 무자성성無自性性을 깨달아 들어갈 수 없다."고 한다. "무자성의 공성空性을 깨닫지 못한다면 장애를 제멸하지 못한다."고 한다. 그러나 무자성성의 공성을 진실로 깨달았기 때문에 무행의 가르침이 설해진다. 무자성성의 공성을 어느 정도 이해하였다 하더라도 여기에 순숙되어 있지 못한 단계에서는 그 무자성성이 소연所緣의 영상影像으로 아직 남아 있게 되어 그 법상이 본성을 가리게 되고 장애가 되는 것이다. 그래서 대승 경론의 핵심이 법상法相으로부터 벗어나게 하는 가르침이거니와, 일체법一切法 불가득不可得인 까닭에 그 무자성성을 소연으로 삼을 바도 없어야 무자성성의 공성이 진실로 구현되는 것이다.

넷째, 까말라씰라는 반론하길, "공성을 비록 깨닫지 못하여도 단지 무상無想에 의해서 해탈하고 열반을 얻는 것이라면, 색계와 무색계의 천신들도 또한 전부가 해탈하고 열반을 얻게 되는 것이다."고 하였다. 외도 가운데는 무상천無想天에 태어나고자 상념하지 않는 무상의 행에 전념하는 자들이 있다. 이들과 대승 돈법에서 설하는 부사不思·부작의 不作意·무념無念의 행과는 전혀 다르다. 여러 경론에서 양자의 차이를 자세히 해설하고 있고, 마하연도 그 경론의 구절들을 인용하며 다시 반론하고 있다(『돈오대승정리결』, 후술).

　마하연의 부사不思 법문을 무상천에 태어남을 목표로 하는 외도의
행에 빗대어 비판한 것은 큰 잘못이다. 이는 마하연의 법문을 전혀
엉뚱하게 받아들이고 반론을 편 것이다. 사념(思念, 憶念)하지 않는다는
부사不思의 돈법은 심성이 본래 사념함이 없음을 요지了知한 까닭에
사념하지 않게 되는 것이다. 그래서 사념하더라도 사념함 그대로 본래
사념함이 없음을 요지한다. 사념하는 자리와 사념하지 않는 자리가
둘이 아니게 된다. 그래서 '사념함이 없이 사념한다'고 표현하는 것이다.
까말라씰라는 이러한 뜻을 아직 모르기 때문에 반문한 가운데, "억념하
고 있음에도 또한 억념하지 않는다고 하는 것은 바른 도리가 아니다"(중
암, p.108)라고 반박하고 있다. 그러나 사념하는 가운데 실은 사념함이
없는 것임을 알아야 진실로 사념하지 않음이다. 그렇지 아니하고 사념
하지 않음을 잡고 있으면 이는 사념하지 않음을 사념하는 것이 되어
진실한 부사不思가 되지 못한다. 사념하는 그 자리에서 사념함을 억지
로 마음 일으켜 끊으려 하는 것은 부사가 되지 못하는 것이다. 끊으려는
마음과 사념의 분별이 있는 까닭이다. 사념하는 자리 그대로 실은
사념함이 없음을 알아야 한다는 것이니, 『금강경』에, "만약 모든 상이
그 상이 아님을 보면(알면) 바로 여래를 본다."고 한 뜻이 바로 그것이다.
사념하는 자리에서 사념함이 없음을 요지하는 것이니 사념과 사념하지
않음에 걸림이 없다. 본래 사념함이 없이 무심한 까닭에 모든 상념이
드러난다. 마치 거울이 본래 무심하여 모든 모습이 드러나는 것과
같다. 그래서 '사념함이 없이 사념한다'고 표현하게 되는 것이다. 이러
한 돈법의 행과 법문은 점법의 차원에만 머물러 있는 이들에게는 쉽게
수용되지 못한다.

* * *

이어 국왕이 말하길, "여기에 모인 사부대중들도 또한 논쟁에 참여토록 하라" 하였고, 이에 따라 참석한 여러 사람의 발언이 있게 된다. 먼저 (교단의 수장인) 뺄양이 말하였다.

"그대 중국 화상의 주장처럼 만약 단번에 깨달아 들어가고 점차로 들어감이 있다고 한다면, 그것은 육바라밀과 위배되는 가르침을 세우는 것이다. 집착함이 없는 까닭에 보시라고 부르는 것이니, 재물을 보시하고도 일체의 집착이 없으면 그것이 바로 보시이며, (이하 중략······) 현재 뙨민(돈문)과 쩬민(점문)의 둘이 견해가 일치하지 못해서 뙨민으로 단박에 깨달아 들어간다고 주장하고 있다. 그러나 이것은 진실을 깨닫지 못하고, 추구하지 않음으로써 그와 같이 된 것이다. 비록 들어가는 문은 다를지라도 성불을 말함은 같고, 불과佛果를 논함에서는 동일한 것이다."라고 하였다. (중암, pp.109~110에서 轉引)

〈해설, 반론〉

중국 선종 선사들이 종종 '단박에 깨달아 들어간다(頓悟, 頓入)'는 말을 쓰지만, 이 말은 마음으로 깨닫는 것은(心悟) 단박에 이루어지는 것이라는 면이 있어서 이렇게 표현되는 것이고, 그 이전에 아무런 행도 없이 느닷없이 그렇게 되는 것이라고 한 것은 아니다. 유심唯心이어서 무생無生이라는 결정의 진리(無生法忍)를 깨닫게 되면 이제 돈법頓法의 승乘을 타고 가게 되어, 미국 가는 데 비행기에 올라탄 것과 같이 빠르고

쉽고 원만하게 목적지에 다다르게 되었다는 뜻으로 말한 것이다. 비행기에 올라탄 것이 바로 미국은 아니듯이 심오心悟하였다고 해서 바로 불지佛地에 이른 것은 아니다. 이제 1승乘 내지 최상승의 행을 할 수 있게 된 것이다. 돈오(頓悟, 心悟)하게 되면 이제 그러한 최상승의 법으로 진전되는 까닭에 이를 돈수頓修라고 칭하는 것일 뿐, 돈수에도 실은 점수漸修의 면이 있게 된다. 그래서 신증身證을 이룬 보살초지 이후로도 보살10지까지의 여러 단계로 구분되게 되는 것이다. 대개 경론이나 선사들의 법문에서는 돈오나 돈수를 설하면서 동시에 그 전후로 이러한 설명을 하게 되는 것이 보통이다. 마하연 화상도 후술하는『돈오대승정리결』에서 어느 정도 부가적인 설명을 하고 있다. 그러나 티베트의 자료들에서는 돈문의 뜻을 해설 내지 반영하려는 태도는 없고, 마하연 화상의 돈문을 단박에 이루어지고 단박에 더 이상 무슨 행을 할 것이 없다고만 주장한 것으로 너무 단순하게 기술하고 있다. 돈문의 선지禪旨를 알기 이전에는 이러한 법문이 상당히 터무니없는 것으로 받아들여지기 쉽다. 그래서 이러한 돈법을 아무한테나 전하는 것이 아니다(『능가사자기』구나발다라삼장의 章).[34] 어느 정도 점법의 단계를 거치면서 기초도 얻고 그 행에 순숙됨도 있어야 돈법의 뜻도 대비되어 이해하게 된다. 즉 돈법은 점법을 통해서 그에 대비되면서 설명될 수 있고 이해되어지는 것이다. 그래서 불법에서 1승을 설하기 전에 3승과 2승이 먼저 설해졌다.

또한 복덕행 등을 쌓기 좋아하는 이들에게는 때에 따라서 여건에

---

34 박건주 역주, 『능가사자기』, 운주사, 2011(개정판), p.76.

따라서 돈법을 적극 제시하여 점법에 대한 습관적인 애착을 떨치게 해주고자 '단박에(頓)'를 크게 내세워 강조하는 경우가 있다. 또 반대로 단박에 깨닫기만 하면 다 된다는 식으로 공부하는 이들에게는 복덕행과 자비 이타행利他行이 필요하고, 그리고 반야행도 얼음이 햇볕에 곧장 녹는 것이 아니고 점차 녹게 된다는 비유 등으로 점차의 수증행修證行이 필요함을 설한다(『능가경』 등). 대승경론에 이 양면의 법문이 같은 경전에 동시에 설해지고 있는 것이 대부분이다. 선사들의 법문도 마찬 가지다. 이 양면이 실은 다 갖추어져 있다. 그래서 마하연 화상도 제1차 대론에서 점법이 필요한 이들에게는 그 행도 하도록 설한다고 하였다(『頓悟大乘正理決』).

* * *

이어 전임 친교사 예시왕뽀가 말하였다.

"돈문과 점문의 둘을 검증할 필요가 있다. 점차로 닦아서 들어간다 면 이의가 없어서 나의 뜻과 같다. 그러나 만약 단박에 깨쳐 들어간 다면 그대가 다시 더 무엇을 하겠는가? 처음부터 부처가 된다는 것이 어찌 잘못이 아니겠는가? 그러므로 산을 오르는 것도 또한 반드시 한 걸음씩 올라가야 하며 단 한걸음에 산정에 도달하지 못하는 것처럼, 보살의 초지를 얻는 것조차 지극히 어려운 것인데 하물며 일체지를 얻는 것은 더 말할 필요가 있겠는가? (일체를) 전혀 행함이 없이 성불한다는 것은 그대에게 경전의 인증이 필요한 것이다.

뙨민과 쩬민의 견해가 같지 않음으로써 내가 쩬민의 도리로서 일체의 경론을 학습하였는바, 먼저 문사수聞思修의 세 지혜에 의지해서 법의 뜻을 전도됨이 없이 바르게 이해한 뒤, 십법행十法行을 배우고 닦아서 초지에 들어가는 (加行道의) 인위忍位를 또한 얻는 것이다. 그 다음 (初地의) 무과실無過失의 정성正性에 들어가며, 그 다음 청정한 반야의 지혜로써 나머지 9지地들을 차례로 수습하고, 십바라밀을 수학하고, 의식의 흐름을 정화하고, 복혜의 두 자량을 온전히 구족한 뒤 비로소 성불하는 것이다.

그런데 그대들처럼 두 자량資糧도 쌓지 않고, 의식의 흐름도 정화하지 않고, 세간사도 또한 알지 못한다면 어떻게 일체지를 성취하고, 일체의 소지계(所知界, 現象界)를 알 수 있겠는가?

여래의 자타의 의리를 원만히 갖추는 그 인因이 무엇으로부터 얻어지는 것인가 하면, 바로 복혜福慧의 두 자량에 의해서 성취되는 것이다. 단지 공성 하나만은 자리自利에도 도움이 되지 못하는 것이니, 어떻게 이타利他의 의리를 완수할 수 있겠는가?

(…중략…)

그와 같이 경론의 전거도 없으며, 방편과 반야가 함께 하지 않는 법은 곧 부처를 훼손하고 기만하는 것이다.(…중략…)

(일체를) 전혀 사유하지 않는 것은 마치 계란과 같다. 아무런 사색도 하지 않고, 막무가내로 닦아간다면 어떻게 불법을 깨달을 수 있겠는가? 아무 것도 행하지 않고 그냥 누워 지내면서 음식도 먹지 않고, 배고파 죽는다면 또 어떻게 부처가 되겠는가?

그러므로 먼저 일체의 경전을 읽어서 그 뜻을 통달하고, 고요한

처소에서 사마타(止)와 위빠사나(觀)를 수습함으로써 깨달음의 체험이 마음에 생겨나는 것이다.

그와 같은 깨달음의 의리義理 위에서 자량을 쌓고, 그 마음 또한 단지 환영幻影과 속제俗諦에 지나지 않으며, 승의勝義에 있어서 그것이 무생임을 깨달아서, 일체법이 파초의 속과 같이 텅 빈 것임을 여실하게 증득하게 되면 삼세도 또한 가히 보지 못한다. 인人과 법法에 자아가 없음을 알아서, 마음의 침몰과 도거(掉擧: 어지러이 흔들림)를 여의고, 지관쌍운止觀雙運의 도에 스스로 들어가는 것이니, 수행이란 그와 같은 것이다."라고 하였다. (중암, pp.110~112에서 轉引)

〈해설, 반론〉

여기에 기술된 예시왕뽀의 반론은 점법의 면에서 보면 모두 옳고, 여러 경론에 모두 자세히 설파된 법문들이다. 그러나 돈문에서 보면 그 법문들은 대부분 이미 섭렵하고 수습修習하여 왔던 법문들이다. 마하연이 그러한 법문을 모를 리가 없다. 예시왕뽀가 여기에서 설한 수습 내지 수증의 길은 기초이며 처음 이 법에 의거하게 된다. 그러나 그 법에 원만히 익어지거나 돈법의 가르침을 듣고 나서는 그 법도 버리게 된다. 자전거로는 미국에 가지 못하고 비행기를 타야 갈 수 있는 것과 같다. 1승에서 설하는 묘각에 이르기 위해서는 그 전의 수행이 어떤 것이었든 일단 돈법의 뜻을 알아야 한다. 아무리 뛰어난 법문의 뜻을 알았다 하더라도 그 마저도 버림이 있어야 한다. 진여眞如란 어느 한 구역에 한정되는 것이 아니기 때문이다. 이것이 진여다

하면 이미 잘못이다. 왜냐하면 진여가 어느 한 방면에 국한되기 때문이다. 진여란 일체가 평등하여 언설의 경계, 분별의 경계를 뛰어넘어 있다는 뜻이다. 수증修證의 궁극은 마음을 잊고(忘心) 신증身證에로 나아가는 것이다. 원효는『열반경종요』에서 "극과(極果, 妙覺)의 큰 깨달음이라 함은 실성實性을 체득하여 마음을 잊는 것이다(忘心)."라고 하였다. 뛰어난 법문과 수증도 하나의 법상法相으로 남아 있고, 관조觀照의 대상이 되고 있다면 이는 마음에 떠오른 영상이지 여실한 것이 아니다.

우두법융牛頭法融의『심명心銘』에[35] 다음의 법문이 있다.

생生이라는 상相이든 무생無生이라는 상이든
조照함을 생함은 (잘못됨이) 마찬가지이나니,
마음 청정함 얻고자 하거든
마음을 억지로 부리는 행을 하지 말라!
종횡으로(어느 때 어느 자리에서나) 조照함이 없는 행이 가장 미묘하나니,
여법하게(心性의 뜻에 따라) 지知하는 바 없어야 하고
지知함 없이 지知함이 요체이다.

(生無生相, 生照一同, 欲得心淨, 無心用功.

縱橫無照, 最爲微妙, 如法無知, 無知知要.)

---

35 『심명』의 역주 해설은 박건주 역주,『절관론絶觀論』, 운주사, 2012 참조.

조照하는 대상이란 영상일 뿐이지 그것이 진실은 아니다. 그래서 그 뜻을 알면 그 법상을 버리는 것이고, 버려야 그 법상의 뜻에 일치하게 된다. 그래서 여법한 수증이란 그 법상마저 버리는 것이다. 버린 가운데 그 뜻이 저절로 상응되어 오는 것이다.

* * *

요컨대 티베트 친교사 예시왕뽀가 지적한 것은 점법으로서는 잘된 법문이지만 그는 아직 돈법의 뜻을 요지하지 못하고 있다.

『바새(쌈예사지桑耶寺誌)』는 이어서 대론이 마무리 되는 장면을 다음과 같이 기술한다.

이에 뙨민이 변론의 의지를 상실한 채 꽃다발을 던지고 패배를 인정하였다. 그때 화상의 시자인 쪼마마는 분을 못 이겨서 자살하였다.

이에 국왕이 선언하되, "단박에 깨쳐 들어간다고 주장하는 중국 화상의 선법은 십법행十法行을 훼멸하는 법이므로 행하지 말라. 마음이 우매해서 자타로 하여금 수심修心의 문을 막고 중단시킨다면 마음은 몽매해지고 법은 쇠락하게 되니, 그와 같은 법은 화상 그대만이 닦도록 하라.

그 밖의 화상의 제자들과 티베트 승려들은 이제부터는 종견宗見은 나가르주나(龍樹)의 법을 따르고, 도행은 육바라밀과 십법행을 실천하며, 수행은 삼혜(三慧: 聞思修)를 통해서 마음을 닦고, 방편과 반야를 겸수해서 사마타와 위빠사나를 닦도록 하라.

이후부터는 우리들 티베트의 군신과 백성들도 역시 불법을 닦는
것을 이와 같이 행하도록 하라. 대저 티베트는 땅이 외지고 궁벽하
며, 사람의 심성은 우둔하고 성정이 거칠어서 이와 같은 법을
이해하기가 힘들고 어렵다. 그래서 왕이 인도의 저명한 대학자들
을 초빙해 후원하고, 뛰어난 역경사가 번역해서 확정한 불법을
닦도록 하라. 국왕이 후원하지 않고 역경사가 확정하지 않은 불법
은 닦지 말라."고 엄중히 명을 내렸다. (중암, p.112에서 轉引)

〈해설, 반론〉

돈점 논쟁에 대한 티베트 측의 대표적 기술인 『바새(쌈예사지)』의
위와 같은 내용에서 마하연 화상이 발언한 것이 한 번뿐이다. 나머지는
모두 티베트 내지 인도승들의 반론이다. 이러한 대론이 있을 수 있을까.
상대편의 반론 내지 비판이 있으면 그에 대해 답변 내지 변론이 있게
되는 것이 상식이다. 그런데 마하연 화상의 답변과 변론이 전혀 없다.
어찌 이런 대화록이 있을 수 있을까.

이미 상산대준上山大峻이 지적한 바와 같이 티베트 자료인 『바새』와
『푸뙨불교사』〔布頓(Buston, 1290~1364) 著, Buston kyi chos hbyun,
1323〕는 전해져 오던 이야기에 개찬改竄이나 주관적 편찬과 윤색 등이
가해져 있는 것이 예상되는 제2차의 자료에 머문다고 한 바 있다.[36]

반면 중국 측 기록인 『돈오대승정리결頓悟大乘正理決』에는 30회 이상
의 문답이 오가고 있으며, 마하연 화상의 발언(답변)은 그보다 많다.

---

[36] 上山大峻, 『敦煌佛教の研究』 第3章(京都, 法藏館, 1990), p.250.

즉 하나의 반론 내지 질문에 길게 여러 단락으로 답변이 이루어지고 있다. 즉 하나의 질문에 마하연 화상의 답변이 "답한다…", "답한다…"로 이어지고 있는 경우가 많기 때문이다.

* * *

돈황에서 발견된 문헌 가운데는 중국의 돈법을 설한 선종의 여러 법문들을 티베트어로 번역한 문헌들이 다수 있다(후술). 그 가운데는 『돈오대승정리결』도 있다. 즉 대론에서의 자세한 문답 기록이 티베트에 알려져 있었는데도 점법파가 주도한 티베트의 여러 기록물들에는 그 부분을 전혀 포함시키지 않고 제외시켜 버렸다. 또한 『돈오대승정리결』에서 마하연은 여러 대승 경론의 원문을 인용하며 자설自說의 근거를 제시하고 있다. 또한 본 대론의 양상과 결과에 대해 중국 측 기록인 『돈오대승정리결』은 다음과 같이 기술하고 있다.

바라문승들이 하는 말마다 이치가 어긋나고, 뜻에 의해서는 할 말이 궁하게 되어 조목별로 꺾이어졌으며…
술년(戌年, 794년) 정월 15일에 이르러 왕이 크게 명을 내렸다. "마하연이 개시開示한 선의禪義는 경문을 지극히 다 편 것으로 하나도 어긋남이 없다. 지금부터는 도속이 모두 이 법에 의거하여 수습하게 하라. 소자(小子: 티베트 왕이 자신을 낮춘 말)가 비재非才였노라."

즉 진행 양상과 국왕에 의한 승패의 판결이 정반대로 기술되어 있다.

어느 쪽이 진실인가 하는 문제가 오랫동안 의론되어 왔는데, 대체로 이후 티베트불교가 인도 점법승이 설한 방향으로 전개된 셈이기 때문에 인도승이 승리한 것으로 보는 편이 더 많았다. 그러나 제1차 대론에서는 중국 측이 분명히 승리하였다. 그리고 제2차 대론에서 중국 측이 패배한 셈이다. 위의 기록은 제1차 대론에 대한 것이다. 중국 측의 이 기록은 올바르며 사실이다. 그런데 티베트 측 기록들은 1차 대론에서의 패배 사실을 감추고 기록하지 않았다. 자신들이 승리한 제2차 대론의 사실만 들어 기록하였다. 때문에 중국 측 기록에 잘못은 없는 것인데 티베트 측 기록이 1차 대론에서 자신들의 패배를 숨긴 까닭에 후대인들이 오해하거나 혼란을 겪게 된 것이다. 『돈오대승정리결』의 문답에서 돈법의 근거를 제시하라는 인도승의 질문에 여러 대승경론을 들어 제시하고 설명하니 인도승들은 대개 할 말을 잃고 있는 모습들이다. 제1차 대론에서 이러한 모습을 보고 티베트 왕이 어쩔 수 없이 중국 측의 승리를 선언하였지만, 제2차 대론에서 그는 1차 때와는 정반대로 까말라씰라의 점법론에 승리를 안겨주었다. 왕이 왜 갑자기 이렇게 뒤바뀐 결정을 하게 되었을까? 필자는 다음과 같이 생각한다. 위에 인용한 『바새(쌈예사지)』에 임금이 판결하면서 다음과 같이 말한 대목 이 있다.

마음이 우매해서 자타로 하여금 수심修心의 문을 막고 중단시킨다
면 마음은 몽매해지고 법은 쇠락하게 되니, 그와 같은 법은 화상
그대만이 닦도록 하라.
티베트는 땅이 외지고 궁벽하며, 사람의 심성은 우둔하고 성정이

거칠어서 이와 같은 법을 이해하기가 힘들고 어렵다.

즉 국왕은 양편의 대론에서 돈법 측의 승리를 인정하였지만, 티베트의 현실을 고려할 때 난해한 돈법으로 우둔하고 거친 티베트인들에게 불교를 편다는 것이 대단히 어려운 일임을 알고 점법으로 불교를 펴야 하겠다고 결정한 것으로 본다. 사실 돈법은 불교를 상당히 오랫동안 깊이 있게 한 사람들도 쉽게 수긍하지 못하는 경우가 많다. 당시 티베트인들은 뵌교의 영향이 깊이 스며들어 있었고, 대부분 문자를 알지 못하였다. 깊은 교리를 먼저 숙지해야 하는 돈법을 그들에게 펴면서 불교로 이끈다는 것은 대단히 어려운 일이다. 그래서 복덕행 쌓아가는 행을 위주로 하면서 점차 반야행을 닦게 하는 방향으로 결정한 것으로 본다. 복덕과 지혜의 두 자량資糧을 강조한 인도 점법승의 가르침대로 이후 티베트불교는 그러한 방향으로 나아가면서 발전하였다. 티베트 국왕의 그 결정은 티베트의 현실을 감안한 것이었다. 또 앞에 든 티베트 자료『지자희연智者喜宴』에서 돈문의 법문이 유행하면서 복덕행을 쌓으려는 마음이 약해져 사찰의 수입이 급감해졌다는 사실도 그러한 결정에 영향을 주었을 것이다.

* * *

단지 이후 티베트에서 마하연의 돈법이 단절된 것은 아니라고 본다. 이후 까규파(白教)의 무수대수인법(無修大手印法, Mahamudra)이나[37]

---

[37] 大手印法에 대해서는 박건주 역주,『티베트 밀교 무상심요법문』, 운주사, 2001/2015(개정판) 참조.

닝마파의 족첸(rdZogs chen, 大圓滿)의 선법도 실은 중국 선종의 돈법과
다를 바가 없다. 단지 기초 단계인 생기차제生起次第의 법문들은 점법에
속하는 것이어서 다른 면이 있지만, 선종에서도 본래 점법도 갖추고
있다는 면에서 보면 마찬가지이다. 양자가 동일하지 않다고 주장하는
일부의 입장도 있지만,[38] 양자 모두 같은 대승경론의 심의深義에 의거한
것으로 다를 바가 없다.

『바새』는 국왕이 대론의 종결 후 내린 조치들을 다음과 같이 기술
한다.

왕명을 자세히 기록한 교서를 세 부 작성해서 옻칠한 상자에
넣고 열쇠를 채워서 어고에 넣은 뒤, 뇌진담갸낙쁘(일종의 수호신)
에게 지키도록 위탁하였고, 또 그 내용을 초록한 것을 대신들에게
주어서 널리 읽도록 하였다. 그 뒤 마하연 화상은 불전을 하나
세우고 다시 중국으로 돌아갔다.
선대의 국왕 오대五代에 걸쳐서 확립하지 못한 불법을 티쏭데짼
왕과 친교사 보디싸따와 예시왕뽀와 쌍씨따 등 네 사람이 삼보의
공양처를 확립하고 불법을 전 티베트에 널리 전파하였다. (중암,
p.113에서 轉引)

마하연 화상은 대론에 실은 승리한 셈이지만, 국왕의 불교정책이

---

38 중암, 앞의 책, pp.117~126에 소개되어 있다.

티베트 백성의 여건을 감안하여 점법의 방향을 취하게 되자 티베트에서
물러나게 되었다. 티베트의 기록들은 대론의 문답 내용을 거의 대부분
기록하지 않고, 인도승과 티베트 예시왕뽀 등이 돈법을 비난한 내용만
일방적으로 기술하고는 마하연 화상의 답변과 해설은 싣지 않았다.
그렇게 하여 국왕이 점법의 승리를 선언한 것이 당연한 것인 양 내용을
왜곡시켰다. 사실에 입각한 올바른 역사 기록이라면 국왕이 돈법의
승리로 판정하였던 제1차 대론의 사실을 그대로 전하였어야 하고,
그렇지만 제2차 대론에서 티베트인들의 사정을 감안해서 앞으로 불교
정책은 점법의 방향으로 결정하였다고 기술하였어야 한다. 그러나
점법파가 그러한 사실을 그대로 기록하지 못하였다. 자신들이 티베트
불교를 이끌어가게 되었는데 중국의 돈법에 패배하였다는 것을 그대로
기록할 수 없었던 것이다. 후술하는 『돈오대승정리결』의 기록에 의하
면 문답에서 오고간 내용에 의하면 도저히 인도 점법승이 승리한 것으로
볼 수 없게 되기 때문에 그 부분을 모조리 제외시킨 것이다. 따라서
티베트 쪽의 기록은 사실상 반쪽자리 기술밖에 안 된다. 또한 이후에
작성된 티베트 기록들도 거의 모두 이 『바새(쌈예사지)』의 기록 일부를
발췌한 정도에 지나지 않은 것이었고, 그 내용도 돈법을 일방적으로
몰아친 대목들이었다.

이후 티베트에서는 마하연 화상의 돈법 법문이 단절된 것이 아니고,
이를 계승한 흐름이 이어지고 있었다. 또한 전술한 바와 같이 까규파(白
敎)의 무수대수인(金剛大手印), 닝마파의 족첸(大圓滿法, 大成就派) 등
의 돈법도 11세기 이래 종파로서 성립되어 그 활동이 펼쳐지고 있었다.

102

무수대수인과 대원만법에는 마하연 화상이 전한 돈법의 내용이 그대로 들어 있음을 볼 수 있다(후술). 돈황에서 발견된 문헌에는 중국 선종의 돈법 법문들을 티베트문으로 번역한 문헌들이 다수 있다.[39] 그 주요 전적들을 들면, 『돈오대승정리결頓悟大乘正理決』을 비롯하여 『능가사자기楞伽師資記』(s710), 『돈오진종금강반야수행달피안법문요결頓悟眞宗金剛般若修行達彼岸法門要決』(p116), 『이입사행론二入四行論』(p116, p821), 『역대법보기歷代法寶記』(p116, p121, p813), 제명題名이 『제선사諸禪師의 어록』으로 번역되는 문헌(p116, p813, p821),[40] 『와륜선사안심출가십공덕臥輪禪師安心出家十功德』(p818), 『항마장선사안심법降魔藏禪師安心法』(p635), 『돈오진종요결頓悟眞宗要決』(p116) 등이 있다.[41] 즉 중국 선종의 돈법이 마하연 화상 이후 지속적으로 티베트문으로 번역되어 전파되었음을 말해준다. 단지 대수인과 대원만법은 대부분 인도에서 가져온 경론들에 의거하고 있다. 그러나 선종의 돈법 또한 모두 대승경론의 선지에 의거한 것으로, 양자 모두 마찬가지다. 중국에서 널리 읽혀진 경론 또한 인도에서 온 것이다. 나중에 인도에서 밀교경전들이 나오게 되면서 그 경론들이 많이 포함되게 되었다. 이 밀교경론들에는 돈점 대론이 있던 시절에는 아직 출현하지 않은 것들이 상당수

---

39 이에 대해서는 沖本克己, 「敦煌出土のチバット文禪宗文獻の內容」, 『敦煌佛典と禪』(敦煌講座 8, 東京, 大東出版社, 1980) 참조.

40 용수, 제바를 포함한 8인의 어록 이외에 16인의 禪師 어록을 싣고 있다. 그중에는 마하연 선사의 『禪定不觀論』도 들어 있다. 沖本克己, 앞의 글, p.420.

41 앞의 沖本克己, 앞의 책, pp.414~425: 上山大峻, 『敦煌佛教の硏究』, 京都, 法藏館, 1990, pp.325~338 및 p.336의 각주1)에 소개된 티베트문 선종문헌 연구목록 참조.

포함되어 있다. 그런데 밀교경론은 거의 모두 현교顯教 경론에서 설하는 돈법을 요약하여 그 선지를 먼저 제시한 후, 신구의 삼밀三密의 행을 실천행으로서 설한다. 심오신증心悟身證이라 하거니와 먼저 현교의 교리에 의한 심오心悟가 있어야 밀교의 신증身證도 이루어질 수 있다. 그래서 밀교의 행법에는 먼저 돈법 법문이 펼쳐지는 것이다. 단지 그 돈법 법문을 수증케 하기 위해 먼저 기초방편으로 여러 생기차제의 행법이 체계적으로 시설되어 있다.

그런데 티베트에서 돈점 논쟁은 790년대의 대론 이후에도 계속 이어졌고, 일부 마하연 화상의 돈법 지지자들을 상대로 한 점법파들의 비판이 연이어졌다.[42] 그러나 대체로 점법파가 주류의 자리를 차지한 셈이지만, 이러한 형세에 상당히 결정적으로 점법 우세의 분위기를 확립케 한 것이 쫑카빠의 활동이다.

쫑카빠는 마하연 화상의 돈법을 여러 방면에서 상당히 자세히 비판하고 있다. 그 일례를 든다. 그의 저서 『람림첸모(菩提道次第廣論)』에 다음과 같은 내용이 있다.

그러나 이들(돈법)의 그 도에는 공성을 수습하는 방소方所의 대상이 또한 드러나 있지 않다. 설령 그것을 공성을 닦는 법으로 인정한다 할지라도, 공성의 뜻을 전도됨이 없이 투득透得해서 잘못됨이 없는 수법을 닦는 깨달음이 있는 자들은 오로지 공성만을 닦을

_____

42 이에 대해서는 중암, 앞의 책, pp.117~136 참조.

104

것이며, 세속의 경계인 행품行品들을 닦지 말라고 함과, 혹은
그것의 핵심을 얻고 나면 다방면에 걸쳐 애써 닦을 필요가 없다고
말하는 것은 전혀 모든 경론의 교섭과 위배되고 정리正理를 벗어난
것일 뿐이다. (중암, p.136에서 轉引)

중암의 역문譯文은 이 단락의 이해에 약간의 혼선을 준다. 한문의
원문으로 국역하면 다음과 같다.

또 그 밖의 자들은 관혜觀慧를 버리고 전혀 사유하지 않으며,
마음으로 (마하연) 화상의 수법修法이 좋다고 생각한다. 이들의
도는 공성을 닦는 자리에 아직 접근하지 못하였다. 공성을 닦는
것이라 하더라도, 이를테면 이들이 설하길, "이미 전도됨이 없는
공성의 뜻을 얻었고, 수습에 잘못됨이 없으며, 수증修證하는 자는
오직 응당 공성을 닦을 뿐 다시 세속의 행품行品을 닦을 필요가
없다."고 한다. 혹은 설하길, "행품에 집착해서 중심으로 삼아서는
안 된다. 수습修習에는 다문多門이 있다."고 한다. (이들도) 또한
모든 성교聖教에 위배되며, 정리正理의 도에 벗어난 것일 뿐이다.
(又有餘者棄捨觀慧, 全不思惟, 意許和尙修法爲善. 此等之道, 全未接近
修空方所. 縱許修空, 然若說云, "已得無倒空性之義, 無謬修習, 有修證者,
唯當修空, 不當更修世俗行品. 或說, "行品不須執爲中心, 多門修習." 亦與
一切聖教相違, 唯是違越正理之道.)
(『菩提道次第廣論』第十卷)

이어 길게 이어지는 쫑카파의 기본 논리는 여러 경전을 인용하여 반야와 복덕의 방편 행품行品을 강조하는 것이다. 그 2대大 자량이 없어서는 성취할 수 없다는 것이다. 그러나 돈법에 의하면 반야와 복덕의 행품을 가장 수승하게 원만하게 수습 내지 수증하는 것이 곧 돈법의 행이다. 돈법에서 반야와 복덕행을 무시하는 것이 아니라 돈법의 행을 통해서 가장 수승한 자량을 쌓아가고 있다는 것이다. 육바라밀행도 몇몇 대승경론과 선사들의 법문에는 돈법의 심지心地법문을 요지了知하여 구현되는 행이야말로 가장 진실하고 뛰어난 바라밀행이라 하고 있다. 쫑카파는, '다방면에 걸쳐 애써 닦을 필요가 없다'고 돈법파가 말하는 것은 경론에 위배되는 것이라고 하였지만, 같은 경론에 그 양면의 법문이 설해져 있는 것이 보통이다. 돈법과 점법의 양면을 한 경론에서 설하고 있는 것이다. 그런데 쫑카파나 티베트 점법파들은 대승경론에서 점법으로 설한 부분만 발췌 인용하며 자설自說을 내세우고 있다. 37보리분법(菩提分品)의 여러 행품은 지혜가 원만히 갖추어져 있어야 올바로 원만하게 수습되는 것이며, 그 지혜 중에서도 그 지혜의 법상法相까지도 넘어선 자리에서 행하는 바 없이 행하는 행품이 최상이고 궁극이다. 이러한 법문이 실은 여러 경론에 설파되어 있다. 여러 행품을 부처님의 설이라 하여 여기에 애착하면 그 때문에 마음을 잊는 망심忘心의 자리에 들지 못한다. 마음을 잊은 망심의 자리에서 모든 행품도 가장 수승하고 최상으로 원만히 실현된다. 돈황문헌 가운데 티베트문 자료 〈P117〉에 마하연 화상의 선법을 요략한 문헌이 있고, 그 내용 가운데

화상 마하연의 선禪, 불관不觀 가운데 여섯 가지, 열 가지 바라밀이
집약되어 있음을 설한다.

가 있다.

그리고 6바라밀과 10바라밀의 이름 앞에 모두 '대大'를 붙이고 있다.
가장 뛰어나고 원만한 바라밀이라는 뜻이다. 이 문헌을 본서 말미에
역주 해설하였다. 그에 대한 여러 대승경론의 법문을 쫑카파 등도
읽었을 것이지만 이해를 못한 것인지, 아니면 어떤 다른 의도에서인지
그에 대한 언급은 전혀 안하고 있다.

더구나 『부뙨최중(부뙨불교사)』에는 대론이 끝난 얼마 후 까말라씰
라가 중국 측이 보낸 자객에 의해 살해당했다고 기술한다. "그 뒤
마하연 화상 측이 보낸 중국인 자객 네 명이 〔야밤에 역경원의 승방에서〕
아사리 까말라씰라의 신장을 압축해서 살해하였다."고 한다. (중암,
p.227에서 轉引)

이러한 일이 일어난 것일까? 이 기록을 사실로 받아들일 수 없다.
왜냐하면 무엇보다 여러 인도 측 기록들이 대론을 대부분 왜곡시켜
기술하고 있기 때문에 이 기록 또한 중국 측의 패배로 꾸미기 위한
것일 가능성이 크다. 돈법을 원만하게 행할 줄 아는 분이 그러한 행을
하였을 리가 없다. 그러한 참혹한 행을 하지 않게 되어 있다. 티베트
기록들은 모두 점법이 승리한 것으로 기술하고 있기 때문에 사실은
1차 대론에서 중국의 돈법 측이 승리한 것을 감추고 위장할 필요가
있었을 것이다. 티베트 측 기록물들의 사실 왜곡은 여러 면에서 상당히
심하여 이러한 추정을 하게 된다. 티베트불교의 주류가 된 점법파로서

는 그 위치와 위상을 지켜나가고자 여러 노력을 한 셈이다. 마하연 화상은 1차 대론에서 승리하였고, 티베트인의 사정으로 국왕이 점법으로 향하게 된 것을 충분히 이해하고, 중국으로 귀환한 셈이다. 그런데 어찌 승리자가 패배자를 해치도록 하였겠는가. 조작도 너무 심한 조작이다. 나머지는 독자의 판단에 맡긴다.

　요컨대 마하연 선사의 돈법은 점법의 수행에 머물러 있는 행자에게는 그 뜻을 제대로 이해하기 어려운 차원에서 이루어지는 행이다. 돈법의 행에서 실은 점법에서 행하는 뜻이 가장 완벽하고 온전하게 행해질 수 있다. 선행과 시은施恩도 행하지 말라고 한 것도 실은 그러한 돈법에서 진정한 선행이 실현될 수 있는 까닭이다. 겉으로 드러난 말만 가지고 이를 내세워 점문에서 돈법을 혹독하게 비판하였지만, 돈법에서 강조하는, '행을 떠난 행'을 점문에서는 아직 이해되지 못하고 있음을 보여준다.

V. 연화계의 『수습차제요략』에 실린 마하연 선사의 선법에 대한 비판의 글

〈해제〉

연화계(까말라씰라)는 794년 제2차 대론을 마친 후 티베트 왕의 요청에 따라 3부의 『수습차제요략』을 저술하고, 795년 입적하였다. 경승耿昇은 드미에빌의 저서 중국 역본譯本인 『토번승쟁기吐蕃僧爭記』(耿昇 역, 西藏人民出版社, 2001), pp.424~430에 티베트 문으로 쓰인 돈황사본 제3부 『수습차제요략』의 잔편殘片 중에서 연화계가 마하연 선사의 선법을 비판한 부분을 중역中譯하여 부록으로 수록하였다. 또 산구서봉 山口瑞鳳은 『수습차제요략』의 제3권에 수록된 연화계의 비판 부분을 일역日譯하여 해설과 함께 「摩訶衍の禪」(『敦煌佛典と禪』, 〈講座教養8〉, 東京, 大東出版社, 1980), pp.397~402에 수록하였다. 여기서는 경승의 중역본을 저본으로 하고, 일역본을 참고하여 국역 해설한다. 단 저본의 중역문 가운데 수록된 원본 티베트문은 생략한다.

『연화계(蓮華戒: 까말라씰라)와 마하연

화상과의 논쟁』

티베트문에서는 마하연 화상의 선법을 적정지설寂靜之說 또는 적정주
의寂靜主義로 칭하고 있다.

1. (마하연) 화상의 적정지설寂靜之說

어떤 신학가神學家들 중에는 아래와 같이 보는 입장이 있다.

'정신 관념의 갖가지 선행과 악행의 힘을 통하여 그 결과로
중생이 윤회 생천生天하는 길의 미혹에 있게 된다.'

그러나 그러한 모든 것에 대해 생각하지 아니하고, 또한 어떤
것도 행하지 않는 사람은 윤회로부터 자유로울 수가 있다. 열반에
이르기 위해서 그는 어떤 것도 생각하지 않아야 한다. 이를테면
보시와 같은 선행에도 종사해서는 안 된다. 보시를 수습하는 것
등은 단지 무지無知한 중생에게 효험이 있는 가르침일 뿐이다.

〈해설〉

점문에서 마하연 화상의 돈법을 비난하는 핵심사항이, 선행이라도 행하지 말라고 한다는 것이다. 그러나 돈법을 행하여 어느 정도 완숙한 자리에 든다면 선악의 분별을 넘어 서 있되, 선행을 일부러 안 한다는 것도 없게 된다. 그래서 선악을 분별하여 일부러 선행을 짓는 행이 없게 된다. 굶주리는 자를 보고도 일부러 보시를 하지 말라는 것이 아니다. 상황에 따라 선행을 한다 함이 없이 하게 되는 것이다. 이러한 보시행이 되어야 『금강경』에 설한 '상相에 머무르지 않는 보시(無住相布施)'가 된다. 단지 선행을 목표로 삼아 복을 쌓고 좋은 과보를 얻기 위한 의도적 행을 떠난다는 것이다. 단지 선행에 집착하여 짓는 행을 함이 없게 되는 것이다.

그래서 경전에 선행을 권하는 가르침은 어디까지나 아직 진실한 법으로서 돈법의 뜻을 아직 깨우치지 못한 이들에게 설하는 것이고, 그들에게 먼저 복덕행을 짓게 한 것이라는 뜻이다. 마하연 화상도 아직 돈법을 행하지 못하는 이들에게는 복덕행을 권한다고 하였다. 그러나 티베트 문헌들은 마하연 화상의 이러한 설명은 언급하지 않고, '선행도 하지 말라고 한다'는 면만을 부각시켜 선전하듯 비판하였다.

2. 적정주의에 대한 반론

(1) 적정주의와 대승의 종지는 대립적이다

이렇게 설교하는 사람은 대승불교를 전부 부정하는 것이며, 대승불교는 모든 불교의 근본인 까닭에 대승불교를 부정하는 것은 곧 모든 불교를 부정하는 것이다.

a) 열반의 경계에 이르기 위해서는 어떤 것도 생각하지 말아야 한다고 설한다면, 그것은 곧 '정확한 해석'(日譯은 '올바른 개별관찰')을 특징으로 하는 명리明理에 대한 부정이다.

b) 정확한 해석은 정확한 명리明理의 근본인 까닭에, 이 때문에 그것은 또한 세속을 뛰어넘는 명리에 대한 부정이다.

다음으로 선을 행하고 은혜를 베푸는 것을 응당 행하지 않아야 한다고 설한다면, 이것은 또한 선행을 행하고 은혜를 베푸는 행에서 떠나게 함으로써 대승불교를 훼손하는 것이 된다. 선을 행하고 은혜를 베푸는 것은 대승불교에서 중생을 구제하는 비결인 까닭이다. 그러나 경전에서 강설하는 바를 살피건대 대승불교는 방편과 반야이다. 『상두경象頭經』(즉 『文殊師利問菩薩經』, 〈대정장〉464, 465, 466: 〈大谷本大藏〉 중의 〈감주이목록甘珠爾目錄〉777, 289호)에 설하길, "보살마하살에 도를 간략히 설한다면, 일一은 방편이고, 이二는 혜慧이다…"라고 하였다. 『밀적금강역사회密迹金剛力士會』(〈대정장〉310(3), 312: 〈大谷本大藏〉 중의 〈甘珠爾目錄〉760[3]호)에도 기술하길, "모든 보살마하살의 모든 뛰어난 행은 모두 다 복덕행과 지혜행의 두 행에서 나온다…"라고 하였다. 때문에 대승불교를 부정하는 것은 곧 극대의 행동 장애를 만드는 것이다.

이 까닭에 대승불교인이 하는 언설을 멸시하여 이것은 하나의 무지無知한 말이라 하는 것은 자신의 견해를 지나치게 과대誇大한 것이며, 지혜가 있는 대중을 조금도 존중하지 않는 것이며, 여래의 설을 무시하는 것이고, 자신의 미혹과 잘못을 또한 타인을 잘못된 길로 끌어들이려 기도하는 것이다. - 이러한 언설은 반역의 독소에 감염된 것이며, 인명(因明, 論理)에 위배되는 것이고, 전통에 위배되는 것이다. 그러한 말은 곧 독이 있는 음식과 같아서 이치상 자신들이 따르며 배웠던 현성賢聖이 포기하였던(버려버렸던) 구소(九霄, 九天: 여기서는 가공의 세계)에 관심을 갖게 한다.

(2) 적정주의는 영감靈感의 경계에 이르는 데 필수 불가결의 주요 공구工具를 홀략忽略하고 있다

사실상 정확한 해석을 부정하는 무리이며, 또한 동시에 법을 감별하는 영감이라는 주요 공구工具를 부정하고 있다. 정확히 해석함이 없다면, 시시각각 물질의 실체에 집중하는 유가행자의 사유는 무슨 방법을 통하여 열반의 허환虛幻 경계를 구성하는 데 진입하겠는가?

어떤 이들은 혹 설하길, 어떠한 법의 방식을 환상幻想하지 아니하고, 사념思念하지 않는 것으로서 허환의 경계에 진입할 수 있다고 하지만, 이것은 불가능한 일이다. 사실이 증명하는바 정확한 해석이 없고, 어떠한 법을 환상하지 아니하고, 사념하지 않는다는 행으로는 (성취가) 불가능한 것이다.

만약 어떤 사람이 생각하길, 단지 끊임없이 연속하여 어디에서든 스스로 말하되, "나는 이러한 법을 생각하지 말아야 한다, 나는 다시는 이러한 법을 사념하지 않겠다…"라고 하면 (법을) 잊을 수 있고, 다시는 모든 법에 대한 생각을 일으키지 않을 수 있다고 한다면 이는 잘못이다.: 사실은 이와 반대이다. 그가 마음 속으로 '그러한 법을 잊어야겠다', '홀시忽視해야겠다'고 하면 할수록 그러한 법은 더욱더 뚜렷하게 그의 회상回想과 사념思念에서 출현하게 된다.

만약 회상을 잊어버리고, 사념함을 잊어버리는 것으로 회상과 사념을 간단하게 제거해버린다고 한다면, 응당 한번 생각해 보자. 그 두 가지 잊어버림이 어떠한 방식으로 표현될(이루어질) 것인가. 일종의 간단히 이루어지는 제거가 하나의 원인으로 이루어진다는 것은 불가능하다. 이 때문에 회상을 제거하는 것과 사념을 제거하는 것이 또한 어떻게 개념의 부존재不存在를 이끌어낼 수 있겠는가? 만약 이 하나의 간단한 제거로 바로 개념이 존재하지 않는 경지에 진입할 수 있다고 한다면, 그렇다면 두뇌가 혼미한 사람도 아주 용이하게 개념이 존재하지 않는 경지에 진입할 수 있을 것이다. 왜냐하면 그는 기억도 못하고 사념하지도 못하는 까닭이다. 이 까닭에 정확한 해석이 없이는 회상을 잊고, 사념을 잊는 경지에 이르게 하는 그 밖의 방법이 없는 것이다.

(3) 적정주의로는 명리明理의 불관不觀에 이를 수 없고, 또한 장애를 제거할 수 없다

만약에 단지 회상과 사념의 제거에 국한하여 본다 하더라도 또한 정확한 해석이 없다면, 법의 본성의 존재하지 않음을 어떻게 인식할 수 있게 되겠는가? 일체법은 단지 허환한 가운데 존재하는 것인데, 정확한 해석을 떠나서는 법의 허환함을 인식하는 것 또한 불가능하다. 동시에 허환의 인식을 떠나서는 도중에 일어나는 장애를 뽑아 제거하고 해방되는 것도 불가능하다. 그렇지 않으면 모든 중생이 어느 때이든 자동으로 해방될 수 있다는 것이 되어버린다.

만약 잊어버림과 우둔함으로 말미암아 회상과 사념이 유가행자의 신상身上에서 발생하지 않도록 작용한다고 한다면, 그것은 단지 우둔한 사람에 불과한 경우일 텐데 어떻게 진정한 유가행자가 될 수 있겠는가? 정확한 해석이 없이 회상이 존재하지 않도록 하고, 사념이 존재하지 않도록 실행하는 것은 우둔한 생각을 실행하는 것이 된다.: 그러한 행을 하는 것으로 인해 정확한 인식은 멀리멀리 포기하게 되어버린다. 즉 유가행자가 이미 건망증 환자가 아니고, 또한 치매 환자가 아니라 하더라도, 그가 정확한 해석이 없이 어떻게 능히 회상과 사념을 정지시킬 수 있겠는가. 진실로 전혀 이렇게 말할 수 없는 것이니, 어느 한 사람이 뚜렷이 옛일을 기억할 때, 사실상 그는 어느 것도 보는 것이 없다고. 만약 수심修心을 통하여 유가행자가 다시는 회상하지 않게 되고, 다시는 사념하지 않게 된다고 하면, 그렇게 된 후, 그가 다시 어떻게 해서 옛 실체의 존재에 대해 회상이 일어날 수 있을 것이며, 또한 그가 이르고자 갈망해 온 불타의 특징을 회상함이 일어날 수 있을 것인가? 이것이 바로 모순의 소재所在이다.: 즉 가령 당신이 이미 '뜨거움(熱)'에 대립하는 '차가움(冷)'에 습관이 되어 있는데 하나의 뜨거운 물체와 접촉했을 때 당신은 그 뜨거움을 감각하지 못하게 될 것이다. 하물며 유가행자가 취정회신聚精會神*의 경계에 진입하게

된 후라도

*협주夾註: 일반적으로 말하여, 취정회신聚精會神의 과정 중에 정신인식이
존재하며, 때문에 확실히 설한다면 이 기간에 사상과 정신이 동일한
실체를 갖추고 있다(『俱舍論』 제8권, p.128). 만약에 정신특성이 취정회
신의 유가행자에게 아직도 계속하여 작용하고 있다면, 한 사람의 세속인에
게도 또한 작용함이 발생할 것이다. 이 때문에 사념을 한 번에 제거해버린
다고 말하는 것은 황당무계하고 가소로운 말이다. 단지 긴 기간 동안의
(정확한) 해석의 작업을 경과하여야 하는 것이며, 모든 개념을 제거함에
도달한 중성衆聖이어야 비로소 이러한 천부天賦를 구비하게 되는 것이다.
(앞의 원문 pp.130~136 참조)

　이러한 정신인식이 응당 의심할 바 없이 어떠한 하나의 실체를
감각할 수 있다는 것은 말할 나위 없는 것이다. 세속인에 대해서
말하더라도 또한 더 말할 나위 없다. 상념하는 것이 돌연히 모든
실체로부터 벗어날 수 없는 일이다. 심지어 가정하여, 취정회신에
이른 유가행자의 신상에 정신인식이 다시는 존재하지 않는다고
한다면, 일체법의 본성이 어떻게 그에게 요해了解될 수 있겠는가?
또한 어떠한 해독제를 써서 저 각종의 기호嗜好의 장애들을 제거할
수 있겠는가? 더욱이 하물며 제4급 선정(第四禪定)에 이르지 못한
대중의 정신특성은 제거될 수 없는 것이거늘 말할 나위 있겠는가.

3. 정확히 해석해야 할 필요성

이 때문에 승의勝義의 관점에서 보건대 회상함을 잊고, 사념함을 잊는 때 먼저 필수로 정확한 해석을 갖추어야 한다. 사실상 회상함을 잊고, 사념함을 잊는 것은 단지 정확한 해석을 통하여서만이 실현되는 것이어서 이를 제외하고 다른 길이 없다. 만약에 유가행자가 정확한 반야의 빛으로 만물을 관찰할 때에 과거는 물론 현재와 미래 모두 어떠한 법의 탄생도 봄이 없게 된다면, 이렇게 된 후에는 그에게 어떻게 상념이 일어나거나 혹 사념하는 것이 일어나는가. 말하자면 그에게 어떻게 다시 상념이 일어나거나 혹은 그러한 과거, 현재 미래 모두를 사념함이 존재하지 않는다고 사념하는 것이 일어나는가. 승의의 관점에서 본다면 일체법을 감각함이 없다는 것인가? 이때로부터 유가행자는 바로 자신의 정신의 모든 활동이 평정해지고, 개념이 없는 인식의 경계에 진입한다. 이러한 인식이 있게 되면 유가행자는 바로 허환의 느낌을 직접 갖게 된다. 그리고 이러한 하나의 인식으로 말미암아 모든 오류의 관념이 말끔히 제거된다. 중생을 구제하는 비결인 반야를 취하여 그 몸이 있는 곳을 가리는(防弊하는) 것으로 삼고, 유가행자는 진제眞際와 속제俗諦의 인식에 진입하게 된다.

이를 통하여 유가행자는 장애가 없는 인식을 획득하고, 불타의 모든 특징을 취득한다. 동시에 정확한 해석이 없이는 진정한 본령本領이 산생産生될 수 없으며, 번뇌장도 제거될 수 없다는 것을 알 수 있다.

118

〈해설〉

연화계 등 점문에서 돈법을 비판하는 주요 사상 가운데 여기서는 두 방면에 집중되어 있다. 첫째는, '선행 등 모든 행을 하지 말라고 한다'는 돈법의 설에 비판한 것인데 이에 대해서는 앞에서 해설하였다. 둘째는, 수증修證에는 '정확한 해석'이 필수불가결의 것인데, 돈법의 회상回想하지 않음과 부사不思의 행에 따르면 '정확한 해석'이 이루어지지 못하기 때문에 성취할 수 없다는 것이다. 그러나 '정확한 해석'을 필수의 행으로 중시한 것은 옳지만, 실은 돈법도 마찬가지로 극히 중시하고 있기 때문에 연화계는 돈법의 뜻을 충분히 이해하지 못하고 있다. 중국 선종에서 간심看心의 행을 특히 강조하는데 이는 심성心性을 관찰하여 요지了知하게 하는 행이다. 요지란 '명료明了하게 앎'이란 뜻이니 경론에 설파된 이법理法을 자심自心에 뚜렷이 알고 확인하는 것이다. 그래서 '정확히 해석한다'는 행과 다를 바 없다. 먼저 요지함이 이루어져야 돈법이 가능한 까닭에 돈법에서 '정확히 해석한다'는 행을 마찬가지로 강조하는 것이다. 달마대사의 선법에 대해『속고승전』의 저자 도선道宣은 "교敎에 의지하여 종(宗, 심성)을 깨닫는다(藉敎悟宗)"고 하였다. 그래서 선종의 돈법이 '정확히 해석하는 행'을 소홀히 하는 것이 아니다.

　여러 경론에 마음은 공적空寂하여 지知하는 바 없고, 견見하는 바 없으며, 분별하는 바 없다고 설하였다. 따라서 마음이 그러함을 자심에서 살펴보아 이를 요지하는 행이 먼저 이루어져야 돈법이 된다. 그렇지 않으면 무심無心하라 하니 마음을 무심하게 하게 된다. 이러한 행은 돈법이 되지 못한다. 마음으로 마음을 억지로 무심하게 하는 행이 되어 무심이 될 수 없는 것이다. 마음이 본래 무심함을 요지了知해야

무심이 되는 것이다. 지知함이 없다고 함도 마음이 본래 지知한다
함이 없음을 알라는 것이지, 마음이 지知함이 없도록 하는 행이 아니다.
상념하지 말라는 부사不思의 행도 마음이 본래 상념함이 없는 것임을
알아야 이루어지는 것이다. 때문에 마음이 본래 상념함이 없음을 자심
에서 '정확히 해석해서 알아야 한다.' '정확히 해석한다'는 것은 자심에
서 분별함이 없는 심성을 살펴보아서 그러함을 확인하는 것이니, 여기
에 얼마나 뚜렷이 확인되었는가에 따라 그 성취도가 진전된다. 이러한
행이 곧 '정확히 해석한다'는 행이 된다. 그러한 간심看心을 통해서
마음이 본래 상념함도 없고, 분별함도 없다는 선리(禪理, 禪旨)가 뚜렷
이 요지되는 것이니 이러한 행이 오랫동안 이어지며 순숙되면서 성취되
는 것이다. 이러한 수증修證의 길은 먼저 무엇보다도 '정확한 해석',
그 선지(禪旨, 禪理)를 얼마나 뚜렷이 요지하였는가가 먼저 갖추어져야
할 필수의 사항이 되는 것이다. 또 연화계는 부사不思가 되면 성취자에
게 생각이 일어남도 없게 되어 성취자가 중생 구제행을 어떻게 하겠는가
하고 모순성을 지적하고 있지만, 이 또한 잘못 이해한 것이다. 부사不思
란 마음이 본래 상념함이 없다고 요지하라는 것이지 마음에 상념함이
없어진다는 뜻이 아니다. 부처님도 견문각지見聞覺知가 있지만 중생의
그것과는 다르다. 부처님은 견문각지 함이 없이 견문각지 한다고 한다.
성취자는 상념함이 없이 상념하는 것이다. 지知함이 없이 지知하고,
분별함이 없이 분별한다. 지知하고 분별하더라도 거기에 물들지 않고,
머무르지 않으며, 마치 그림자가 강 위를 지나는 것과 같아 물에 젖지
아니하고, 오염되지 않으며, 영향 받지 않기 때문에 그렇게 표현하는
것이다. 분별하는 자리와 분별하지 않는 자리가 두 자리가 아니다.

일심一心의 한 자리에 본래 양면이 서로 즉卽하여 갖추어져 있는지라 그러함을 알 뿐 어느 한쪽을 취하거나 버릴 바도 없는 것이다. 이러한 뜻(禪旨)을 알았다면 그림자 내지 허환虛幻의 자리가 실은 그대로 진실한 자리이다. 허환의 이 자리를 떠나서 실상의 자리가 어디에 따로 있는 것이 아니다. 허환임을 알면, 바로 그 자리가 실상이 되는 것이다. 이러한 자리에서는 분별함이 없이 분별하게 되고, 상념함이 없이 상념하는 것이니, 연화계의 비판은 일면에서는 통하지만 돈법의 뜻을 곡해曲解한 면도 있다.

VI. 『돈오대승정리결』 역해譯解

〈1〉 저본

돈황 장경동藏經洞에 1천 년 동안 묻혀 있던 대량의 필사본 고문서들이 1900년 왕도사王道士(본명圓祿, 1850~1931)에 의해서 발견된 후 1907년 헝가리 출신 영국탐험대의 스타인(Mare Aurel Stein, 1862~1943)에 의해 1907년(1차), 1914년(2차) 두 차례에 걸쳐 대량 영국에 반출되었고, 1908년에는 프랑스의 뻴리오(Paul Peliot, 1878~1945)에 의해 수집, 프랑스에 반출되어 각각 국립박물관과 프랑스국민도서관 등에 소장되었다. 이후 일본과 러시아 탐험대도 찾아와서 일부의 남은 문서들을 수집하여 갔다.[43] 왕도사가 그 전부터 일부 문서들을 민간에 넘긴 것도 있고, 그 문서들은 대부분 실전된 셈이지만 해외로 반출된 문서들은

---

43 돈황 장경각 필사본들의 발견 내지 유출 과정에 대해서는 沙武田, 『藏經洞史話』(北京, 民族出版社, 2004) 참조.

오히려 각 나라의 박물관과 도서관에 소장되어 소중히 보존 관리되었기 때문에 참으로 다행스러운 일이다. 그 상당부분이 1천여 년 동안 실전되어 잊혔던 자료들이었다. 사회 문화 각 방면에 걸쳐 수십만 점에 이르는 방대한 분량이면서 가장 비중이 큰 것은 불교관련 문서였다. 그 중에 선종 관련 문서가 많고,[44] 『돈오대승정리결』도 그 가운데 들어간다. 본 사본이 발견되기 전에는 1천여 년 간 그 존재조차 잊혀져 있었다. 그 이전에 티베트에서 펼쳐진 이른바 '라싸의 종론宗論', '티베트(서장) 종론', '삼예사의 종론' 등으로 알려진 티베트에서의 돈점頓漸 논쟁이 티베트문으로 티베트에서 작성된 자료를 통해 알려져 있었고, 그 기록에 의해 그 대론의 사실과 내용이 전해져왔다. 그리고 프랑스의 폴 드미에빌(Paul Demiéville)이 프랑스민도서관에서 『돈오대승정리결頓悟大乘正理決』(P4646)을 발견하고 오랜 연구를 거듭하여 1952년 그 역문譯文과 연구서를 『Paul Demiéville: Le Concile de Lhasa, Paris, 1952(2001再版)』이란 제명題名으로 발표하였다. 이를 계기로 세계 많은 학자들의 연구가 연이어졌고, 일역日譯(1959)과[45] 중역中譯(1984)도[46] 출간되었다.

본서는 티베트 돈점 논쟁의 중국 측 기록이다. 돈황 발견의 사본寫本

---

44 돈황 문서 중 선종관련 문서의 영인본을 합집한 任繼愈, 『敦煌禪宗文獻集成』(新華書店北京發行所, 1998)이 있다. 단지 여기에는 『돈오대승정리결』이 수록되어 있지 않다.

45 (日文抄譯) 島田虔次 譯, 「ラサの宗論」(『東洋史研究』17-4, 1959), pp.100~108.

46 耿昇 譯, 『吐蕃僧諍記』, 甘肅人民出版社, 1985 / 臺灣商鼎出版社, 1993 / 西藏人民出版社, 2001.

『돈오대승정리결』에는 ⟨P4646⟩, ⟨S2672⟩, ⟨P4623⟩, ⟨P823⟩, ⟨P827⟩, ⟨P21⟩ 등 6종이 있다. ⟨P4623⟩은 상산대준上山大峻이 『돈오대승정리결 頓悟大乘正理決·장편長編』의 제명題名으로 앞의 『敦煌佛教の研究』의 『資料集』, pp.593~598에 수록하였다. 종래 『돈오대승정리결』을 소개 번역하면서 상산대준이 일찍이 『돈오대승정리결』의 장편으로 소개한 ⟨P4623⟩본을 포함시키지 않았다. 상산대준에 의하면 ⟨P4623⟩은 앞뒤가 결락되어 있지만 총 250행行에 이르는 분량 가운데 『돈오대승정리결』에 보이지 않는 132행의 글이 더 수록되어 있어 대단히 소중하다. 이제까지 『돈오대승정리결』은 ⟨P4646⟩본을 근간으로 하고, 여타 본은 대조하는 정도의 대교본對校本을 저본으로 활용하여 왔다. 그리하여 ⟨P4623⟩에 갖추고 있는 132행은 거의 같은 내용으로 인식하여 거의 활용되지 못하였다. 따라서 종래 주로 저본으로 활용되던 하기下記의 대교본과 함께 ⟨P4623⟩본도 필히 따로 역주 해설되어 활용되어야 한다. 때문에 본서에서는 이 ⟨P4623⟩본을 대교본에 이어 따로 역주 해설한다.

⟨P823⟩, ⟨P827⟩, ⟨P21⟩의 3본은 티베트문 사본인데 분량은 적고, 한문본漢文本과 거의 일치하지만 한문본에 보이지 않는 약간의 내용도 있다. 그 중에 ⟨P823⟩본은 상산대준, 앞의 『敦煌佛教の研究』의 『자료집 資料集』, pp.598~602에 수록되어 있다. 또 마하연 화상의 법문 중에 요긴한 부분을 일부분 모아 해설한 ⟨P117⟩, ⟨P812⟩, ⟨P116⟩이 있고, 제명題名이 『제선사諸禪師의 어록語錄』으로 번역되는 문헌(⟨P116⟩, ⟨P813⟩, ⟨P821⟩)에는 마하연 선사의 『선정불관론禪定不觀論』이 있다. 본서에서는 이들 문헌도 함께 역주 해설한다.

본서에서는 〈P4646〉, 〈S2672〉, 〈P4623〉의 3본과 요종이饒宗頤의
교정본(『大藏經補編』 35 所收)을 함께 참조하여 교정한 상산대준上山大
峻의 대교본對校本(『敦煌佛教の研究(資料篇)』, 京都, 法藏館, 1990. 3,
pp.540~564)을 저본으로 하고, 여타의 본을 참조한다.

상산대준의 대교본에서 대교對校 참조한 제본諸本을 아래와 같이
표시하였다. 대교본 원문에는 이동異同이 있는 각 자구字句마다 출처의
제본을 아래의 A, B 등으로 표시하고, 말미의 교감기校勘記에 그 내역을
기술하고 있다. 본 역해에서는 그 가운데 미미한 차이는 언급하지
아니하고, 내용에 영향을 주는 크게 차이나는 부분만 해설 부분에서
논급한다.

A=P.4646.

B=S.2672 (앞부분 결락).

C=P.4623 (133行 이하).

H=長谷部好一 校定本(「吐蕃佛教と禪──頓悟大乘正理決をめぐっ
て」, 『愛知學院大學文學部紀要』 創刊號, 1971, pp.70~88).

J=饒宗頤(Jao Tsung i)校定本(「王錫《頓悟大乘政理決》序說並校
記」, 〈選堂選集〉, 彌勒出版社, 民73. 5) /『大藏經補編』(35), 台北,
1986, pp.797~854 /『崇基學報』 9-2, 香港, 1970.

〈2〉 편집자 왕석王錫

『돈오대승정리결頓悟大乘正理決』은 마하연의 속가 제자 왕석王錫이 스승의 명으로 대론對論의 기록들을 정리 편집하여 이루어졌다.

왕석의 전임 관명官名은 '전하서관찰판관조산대부전중시사前河西觀察判官朝散大夫殿中侍史'이다. 하서관찰河西觀察은 하서 지역의 관찰사觀察使로서 민정民政을 총괄한다. 절도사節度使는 군정軍政을 총괄한다. 판관判官은 절도사와 관찰사에 원칙상 2명씩 배속되어 곡창, 병기고, 마사馬舍 등을 전담하는 속관이다. 조산대부朝散大夫는 실무 담당의 관명이 아니고 명예직에 상당하는 가관加官이다. 그 위계는 5품으로 상급에 속한다. 전중시어사殿中侍御史는 궁정 감찰관직 중 하나로 전원殿院은 당대唐代의 감찰원 세 곳 중 한 곳이었다. 감찰관들은 관직 서열상 7품에 속하였다. 그는 하서의 민정을 총괄하는 관찰사를 보좌하는 2인 중의 1인으로서 군량과 병마를 총괄하는 요직에 있었다. 또 중앙관품도 중상급中上級 정도의 감찰관에 속하는 요직이다.

그는 포로가 되어 티베트에서 왕의 사인舍人으로 생활하던 중 왕에게 두 차례에 걸쳐 글(회고담)을 올려 자신의 처지와 심정을 술회하면서 중국과 티베트의 우호 친선과 대승불교의 정신을 바탕으로 한 선정의 길을 당부하고 있다. 첫 회고담(드미에빌은 이 글을 '회고담'으로 칭하고 있다)은 펠리오 장서 필사본 No.3201 뒷면에 19행이고, 이어 두 번째 회고담이 이어지고 있다. 드미에빌은 두 편의 한문본을 해설 식으로 번역하여 소개하고 있다. 김성철 등 3인의 국역본 ③(『불교학리뷰』 14권, 2013. 12)과 ④(16권, 2014. 12)에 의거하여 그 부분을 요략 소개

한다.

먼저 첫 회고담에서(국역본③) 왕석은, 티베트에 온 이래 여러 풍토병으로 시달리면서 치료도 받지 못하는 고통의 현실, 그리고 언제 전쟁터에 끌려 나갈지 모르는 사정 등을 기술한 후 자신은 본래 문사文士로서 외교를 통해 중국과 친선 우호의 일을 맡아야 할 사람임을 호소한다. 일개 포로인 중국인으로서 왕의 시중을 들고 있는 자신을 못마땅해하는 티베트 장군과 대신들이 자신을 죽여야 한다고 왕을 부추기는 상황에서 그는 왕의 책사策士가 백 명 있다 한들 자신 1인에 비할 자 없을 것이라고 한다.

티베트 왕에게 올린 두 번째 회고담에서는(국역본④) 불교와 『도덕경』, 『역경』의 글을 인용하여 안민安民의 선정을 권하고, 장군과 대신들의 탐욕적 전쟁주의가 군주를 기만하고 있음을 비판한다. 아울러 대승에 의한 육바라밀 보살행으로 나아가야 진정한 복덕행과 지혜행이 이루어지는 것임을 설하고 있는데, 이는 마하연이 대론에서 설파한 내용이다. 즉 왕석은 은근히 마하연의 법문으로 불법에 의한 선정을 펼칠 것을 권하고 있다. 그는 돈황이 공략당할 때 하서의 마지막 관찰사가 된 주정의 두 보좌관들 중 한 명이었음에 틀림없다. (국역본③, 『불교학리뷰』 14, p.184.)

『頓悟大乘正理決』敍

前河西觀察判官朝散大夫殿中侍史王錫撰

『돈오대승정리결』 서

전前 하서관찰판관 조산대부 전중시사 왕석 지음

Ⅰ. 왕석王錫의 서문

自釋迦化滅, 年代逾遠, 經編貝葉, 部帙雖多, 其或眞言, 意兼秘密.
理旣深邃, 非易涯津. 是乃諸部競典, 邪執紛糾.
爰有小乘淺智, 大義全乖, 肆螢火之微光, 与太陽而爭燿.

厥玆蕃國, 俗扇邪風, 佛教無伝, 禪宗莫測.
粤! 我聖神贊普 凤植善本 頓悟眞筌, 愍万性以長迷, 演三乘之奧旨.

석가모니부처님께서 열반하신 이래 세월이 많이 지나 편찬된 패엽
경전들의 부수가 비록 많으나 그 중에 어떤 것은 진언眞言이어서
뜻에 비밀을 겸하였으며, 이理는 깊고 깊어 쉽게 이해될 수 있는
것이 아니었다. 그래서 여러 부파가 다투어 흥기하고, 삿된 집착으
로 분규가 펼쳐졌다.

　이에 소승의 얕은 지혜로 (불법의) 대의大義에 온전히 어긋나
있으면서, 멋대로 반딧불의 미미한 빛으로 태양에 대들어 빛을
겨루었다.

128

이 토번국(티베트)은 세속에 삿된 바람이 몰아치고 부처님의
가르침은 전해지지 아니하였으며, 선종禪宗의 가르침은 어림도
하지 못하였다.

오! 우리의 성신聖神 찬보왕(贊普王, 쏭짼감뽀松贊干布, 581~649)
께서 숙세에 선본善本을 심으시고, 진실한 가르침을 돈오頓悟하셨
으며, 모든 중생이 기나긴 세월 동안 미망에 빠져 있음을 애민하사
3승(1승, 2승, 3승)의 심오한 뜻을 펴시었다.

〈해설〉

①티베트는 인구가 적고 광대한 지역이어서 통일왕국이 이루어지기
힘들다가 7세기 쏭짼감뽀(松贊干布, 581~649)왕 때 최초로 이루어졌
다. 그는 티베트 왕조를 개창한 초대 왕 냐티짼뽀(B.C.117~ ?) 이후
제33대 왕이 되며, 그가 불교를 적극 수용할 때까지 뵌교(Bon)가
주된 종교였다. 양교의 경전을 티베트어로 번역하는 과정에서 양교
사이에 큰 충돌이 발생하자 대론을 펼치게 하였고, 여기에서 불교가
승리하였다. 이를 계기로 왕은 뵌교도를 승려나 평민이 되게 하거나
변방으로 축출하고, 791년 드디어 불교를 국교로 선포하였다. 그는
당나라 관제를 바탕으로 정치제도를 갖추어 전제적 통치체제를 구축하
였다. 629년에 통일국가를 이룬 티베트 왕조는 840년 낭달마(朗達瑪,
랑 다르마)에 의해 멸망할 때까지 약 11대 211년간 이어졌다. 초기의
불교수용과 발전은 이 기간에 이루어졌다. 낭달마는 불교를 탄압하였
고, 이후 130년간 전란이 계속되어 불교의 자취가 거의 사라지게 되었
다. 이 암흑시기 이전의 불교를 전전기前傳期, 이후에 전해진 불교를

후전기後傳期의 불교라 칭하여 구분한다.

　5세기에 불교를 처음 접하게 되었다는 기록도 있으나 분명치 않고, 그 영향도 거의 없었다. 정략결혼으로 시집온 당唐의 문성공주와 네팔의 티쭌공주가 각기 당과 인도의 불교를 전한 것이 공식적인 첫 전래이다. 당 태종의 딸 문성공주文成公主는 불상과 불경, 의서醫書, 산서算書 등 360권의 경전을 가져오고(641년), 네팔 암수와르마와의 딸 티쭌공주는 석가모니 8세 때의 등신상인 부동불상不動佛像을 가져왔다고 한다(639년). 쏭짼감뽀왕(629~650재위)은 불교를 신앙하게 된 후 대신 토미상보따 등 16인을 선발하여 인도에 보내 산스크리트어를 학습하게 한 후 귀국하자 그 산스크리트어를 모방하여 티베트 문자를 만들게 하였다. 인도와 네팔, 중국에서 몇 명의 고승을 초빙하여 『보운경』·『관음육자명』·『마하가라법』·『길상천녀법』·『집보정경』·『백련화경』 등 21종의 경전을 펴냈다. 이 중에 7~8종이 밀교계통이다. 두 왕비는 왕의 지원 하에 라싸에 최초의 사찰인 대소사大昭寺와 소소사小昭寺를 건립하였다.

固知眞達言說, 則乘實非乘, 性離有無, 信法而非法, 蓋隨世諦, 廣被根機, 不捨聲聞. 曲存文字, 頒伝境內, 備遣精修. 交聘隣邦, 大廷龍象, 於五天竺國, 請婆羅門僧等三十人, 於大唐國, 請漢僧大禪師摩訶衍等三人. 同會淨域, 互說眞宗.
我大師密授禪門, 明標法印. 皇后沒盧氏, 一自虔誠, 劃然開悟. 剃除紺髮, 披掛緇衣, 朗戒珠於情田, 洞禪宗於定水. 雖蓮花不染, 猶未足爲喩也. 善能爲方便, 化誘生靈. 常爲贊普姨母悉囊南氏, 及諸大臣夫人三十余人, 說大乘法, 皆一時出家矣. 亦何異波闍波提, 爲比丘尼之唱首爾.

진리는 언설에 어긋나는(언설로 표현될 수 없는) 것이라 승(乘, 敎說)은 실은 비승非乘이며, 법(法, 존재)의 성품은 유有와 무無를 떠나 있기에 법法이 비법非法임을 분명히 아셨으나① 대저 세속의 진리(世諦, 世俗諦)를 따라 널리 여러 근기의 중생들에게 불은佛恩의 가피를 주고자 성문의 가르침(3승)도 버리지 않으셨다. 두루 자세하게 문자를 갖추어 경내에 반포하여 전하였으며, 유실된 경전들을 정성껏 갖추고 정리하였다. 여러 나라와 외교 초빙을 통해 크게 용상(龍象, 大德승려)을 모셔왔으니, 오천축국(인도)에서는 바라문승 등 30인을, 대당국大唐國에서는 중국승려 대선사 마하연 등 3인을[47] 청하시어 청정한 국토(티베트)에 함께 모여 서로 진종眞宗을 설하게 하시었다.

우리 대사(마하연: 마하야나, 대승)께서는 비밀히 선문禪門을 전수하고, 법인法印을 뚜렷이 개시開示하시었다. 황후 몰려씨(沒廬氏짼 티갤모짼, 출가법명은 도싸장춥)는 한결같이 스스로 경건하고 정성을 다하시어 뚜렷이 개오開悟하시었다. 검은 머리카락을 자르고 치의(緇衣, 僧服)를 걸치셨다.[48] 정情에 물든 마음에 계율의 명주를

---

47 티베트의 여러 기록에 의하면 이 무렵 대번역사업에 초빙된 중국승려는 대략 7명 정도인 것으로 보인다. —중암, 『까말라씰라의 수습차제 연구』, 불교시대사, 2006, p.93.

48 791년 삼예사에서 국왕의 명으로 왕비 및 대신의 자제로서 신심을 가진 자 모두 출가토록 하고, 군역과 세금 등을 국왕이 지원한다고 하였다. 이때 백

밝히시고, 선정의 감로수에서 선종에 통달하시었다. 연꽃이 (오염된 물에서 자라면서도) 오염되지 않는다고 하는 비유로도 오히려 이분을 비유하기에 부족하였다. 능히 방편을 잘 써서 생령들을 교화하시었다. 항상 찬보왕贊普王의 이모姨母 낭남씨囊南氏와 대신大臣들의 부인들 30여 인에게 대승법을 설하시니 모두 일시에 출가하였다. 이 또한 파사파제(波闍波提, 마하파사파제摩訶波闍波提 Mahābrajātatī: 석가모니불의 이모이며, 유모이다. 또한 최초의 비구니이다)가 비구니의 첫 번째가 된 것과 어찌 다르겠는가!

〈해설〉

①여기서는 찬보왕贊普王이 이미 중국 선종 마하연 선사로부터 돈문(頓門, 頓法)을 돈오頓悟 통달하여 이를 실천 구현하였음을 드러내었다. 그 돈문을 요략한 구절은 난해하고 핵심 교의인 까닭에 아래에 자세히 해설한다.

불교에서 교설敎說을 승(乘: 수레) 또는 반야선(지혜의 배)이라 함은 그 교설(가르침)을 타고 고해를 건너 피안(彼岸: 열반)에 이를 수 있는 까닭이다. 여기서 말한 비승非乘이란 곧 『대승입능가경』(7권본 능가경) 권제4 「무상품無常品」에 설한 비승非乘의 뜻이다.

명이 바라뜨나를 친교사로 하여 함께 출가하였다.

이에 앞서 티베트 최초의 출가자 탄생은, 779년 인도 마가다 비끄라마씰라(계향사)의 說一切有部 비구 12인을 초빙해서 심사에 통과한 7인을 수계함으로부터 이루어졌다.

我大乘非乘　　내가 설하는 대승은 비승非乘이나니,

非聲亦非字　　소리도 아니고 또한 문자도 아니네.

非諦非解脫　　진리도 아니고 해탈도 아니며,

亦非無相竟〔境〕 또한 경계(相境) 없음도 아니기 때문이니라.

(〈대정장〉 권16, 607c)

즉 대승이란 언설과 사량분별을 떠난 승(乘: 교설)인지라 승乘이라 할 바도 없고, 무엇이라 세울 바도 없는 승乘이라는 뜻에서 비승非乘이라 하였다. 이어지는 '법法이 비법非法이다'는 뜻과 같으며, 이를 명료하게 통달할 수 있어야 법상法相을 벗어날 수 있고, 소지장所知障에서 벗어나 불지佛地에 이를 수 있다.

'법法이 비법非法임을 믿었다(알게 되었다).' 『금강경』 등 여러 대승 경전에서 '법이 곧 비법'이라 설함을 믿게(알게) 되었다는 것이다. 무엇을 가리켜 A라 하지만 그것은 언설을 떠나 있어 A라 할 수 없는 것이며, 단지 문자언설일 뿐이고 분별일 뿐이어서 A를 얻을 수 없다. 마음이 본래 무심인데 일어나면 마음이라 A라는 명색名色 내지 식識이 생기는 것이다. 즉 마음으로 소연所緣을 삼는지라 A라 하지만 그 마음을 넘어서면 A 자체가 되어 소연이 되는 A를 얻을 수 없다. 다시 말해서 A 그 본 자리에서는 A가 있다고 인지됨이 없으니 이를 무소유無所有라 한다. 또한 A의 바탕은 A가 아닌 까닭에 A로 드러난다. 하얀 벽에 까만 점이 보이는 것은 그 바탕이 까맣지 않은 까닭이다. 즉 흑黑으로 보이는 것은 그 바탕(체성)이 비흑非黑인 까닭이다. 즉 A로 보이는 것은 그 바탕(체성)이 비非A인 까닭이고, 유有로 인식되는 것은 그 바탕이 비유非有인 까닭이다. 그래서 법法이라 함은, 실은 그 체성(바탕)이 비법非法인 까닭이다. 따라서 A가 아닌 A이며, 무아(無我: 非我)인 아我이고, 비유非有인 유有이고, 비무非無인 무無라고 한다.

이 단락의 뜻은, 이러한 대승의 깊은 뜻을 쟁론爭論이 펼쳐지기 전에 중국 마하연 선사의 가르침을 듣고 이미 왕이 터득하였음을 강조하여 드러내고자 함이다.

『대승입능가경』권제3「집일체법품集一切法品」에 설한다.

대혜가 말하였다.

"세존이시어! 왜 삼승三乘은 설하시면서, 일승一乘은 설하지 않으십니까."

부처님께서 말씀하셨다.

"대혜여, 성문 연각에게는 스스로 열반할 법이 없는 까닭에,[49] 나는 일승一乘을 설하지 않는다.[50] 저들은 단지 여래의 가르침에 의지하여 (번뇌를) 조복調伏하고 멀리 여의어, 이와 같이 수행하여 해탈을 얻는 것이기 때문에 스스로 얻는 것이 아니다.

또 저들은 아직 지장(智障: 所知障)과 업습기業習氣를[51] 아직 능히

---

49 『10권경』은 '스스로 열반을 證知할 수 없기 때문에.'

50 원문은 '설한다'로 되어 있으나, 내용상 '不說'이 되어야 함.

51 業習氣와 번뇌장은 구분된다. 見道位(보살초지)에서 현행하는 아집(번뇌장)은 멸해지지만 아직 그 뿌리는 남아 있어 그 업의 습기가 남아 있다. 그래서 보살초지에서 보살십지에 이르기까지 修道位를 거치면서 업습기가 모두 멸해져야 佛位가 된다. 所知障은 곧 법상에 대한 집착이 있는 것이니 修道位 중에서도 보살 제8지에서 현행하는 소지장이 멸해지고 그 뿌리는 佛地에서 온전히 멸해진다.

제멸除滅하지 못하며, 법무아法無我를 아직 깨우치지 못하여 아직 부사의변역사不思議變易死라[52] 이름하지 못하니라. 이 까닭에 나는 (그들에게는) 삼승(三乘: 성문승)으로 설한다.

만약 저들이 능히 일체의 잘못된 습기를 제거하고, 법무아를 깨우치면, 이때에야 삼매에 취醉한데서 떠날 수 있어,[53] 무루계無漏界에 있게 되고, 깨달음을 얻을 수 있다. 그리고 출세出世의 상상무루계上上無漏界 중에서 제 공덕을 닦고, 널리 만족케 하여 부사의자재법신不思議自在法身을 획득하느니라."

爾時世尊重說頌言.

이때에 세존께서 다시 게송으로 설하셨다.

天乘及梵乘　천승(天乘: 諸天)과 범승(바라문)이 있고,
聲聞緣覺乘　성문과 연각승,

---

52 不思議變易生死: 三界에 생사하는 몸을 여읜 후에 성불하기까지 성자가 받는 三界 밖의 生死. 이 성자들은 無漏의 悲願力으로 범부의 分段生死하는 거칠고 열등한 몸을 변하여 細妙無限한 몸을 받으며, 無漏의 定願力의 도움으로 妙用이 헤아릴 수 없으므로 부사의변역생사라 한다. 『능가경』에 의하면 보살3지 이상에서 부사의변역생사가 이루어지며, 이마저도 넘어서게 되어야 佛地가 된다고 하였다. 생사를 넘어서야 佛地인 까닭이다.

53 대승의 여러 경론에서는 성문승의 최고 성취인 아라한도 삼매락에 빠져 있는데(醉) 여기에서 벗어나는 것은 대승의 발심에 의한다고 한다. 즉 모든 중생과 함께 수행하고 함께 성불하겠다는 同修成佛의 대원력이다. 이러한 발심을 발하게 되면 그때부터 보살이 되고, 보살행(보살도)의 길을 가게 된다.

諸佛如來乘　재불諸佛 여래승如來乘 등의

諸乘我所說　내가 설한 제승諸乘이 있으나,

乃至有心起　마음 일어나면

諸乘未究竟　아직 구경(궁극) 아니네.

彼心轉滅已　그 마음 전변함이 멸하고 나면,

無乘及乘者　승乘도 없고, 승에 있는 자도 없느니라.

無有乘建立　세울 승乘 없음을,

我說爲一乘　나는 일승一乘이라 하나니,

爲攝愚夫故　어리석은 범부를 이끌기 위해

說諸乘差別　여러 승의 차별을 설한 것이네.

又有僧統大德寶眞, 俗本姓鵄禪師, 律不昧於情田, 經論備談於口海, 護
持佛法, 陪更精修. 或支解色身, 曾非嬈動, 並禪習然也. 又有僧蘇毗王
嗣子須伽提 節操精修 戒珠明朗, 身披百衲, 心契三空. 謂我大師曰, 恨大
師來晚, 不得早聞此法耳.

首自申年, 我大師忽奉明詔曰, "婆羅門僧等奏言, '漢僧所教授, 頓悟禪
宗, 並非金口所說, 請卽停廢.' 我禪師乃猶然, 而口笑 曰, "異哉! 此土衆
生, 豈無大乘種性, 而感魔軍嬈動耶. 爲我所教禪法, 不契佛理, 而自取
殄滅耶." 悲愍含靈 泫然流淚. 遂於佛前, 恭虔稽首, 而言曰, "若此土衆
生, 与大乘有緣, 復所開禪法不謬, 請与小乘論議, 商確是非, 則法鼓振,
而動乾坤, 法螺吹, 而倒山岳. 若言不稱理, 則願密跡金剛, 碎貧道爲微

塵, 聖主之前也."

또 승통僧統 대덕大德 보진寶眞은 세속의 본성이 아구鳿인데 선사께서
는 계율을 잘 지니어 정전(情田: 감정에 휘몰리는 세속심)의 세간에
처해서도 물들지(어둡지) 않았고, 경론의 교의를 갖추어 담론하며
바다와 같이 광대하게 설파하셨다. 불법을 호지하고, 가행加行의
정진을 더하면서 몸이 떨어져나갈 지경이 되었어도 흔들림 없이
항상 선禪을 닦는 평소의 모습 그대로였다.

또한 승려이며 소비왕蘇毘王의 계승자인 수가제須伽提는 절조節
操하여 부지런히 정진하였으며, 계주(戒珠: 戒體)가 밝았다(계율을
밝게 잘 지킴). 몸에 승복을 걸치고, 마음은 삼공(三空: 삼해탈,
삼삼매. 空·無相·無願)에 계합하였다. 그가 우리 대사께 말하였다.

"대사께서 오심이 늦어 이 법문을 일찍 듣지 못한 것이 한스럽습
니다."

신년(申年: 792년) 초에 우리 대사께서 (티베트 왕의) 지혜로운
명령을 받았는데 이르시길,

"바라문승들이 상주上奏하여 말하길, '중국의 승려가 교수敎授하
는 돈오(頓悟: 禪宗)란 것은 결코 금구(金口: 부처님)의 설이 아니니
청컨대 즉시 폐지하십시오.'라고 하였다."

우리 선사께서 이에 태연히 웃으시며 말씀하셨다.

"이상하도다! 이 땅의 중생들에게는 어찌 대승의 종성種性이
없어서 마군魔軍에게 미혹되어 흔들리는가! 내가 가르치는 선법禪
法이 불리佛理에 맞지 않는다면 저절로 소멸되어버릴 것입니다."

하시고, 중생을 연민하사 눈물을 흘리셨다. 마침내 불전에 나아가 경건히 절하시고 말씀하셨다.

"만약 이 땅의 중생들이 대승과 인연이 있고, 또한 개시開示한 선법이 어긋나지 않는 것이라면, 소승과 논의하여 시비를 살펴보게 하시길 청하옵나니, 법고法鼓가 울려 퍼져 천지를 움직이고, 법의 나팔이 산악을 무너뜨릴 것입니다. 만약 불리佛理에 어긋난다면, 원하옵건대 밀적금강이 빈도를 때려 부수어 성주(聖主: 티베트 왕) 앞에서 티끌이 되게 하옵소서."

於是奏曰, "伏請聖上, 於婆羅門僧, 責其問目, 對相詰難, 校勘經義, 須有指歸. 少似差違, 便請停廢."
帝曰, "兪, 婆羅門僧等, 以月繫年, 搜索經義, 屢奏問目, 務綴瑕疵."
我大師乃心湛眞筌, 隨問便答, 若淸風之卷霧, 豁睹遙天, 喩寶鏡以臨軒, 明分衆像.

이에 상주하여 말씀하였다.

"엎드려 성상聖上께 청하옵니다. (인도)바라문승들에게 그 질문 항목을 제출하도록 하시어 서로 비판하도록 하고, 경의經義에 의거하여 교감한다면 반드시 지귀指歸가 있을 것입니다. 조금이라도 차이나 어긋남이 있다면 바로 폐지하시길 청합니다."

제帝가 말하였다.

"그렇게 하겠습니다. 바라문승들은 연도별로 매월 경의經義를 수색搜索해서 자주 질문할 항목을 올리고, 힘써 잘못된 곳을 찾아 모으시오!"

　우리 대사께서는 이에 고요히 참된 법문을 열어 질문에 따라 곧 답변하시니 맑은 바람이 안개를 거두어가 하늘이 확 트여 아득해지고, 보배거울을 난간에 갖다놓으니 뭇 모습들이 뚜렷이 구분되는 것과 같았다.

婆羅門等, 隨言理屈, 約義詞窮, 分己摧鋒. 猶思拒轍. 遂復眩惑大臣, 謀結朋党. 有吐蕃僧乞奢彌尸毘磨羅等二人, 知身聚沫, 深契禪枝. 爲法捐軀, 何曾顧己. 或頭然熾火, 或身解霜刀, 曰, "吾不忍見朋党相結, 毀謗禪法." 遂而死矣. 又有吐蕃僧三十余人, 皆深悟眞理, 同詞而奏曰, "若禪法不行, 吾等請盡脱袈裟, 委命溝壑."

婆羅門等 乃瞠目卷舌, 破膽驚魂. 顧影修牆, 懷慚戰股, 旣小乘轍亂, 豈復能軍. 看大義旗揚, 猶然賈勇.

바라문승들이 하는 말마다 이치가 어긋나고, 뜻에 의해서는 할 말이 궁하게 되어 조목별로 꺾이어졌으며, 마치 전차를 상대하는 것 같았다. 드디어 다시 대신들을 현혹시켜 붕당 결성을 모의하였다. 토번(티베트)의 승 걸사미시와 비마라 등 2인이 있었는데 신身이란 티끌이 모아져 이루어진 물거품과 같은 것임을 알고, 깊이 선법禪法에 계합하였다. 법을 위해 몸을 버린다 하였으니 어찌 일찍이 자신을 돌아보겠는가. 혹은 머리에 불을 붙여 태우고, 혹은 몸을 칼로 베어내면서 이르길, "우리는 붕당을 지어 선법을 훼방하는 것을 차마 볼 수 없다" 하고, 마침내 죽었다(자결하였다).

또 티베트 승려 30인이 모두 진리를 깊이 깨우쳤는데 함께 글을
지어 임금에게 상주하여 말하였다.

"만약 선법禪法이 행해지지 않는다면 저희들 모두 가사를 벗고,
깊은 산골에 가서 지내겠으니 허락하여 주십시오."

바라문들은 이에 눈을 휘둥그레 뜨고 혀를 내두르며 가슴이
철렁 내려앉도록 크게 놀랐다. 그림자를 돌아보고 (담장이 어긋난
줄 잘못 알고) 담장을 고치며, 부끄러워하여 힘을 다해 싸우지만
이미 소승小乘의 기틀이 어지러워졌으니 어찌 다시 대적할 수
있겠는가. 대의의 깃발이 펄럭임을 보건대 (선사께서는) 아직도
싸울 여력이 충분하였다.

至戌年正月十五日, 大宣詔命曰, "摩訶衍所開禪義, 究暢經文, 一無差
錯. 從今已後, 任道俗, 依法修習."

술년(戌年: 794년) 정월 15일에 이르러 왕이 크게 명을 내렸다.

"마하연이 개시開示한 선의禪義는 경문을 지극히 다 편 것으로
하나도 어긋남이 없다. 지금부터는 도속이 모두 이 법에 의거하여
수습하게 하라!"

小子非才. 大師徐謂錫曰, 公文墨者, 其所問答, 頗爲題目, 兼制敍焉.
因目爲 '『頓悟大乘正理決』'.

소자(小子: 편집자 王錫)가 비재非才인데도 대사께서 평온하게 말씀

하셨다.

"공公은 글을 짓는 자이니 그 문답한 것에 간략히 제목을 부쳐서
편집하고, 아울러 서문敍文을 짓도록 하시오."

이에 제목하여 『돈오대승정리결頓悟大乘正理決』이라 하였다.

Ⅱ. 대론對論①

問曰, "令看心除習氣, 出何經文."

謹答, "准『佛頂經』云, 「一根旣反源, 六根成解脫」

據『金剛經』及諸大乘經皆云, 離一切妄想習氣, 則名諸佛. 所以令看心除一切心想, 妄想習氣."

問, "所言大乘經者 何名大乘義?"

答, "『楞伽經』曰, 「緣有妄想, 則見有大乘. 若無妄想, 則離大小乘, 無乘及乘者. 無有乘建立, 我說爲大乘.」

(인도승) 묻는다.

"'간심看心하게 하여 습기를 제거한다'는 것은 어느 경문에서 나오는 것입니까?"

(마하연) 삼가 답한다.

"『불정경(佛頂經: 대불정수능엄경)』에서 '일근一根이 이미 근원에 돌아가면 육근六根이 해탈한다.'고[54] 한 것에 의거한 것입니다. 『금강경』과 여러 대승경에서 모두 설하길, '일체의 망상 습기를 떠나면 제불諸佛이라 한다.'고 하였습니다. 까닭에 간심看心하게 하여 일체의 심상心想과 망상 습기를 제거하는 것입니다."

묻는다.

"말씀한 대승경에서 그 대승의 뜻이 어떠한 것입니까?"

---

54 『대불정수능엄경』(〈대정장〉 권19, 131a). "一根旣返源, 六根成解脫."

142

답한다.

"『능가경』에서 설하길, '망상이 있는 것에 연유하여 대승이 있다고 하나 망상이 없게 되면 대소승을 떠나, 승乘이 없고, 승乘하는 자도 없나니, 건립할 승乘 없는 것, 나는 이를 대승이라 하네.'라고 하였습니다."[55]

第一問: "或有人言, '佛者, 無量多劫已來, 無量功德, 智聚圓備, 然始成佛.' 獨離妄想, 不得成佛. 何以故? 若只妄想離, 得成佛者, 亦不要說六波羅蜜十二部經. 只合說令滅妄想. 旣若不如是說, 於理相違."

(바라문의) 첫 번째 질문: "혹 어떤 이가 말하길, '불佛이란 한량없이 많은 겁 이래 무량공덕과 지혜가 원만히 갖추어지고 나서야 비로소 성불하셨다' 하였으니, 단지 망상만 떠나서는 성불할 수 없습니다. 왜 그러한가? 만약 단지 망상만 떠나면 성불할 수 있다고 하면

---

55 아래 경문을 약간 의역하여 옮겼다.
  『대승입능가경』 권3(〈대정장〉 권16, 607b)에
  諸佛如來乘　諸乘我所說
  乃至有心起　諸乘未究竟
  彼心轉滅已　無乘及乘者
  無有乘建立　我說爲一乘
  『능가아발다라보경』 권2(〈대정장〉 권16, 497b)에
  諸佛如來乘　我說此諸乘
  乃至有心轉　諸乘非究竟
  若彼心滅盡　無乘及乘者
  無有乘建立　我說爲一乘

또한 6바라밀과 12부경을 설할 필요가 없었을 것입니다. 단지 모두 똑같이 망상만 멸하게 하였을 것입니다. (그러나) 이미 그렇게 설하지 않았기에 (당신들이 하는 말은) 이치에 어긋납니다."

答: "一切衆生, 無量劫已來, 不離得三毒煩惱, 無始心想, 習氣妄想, 所以流浪生死, 不得解脫. 准『諸法無行經』上卷云, 「若一切法中, 除卻其心, 緣相不可得故, 是人名爲已得度者.」
又金剛三昧經云, 「佛言, 一念心動, 五陰俱生. 令彼衆生, 安坐心神, 住金剛地. 旣無一念, 此如如之理, 具一切法.」

(마하연의) 답변: "모든 중생이 무량겁 이래 삼독의 번뇌를 떠나지 못하고, 무시無始이래 마음의 상념과 망상의 습기로 인해 생사에 유랑하며 해탈하지 못하는 것입니다. 『제법무행경(諸法無行經: 思益梵天所問經)』상권에 이르길, '만약 일체법 가운데서 그 마음을 제거하면 마음에 연緣하는 상(心緣相: 마음에서 인식되는 상념, 대상)을 얻을 수 없나니 이러한 사람을 이름하여 이미 득도한 자라고 한다.'고[56] 하였습니다.

또 『금강삼매경』에 이르길, '부처님께서 말씀하셨다. 한 생각의 마음이 움직이면 5음(색수상행식)이 함께 생긴다. 저 중생들로 하여금 마음을 안정토록 하여 금강지에 머물도록 한다. 이미 한 생각이 없으니 이 여여如如의 이리理에 일체법을 다 갖춘다.' 하였습

---

56 〈대정장〉 권15.

니다."[57]

又『金光明經』第二云,「一切煩惱, 究竟滅盡. 是故法如如, 如如之智, 攝一切佛法.」

又『楞伽經』第二云,「但離心妄想, 則諸佛如來法身, 不思智慧, 自然顯現. 又法身卽頓現, 示報身及以化身.」

또 『금광명경』 제2에 이르길, '일체의 번뇌가 궁극에 다 멸진하나니, 이 까닭에 법이 여여如如하고, 여여한 지智는 일체의 불법을 포괄한다.'고 하였습니다.[58]

또 『능가경』 제2에 이르길, '단지 마음의 망상을 떠나면 제불여래 법신이며, 부사의不思議의 지혜가 자연히 드러난다. 또한 법신이 즉시에 단박에 현현하여 보신과 화신을 드러낸다.'고 하였습니다.[59]

---

57 원 경문을 줄여서 인용하였다. 원 경문은, "佛言, 一念心動, 五陰俱生. 五陰生中, 具五十惡. 無住菩薩言, 遠行遍計遊歷十方, 一念心生, 具五十惡. 云何令彼衆生, 無生一念. 佛言, 令彼衆生, 安坐心神, 住金剛地, 靜念無起, 心常安泰, 卽無一念. 無住菩薩言, 不可思議, 覺念不生, 其心安泰, 卽本覺利. 利無有動, 常在不無, 無有不無, 不無不覺, 覺知無覺, 本利本覺. 覺者淸淨, 無染無著. 不變不易, 決定性故, 不可思議.(369a) … 空性之義, 如實如如, 如如之理, 具一切法."(371a) 〈대정장〉 권9.

58 이 인용문은 『금광명경』에 보이지 않는다.

59 이 인용문은 3종의 『능가경』에 모두 나오지 않는다. 그러나 그 뜻은 『능가경』의 여러 곳에 펼쳐져 있다.

又 『諸法無行經』, 「佛告文殊師利, "若有人問汝, 斷一切不善法, 成就一切善法, 名如來, 汝如何答?" 文殊師利言, "如佛坐於道場, 頗見法有生滅不?" 佛言, "不也!" "世尊! 若法不生不滅, 是法可得說, 斷一切不善法, 成就一切善法不?" 佛言, "不也". "世尊! 若法不生不滅, 不斷一切不善法, 不成就一切善法, 是何所見? 何所斷? 何所証? 何所修? 何所得?"」

(원 경문에 대비하여 일부 결락된 곳, 다른 곳 등이 있어 下記의 원 경문에 의거하여 번역함)

(『제법무행경』 원 경문)

「爾時, 佛告文殊師利法王子: "若有人問汝, '斷一切不善法, 成就一切善法, 名爲如來, 汝云何答?"

文殊師利言, "世尊! 若有人問我, '斷一切不善法, 成就一切善法, 名爲如來者.' 我當如是答.'善男子! 汝先當親近善知識, 修集善道, 於法無所合・無所散, 勿取・勿捨・莫緣・莫求・勿擧・勿下・莫求・莫覓・勿願, 勿分別諸法是上・是中・是下, 然後當知, 不可思議行處・無行處・斷行處・佛所行處.'

佛告文殊師利, "汝如是答者, 爲答何義?"

文殊師利言, "世尊! 我如是答者, 名爲無所答."

"世尊! 如佛坐於道場, 頗見法有所生滅不?"

佛言, "不也!"

"世尊! 若法無生・無滅, 是法可得說, 斷一切不善法, 成就一切善法不?"

佛言, "不也!"

"世尊! 若法不生不滅, 不斷一切不善法, 不成一切善法, 是何所見·
何所斷·何所證·何所修·何所得?"」

이때 부처님께서 문수사리법왕자에게 말씀하셨다.

"만약 어떤 이가 너에게 묻기를, '모든 불선법不善法을 끊어 모든
선법善法을 성취함을 이름하여 여래라고 합니까?'라고 한다면 너
는 어떻게 답변하겠느냐?"

문수사리가 말하였다.

"세존이시어! 만약 어떤 이가 저에게 묻기를, '모든 불선법不善法
을 끊어 모든 선법善法을 성취함을 이름하여 여래라고 합니까?'라
고 한다면 저는 응당 다음과 같이 답하겠습니다. '선남자여! 당신은
먼저 선남자를 친근하여 선도善道 닦는 일을 쌓되, 법에 합쳐지지도
말고, (법에) 흩어지지도 말며, 취하지도 말고, 버리지도 말며,
대상으로 연緣하지도 말고, 구하지도 말며, 치켜들지도 말고, 내치
지도 말며, 구하지도 말고, 찾지도 말며, 원하지도 말고, 모든
것이 상上이다, 중中이다, 하下다 하고 분별하지도 말라! 그렇게
한 후에 마땅히 불가사의한 행처行處, 행처가 없음, 행처를 끊음,
불佛의 행처를 알게 될 것이다.'"

부처님께서 문수사리에게 말씀하셨다.

"네가 이렇게 답하였는데 그렇게 답한 것은 어떤 뜻이냐?"

문수사리가 말하였다. "세존이시어! 제가 이렇게 답한 것은,
이름하여 '답한 바가 없다'고 합니다."

"세존이시어! 부처님께서 도량에 앉아 계실 때 법(모든 것, 존재)
에 생멸하는 바가 있음을 분명히 보십니까?"

부처님께서 말씀하셨다. "그렇지 않다."

"세존이시어! 만약 법에 생함이 없고 멸함이 없다면 모든 불선법
을 끊어서 모든 선법을 성취할 수 있다고 할 수 있겠습니까?"

부처님께서 말씀하셨다. "그렇지 않다."

(문수사리가 말하길,)

"세존이시어! 법이 생함도 없고 멸함도 없는데 모든 불선법을
끊지 않으면 모든 선법을 성취하지 못한다고 한다면 이것은 어떠한
소견이며, 어떻게 끊는다는 것이며, 어떻게 증득한다는 것이며,
어떻게 닦는다는 것이며, 어떻게 얻는다는 것이겠습니까?"고 하였
습니다.

"但離心想妄想, 卽三十七道品, 自然具足. 一切功德, 亦皆圓備. 經文廣
述, 不可盡說. 任自檢尋, 當見經義. 據理問所對, 於理不相違.
若有衆生, 離得三毒煩惱, 無始心想, 習氣妄想, 便得解脫, 亦得成佛.
如是功德 不可比量."

"(그래서) 단지 마음의 상념 망상을 떠나면 바로 37조도품이 자연히
구족되는 것입니다. 모든 공덕 또한 다 원만히 갖추어지는 것입니
다. (이에 대해서는) 경문에 널리 기술되어 있으며 다 말로 설할
수 없습니다. 아무 곳이나 스스로 찾아 살펴보면 응당 경의 뜻을
볼 수 있을 것입니다. 이법理法에 의거해서 질문에 대답하였으니

이치에 어긋나지 않을 것입니다.

만약 중생이 삼독의 번뇌와 무시이래의 마음의 상념과 망상의
습기를 떠날 수 있다면 곧바로 해탈하고 또한 성불할 수 있을
것입니다. 이러한 공덕은 비교하여 헤아릴 수 없습니다."

又答: "十二部經者 准『楞伽經』云, 「佛所說經, 皆有是義. 大慧! 諸修多
羅, 隨順一切衆生心說, 而非眞實在於言中. 譬如陽炎, 誑惑諸獸, 令生
水想, 而實無水. 衆經所說, 亦復如是. 隨諸愚夫, 自所分別, 令生歡喜,
非皆顯示聖智, 証處眞實之法. 大慧! 應隨順義, 莫著言說.」"

또 답하였다.

"12부경이란, 『능가경』에 의거하여 말합니다. '부처님께서 경전
에서 설하신 것은 모두 이 뜻이다. 대혜여! 모든 수다라(경전)는
일체의 중생심에 수순하여 설한 것이니 진실이 말 가운데 있는
것이 아니다. 비유컨대 아지랑이가 모든 동물들을 속이고 미혹되
게 하여 물이 있다는 생각을 내게 하나 실은 물이 없는 것과 같다.
뭇 경전에서 설하는 바도 또한 이와 같다. 여러 어리석은 범부들이
스스로 분별하는 바에 따라 환희하도록 한 것이니 모두 성지聖智로
증득한 자리의 진실한 법을 드러낸 것이 아니다. 대혜여! 응당
뜻에 따르고, 언설에 집착하지 말라!'"[60]

---

60 『대승입능가경』 권2 「집일체법품」(〈대정장〉 권16, 599b).

又經云,「佛言,"我某夜成道, 某夜入涅槃, 於此二中間, 不說一字, 不已
說, 今說當說(經文: 亦不已說, 亦不當說.). 不說者, 是佛說.」
又『涅槃經』云,「聞佛不說法者, 是人具足多聞.」
又『金剛經』云,「乃至無有少法可得, 是爲無上菩提.」
又經云,「無法可說 是名說法.」
據此道理, 應不相違.

또 경(『능가경』)에 이릅니다.

"부처님께서 말씀하셨다. '내가 어느 날 밤에 성도하고, 어느
날 열반에 들기까지 이 두 사이에 한 글자도 설하지 않았다. 이미
설하지도 않았고, 지금 설하지도 아니하고, 앞으로 설함도 없을
것이다. 설함 없음, 이것이 부처님의 설함이다.'"[61]

또 『열반경』에 이릅니다. "부처님이 법을 설하지 않는데 들을
수 있는 자, 이 사람은 다문多聞을 구족한 자이다."[62]

또 『금강경』에 이릅니다.

"내지 약간의 법이라도 얻을 바 없다는 것, 이것이 위없는 보리
(覺)이다."

또 경에 이릅니다. "설할 수 있는 것이 없다는 것, 이것을 설법이
라 한다."

61 『대승입능가경』 권제4 「무상품(〈대정장〉 권16, 608b).
62 『열반경(40권본)』 권26(〈대정장〉 권12, 520b), "若知如來常不說法, 亦名菩薩具足多
聞. 何以故, 法無性故. 如來雖說一切諸法常無所說, 是名菩薩修大涅槃, 成就第五
具足多聞."

이러한 도리에 의거하니 (제가 설하는 것은) 응당 어긋난 바가
없습니다.

又問, "有天人制於妄想, 以制妄想故, 生無想天. 此等不至佛道. 明知,
除想不得成佛."

또 묻는다.

"어떤 천인天人이 망상을 제어하였는데 망상을 제어한 까닭에
무상천無想天에 태어났습니다. 이들은 불도佛道에 이른 것이 아닙
니다. (그래서) 분명하게 알 수 있는 것이니 망상을 제거하는
것으로 성불할 수 있는 것이 아닙니다."

謹答: "彼諸天人, 有觀有趣, 取無想定. 因此妄想, 而生彼天. 若能離無想
定, 則無妄想, 不生彼天. 『金剛經』云, 「離一切諸相, 則名諸佛.」 若言離
妄想, 不成佛者, 出何經文. 准『楞伽經』云, 「無三乘者, 謂五種性, 眾生中
謂不定性者」, 假說. 不應如是執也."

삼가 답합니다.

"저들 여러 천인들은 관함이 있고, 취향趣向함이 있어 무상정無想
定을 취取한 것이니 이 망상으로 인해 저 (無想)천天에 태어난
것입니다. 만약 능히 무상정을 떠날 수 있다면 망상이 없게 되어
저 (무상)천에 태어나지 않을 것입니다. 『금강경』에 이르길, '모든
상相을 떠남을 '제불諸佛'이라 이름하는 것이다'고 하였습니다. 만

약 망상을 떠나도 성불하지 못한다고 하였다면 (이것이) 어느 경문에 나오는 것입니까?『능가경』에 의하건대 이르길, '3승이 없다 하고,①(또) 이르길 5種性이 있으며, 중생 중에 不定性이 있다' ②고 한 것은, 임시방편으로 설한 것(假說)이니 그렇게 집착해서는 안 되는 것입니다."

〈해설〉

①『능가경』에서 '3승이 없다'는 그 뜻을 다음과 같이 설한다.

"대혜여! 모든 성문은 생사를 두려워하는 망상의 고苦에서 (벗어나기 위해) 열반을 구한다. (이는) 생사 열반의 차별상 일체가 모두 유有·무無를 허망하게 분별하여 있게 된 것이어서 얻을 바 없는 것임을 모르는 까닭에 미래에 근(根: 감각기관)과 경계가 멸하게 되면 열반에 이르게 된다고 잘못 생각하는 것이다. (또한) 자심自心에서 증득한 성지聖智 경계로 의지하고 있는 장식藏識을 전변하여 대열반 이루는 것임을 모르는 것이니라.[63] 이 어리석은 자들에게

63 여기서 대열반이라 함은 성문승의 열반과 구별하기 위함이다. 보살승(대승)에서 말하는 대열반은 장식(아뢰야식)이 단멸되는 것이 아니라 그 자리가 大圓鏡智로 전변되는 것이다. 즉 오염된 업식이 정화되어 淸淨無垢識이 된다. 이 청정무구한 자리를 오염된 상태의 제8식과 구분하여 제9식(암마라식)이라 칭하기도 한다(眞諦 역의『決定藏論』). 즉 眞如 一心과 같은 뜻이다. 제9식에서 識의 이름을 쓴 것은 이 자리에서 분별하고 아는 識의 공능이 없지 않는 까닭이다. 만약 이 공능이 없다면 깨달은 후에는 목석과 같이 되어 버린다는 것이 된다. 그러나 이 자리에서의 분별은 분별함이 없는 분별이다.

3승을 설하는 것이며, 오직 마음뿐이어서 경계가 따로 없음(唯心無境界)을 설하지 않는 것이니라."[64]

②『능가경』에서 설하는 5종성은, 성문승종성聲聞乘種性·연각승종성緣覺乘種性·여래승종성如來乘種性·부정종성不定種性·무종성無種性이다. 이 중에 부정종성은 앞의 3종성에 각 개인의 성향에 따라 수순하여 성취함이고, 무종성은 성불할 수 없는 종성을 가리킨다. 성불할 수 없는 종성인 이른바 일천제一闡提에 2종이 있는데, 이 중에 하나는 보살장菩薩藏의 가르침을 비방하여 말하되, "이는 계율과 경의 조복調伏·해탈의 가르침에 따르지 않는 것"이라 하는 것이니, 이 말을 할 때 선근이 모두 끊어져 열반에 들지 못하는 이들이고, 다른 하나는 모든 보살이 본원 방편으로 일체 중생이 모두 열반에 들 것을 발원하되, 만약 한 중생이라도 열반에 들지 못하면 나는 끝내 열반에 들지 않으리라 발원한 보살일천제이다. 이 2종의 일천제 가운데 어느 쪽이 필경에 열반에 들지 않는가 하면, "저 보살일천제는 일체법이 본래 열반임을 알아 필경에 열반에 들지 아니하고, 선근을 버리지도 않느니라. 왜냐하면 선근을 버린 일천제는 부처님의 위력으로 어느 때에 선근이 생기나니, 무슨 까닭인가 하면, 부처님께서는 일체중생을 버린 때가 없기 때문이니라. 이 까닭에 보살일천제가 (필경에) 열반에 들지 않느니라."

---

64 『대승입능가경』권2 「集一切法品」(〈대정장〉권16, 597b)에 "復次大慧! 諸聲聞畏生死妄想苦, 而求涅槃. 不知生死涅槃差別之相, 一切皆是妄分別有, 無所有故, 妄計未來諸根境滅, 以爲涅槃. 不知證自智境界轉所依藏識爲大涅槃. 彼愚癡人說有三乘, 不說唯心無有境界."

고[65]하였다. 따라서 5종성 가운데 무종성은 한 중생이라도 성불하지 못하고 남아 있으면 결정코 성불하지 않겠다고 발원한 보살일천제가 그에 해당한다. 이러한 뜻으로 보면 무종성은 성불하지 못하는 자가 아니라 실은 성불할 수 있어도 모든 중생을 성불로 이끌기 위해 자신이 먼저 성불하지 않는 자이다.

③『대승입능가경(7권본 능가경)』권제3 「집일체법품」 제2의 3에 "의식(意識: 제6식)이 멸할 때에 나머지 일곱 가지 식識들도 또한 멸한다."(是故意識滅時 七識亦滅)고 하였다.

又答: "所言五種性者, 只緣衆生有五種, 妄想不同, 所以說有五種名. 若離得妄想, 一種性亦無. 何處有五耳, 豈更立余方便耶."

또 답한다. "이른바 5종성이라 한 것은 단지 중생에 다섯 종류가 있어 망상이 같지 않으니 때문에 다섯 종류가 있다고 설한 것일 뿐입니다. 만약 망상을 떠난다면 하나의 종성도 없는 것입니다. 어느 곳에 다섯 종류가 있을 것이며, 어찌 그 밖의 방편을 다시 세우겠습니까!"

問: "『楞伽經』云, 「所言与聲聞授記, 化佛化聲聞授記.」. 據此只是方便, 調伏衆生. 數箇義中 涅槃道是三乘也. 若離於想, 大小之乘, 無可言者,

---

65 『대승입능가경』권2 「集一切法品」(〈대정장〉 권16, 597a).

謂無想不觀大小乘, 非無大小. 譬如聲聞証涅槃後, 大小之乘, 更無所觀.
此聲聞人, 豈得言入大乘道不?"

묻는다. "『능가경』에 이르길, '성문에게 수기授記를 준다 한 것은,
(법성불이 아니라) 화신불이 성문聲聞들을 교화하기 위해 수기한
것이다.'① 하였으니, 이에 의거하건대 이는(성문에게 수기한 것은)
단지 방편일 뿐이며 중생을 조복시키기 위함입니다.

(앞의) 몇 가지 뜻으로 보건대 열반도는 3승乘의 도道입니다.
만약 상념을 떠난다면 대소의 승乘을 말할 것도 없다 함은, 상념이
없어 대소승을 봄이 없다는 것이지 대소승이 없다는 것은 아닙니
다. 마치 성문이 열반을 증득한 후 대소의 승을 다시는 보지 않게
되는 것과 같거늘 이 성문인이 어찌 대승도에 들어갈 수 있다고
하겠습니까?"

〈해설〉
①이 부분은『대승입능가경』권6「변화품」의 다음 단락을 요약하여
옮겼다.

"대혜여! 나는 무여열반계無餘涅槃界를 위하는 까닭에(성문들이
무여열반에 향하게 하고자 한 까닭에) 은밀히 저들로 하여금 보살행
을 닦도록 권하고자 함이다. 이 세계와 이 국토의 여러 보살들은
성문열반을 즐겨 구하고 있으니 이에 이 마음을 버리고 대행大行에
나아가 닦도록 함이다. 때문에 이렇게 설한 것이다. 또한 변화불

(화신불)이 성문에게 수기授記를 준 것이지 법성불이 (준 것이) 아니다. 대혜여! 성문에게 수기한 것은 비밀설이니라."[66]

謹答: "所言化佛与化聲聞授記者 聲聞人爲未見法身 及以報身 唯見化身. 所以化身授記 正合其理."

삼가 답한다: "(『능가경』에서) 화신불이 성문들을 교화하고자 수기하였다 함은, 성문인은 아직 법신과 보신을 보지 못하였고, 오직 화신만 보았다는 것이 되며, 때문에 화신불이 (성문들에게) 수기하였다 한 것은 그 이치가 올바로 합치됩니다."

又答, "准『楞伽經』云, 我所說者, 分別爾焰識滅, 名爲涅槃. 不言涅槃道, 是三乘也.
『楞伽經』偈, 「預流一來果, 不還阿羅漢, 是等諸聖人, 其心悉迷惑, 我所立三乘, 一乘及非乘, 爲愚夫少智, 樂寂諸聖說, 第一義法門, 遠離於三趣(二取의 오자), 住於無境界, 何建立三乘, 諸禪及無量, 無色三摩地, 乃至滅受想, 唯心不可得.」
准斯經義理, 所說三乘, 皆是方便, 導引衆生法門."

또 답한다: "『능가경』에 의하건대 이르길, '내가 설하는 것은,

---

66 『대승입능가경』권6「변화품」(〈대정장〉권16, 622b)에 "大慧, 我爲無餘涅槃界故, 密勸令彼修菩薩行. 此界他土有諸菩薩, 心樂求於聲聞涅槃, 令捨是心, 進修大行. 故作是說. 又變化佛與化聲聞而授記別, 非法性佛. 大慧, 授聲聞記是祕密說."

분별하는 이 불타는 식(識: 제6식, 의식)이 멸한 것을 이름하여 열반이라 한 것이니라.[67] 하였고, '열반도가 3승이다.'고는 설하지 않았습니다.

『능가경』의 게송에서 설합니다.[68]

預流一來果　예류, 일래과,
不還阿羅漢　불환, 아라한[69]
是等諸聖人　이들 여러 성인도
其心悉迷惑　그 마음은 모두 미혹하나니,

我所立三乘　내가 삼승三乘,

---

67 『대승입능가경』권제3 「집일체법품」 제2의 3(〈대정장〉권16, 605c), "大慧, 我說者, 分別爾炎識滅, 名爲涅槃."

68 『대승입능가경』권제2 「집일체법품」.

69 預流: Srotāpana, 수다원. 성문4果의 하나. 삼계의 見惑을 끊고, 처음으로 無漏道에 드는 지위, 見道 16心 중의 제16심이며 또한 修道位의 첫 단계이다.
一來果: Sakrdāgāmin, 사다함. 성문4果의 하나. 욕계의 修惑 9품 가운데 上의 6품을 끊은 이가 얻는 證果. 아직 나머지 3품의 번뇌가 있으므로 그를 끊기 위하여 인간과 천상에 각각 한 번씩 생을 받은 후에야 열반을 얻는다. 곧 인간에서 이 과를 얻으면 반드시 천상에 갔다가 다시 인간에 돌아와서 열반을 얻고, 천상에서 이 과를 얻으면 먼저 인간에 갔다가 다시 천상에 돌아와 열반의 證果를 얻는다. 이렇게 천상과 인간세계를 한 번씩 왕래하므로 일래과라 한다.
不還: Anāgāmin, 아나함, 성문4果의 하나. 욕계의 9품 修惑을 다 끊고, 남은 것이 없으므로 다시 욕계에 돌아와서 나지 않는 지위에 도달한 성자.
阿羅漢: Arhan, 성문4果의 가장 윗자리. 성문승의 열반을 성취한 位이다.

一乘及非乘 일승一乘과 비승非乘을 건립하고,

爲愚夫少智 어리석은 범부와 지혜 적은 이들을 위해

樂寂諸聖說 적멸락(寂滅樂: 열반락)의 여러 성스러운 설법하였
　　　　　　　으나,

第一義法門 제일의법문은

遠離於二取[70] 이취(二取: 能取와 所取, 主觀과 客觀)를 멀리 떠나

住於無境界 경계 없음에 머무나니

何建立三乘 어떻게 3승(1·2·3승)을 건립하겠는가.

諸禪及無量 (色界의) 여러 선禪과[71] 한량없는

無色三摩提 무색계無色界의 삼매와[72]

乃至滅受想 내지 멸수상정滅受想定도[73]

唯心不可得 오직 마음뿐이어서 얻을 바가 없느니라.

이 경의 뜻에 의하건대 이른바 3승이란 모두 방편이며 중생을
인도하기 위한 법문입니다."

---

70 저본은 '三聚'인데 원 경문은 '二取'이다.

71 色界의 禪(定): 初禪, 二禪 , 三禪, 四禪

72 無色界의 禪(定): 공무변처정空無邊處定, 식무변처정識無邊處定, 무소유처정無
所有處定, 비상비비상처정非想非非想處定.

73 위의 색계 4선정과 무색계 4空定을 넘어 성취되는 선정. 이 멸수상정의 성취로
아라한에 이른다.

158

又『思益經』云,「網明菩薩問思益梵天言,"何爲行一切行非行?"
梵天言,"若人千万億劫行道,於法性理,不增不減. 是故, 名行一切行非
行. 我念, 過去阿僧祇劫 逢無量阿僧祇劫諸佛如來, 承事無空過者, 幷行
苦行, 十二頭陀, 入山學道, 持戒精進, 所聞智慧, 讀誦思惟, 問是諸如來,
亦不見受記. 何以故, 依止所行故. 以是當知, 若是菩薩, 出過一切諸行,
則得授記. 據此道理 法性理中 大乘小乘之見 並是虛妄想. 妄想[74]若離妄
想 則無大小之見」
又 准『楞伽』『密嚴經』云,「聲聞雖離妄想煩惱, 處於習氣泥, 譬如昏醉
之人, 酒醒然後覺, 彼聲聞亦然. 貪著寂滅樂三昧樂, 所醉乃至劫不覺.
覺後當成佛, 聲聞貪著寂滅樂, 所以(以)不得入大乘.」

또 『사익경(사익범천소문경)』에 이릅니다.

 "망명보살이 사익범천에게 말하였다. '어찌해서 모든 행함이
행이 아니라고 합니까?'

 범천이 말하였다.

 '사람이 천만억겁 동안 도를 행하더라도 법성의 이理에는 증가함
도 없고 감소됨도 없습니다. 이 까닭에 모든 행함이 행이 아니라고
하는 것입니다. 내가 생각하건대, 과거 아승지겁 동안에 한량없는
아승지겁의 제불여래를 만나 받들어 따르며 헛되이 보내지 아니하
고, 아울러 고행과 12두타행을 행하였고, 입산入山 학도學道하며,
지계持戒 정진精進하였고, 들었던 지혜법문을 독송 사유하며, 이를

---

74 이 '妄想'은 중복된 연자衍字이다.

제여래諸如來께 질문하였었는데도 또한 수기를 받지 못하였습니다. 왜 그러하였겠습니까? 행에 의지한 때문입니다. 이 까닭에 마땅히 알지니 만약 보살이 모든 행의 잘못을 벗어나면 수기를 얻을 수 있는 것입니다. 이 도리에 의거하건대 법성의 이理 중에서는 대승 소승의 지견이 모두 다 헛된 망상입니다. 망상을 떠나면 대승 소승의 지견이 없게 됩니다.'"⁷⁵

또 『능가경』과 『밀엄경』에 이릅니다.⁷⁶

"성문聲聞이 비록 망상 번뇌를 떠났다고 하지만 습기의 진흙에 처해 있음이 마치 술에 취한 사람이 술에서 깨어난 뒤에야 정신차리는 것과 같습니다. 저 성문 또한 그러하여 적멸(니르바나)을 탐착하고 삼매락을 즐겨하여 여기에 취해서 겁이 지나도록 깨어나지 못합니다. 깨어난 후에는 성불하게 될 것이나 성문은 적멸락(열반락)에 탐착하는 까닭에 대승에 들지 못하는 것입니다."

又問, "所言聲聞住無相, 得入大乘否?"
答, "准『楞伽經』云, 若住無相, 不見大乘. 所以不得取無相定.
是故, 經文, 「應無所住 而生其心.」"

또 묻는다. "이른바 성문이 무상無相에 머무른다면 대승에 들 수

---

75 『사익범천소문경』「난문품」제5와 「문담품」제6의 경문을 아우르고 줄여서 인용하였다. 〈대정장〉 권15.
76 아래 인용문은 이 두 경뿐 아니라 대승경론에 자주 나오는 내용인 까닭에 그 출처 페이지 등을 생략한다.

있습니까?"

답한다. "『능가경』에 준하건대, 무상에 머무른다 하더라도 대승을 보지 못합니다. 까닭에 무상정(無想定: 無相定)을 취해서는 안 되는 것입니다. 이 때문에 경(『금강경』)에서 '응당 머무르는 바 없이 그 마음을 내라.'고 하였습니다."

〈해설〉

무상無相의 이치를 알았다면 그 무상의 상相에 머무름에서도 벗어나야 한다. 그것이 마음에 소연所緣의 상이 되어버리면 그 또한 망상이 되는 까닭이다. 마음에 어떠한 소연의 상(경계의 상)도 없어야 한다. 그러나 소승은 열반락에 취착함이 있고 향함이 있어 이를 소연으로 하고 있다.

第二問, "「離一切相, 名諸佛.」是何經說?"
謹答, "『金剛經』云, 「離一切諸相, 卽名諸佛.」
又 『大般若經』『楞伽』『華嚴』等經中, 亦具廣說."

두 번째 질문: "'모든 상을 떠남을 제불諸佛이라 한다.'고 함은 어느 경전의 설입니까?"

삼가 답한다. "『금강경』에 이르길, '일체의 모든 상을 떠남이 바로 제불이다.'고 하였습니다.

또한 『대반야경』, 『능가경』, 『화엄경』 등의 경 가운데서도 역시 갖추어 널리 설하였습니다."

〈해설〉

'모든 상을 떠남이 곧 제불이다', '분별 떠남이 곧 진여다'고 하는 법문은
특히 『능가경』에서 강조한다.

惟心實無境　오직 마음일 뿐 실은 경계 없는 것이니,

離分別解脫　분별 떠나면 해탈이네.

(『대승입능가경』권6「게송품」)

了知心所現　자심이 나타난 것임을 깨달아 알면

分別卽不起　분별은 곧 일어나지 않나니,

分別不起故　분별 일어나지 않는 까닭에

眞如心轉依　전의(轉依: 識에 의지함에서 벗어남. 해탈)하여 진여심
　　　　　　증득하네.

(『대승입능가경』권7「게송품」)

又再新問: "『金剛經』云,「若了達諸法, 觀了然後不觀者, 是智慧」. 若具
修一切善已, 然始無修. 爲化衆生, 生大智, 自然成就. 言先願力故, 爲凡
夫妄想不生. 凡夫本來不達一切法, 猶未具諸功德, 唯滅妄想, 不得成佛.
以要言之, 解一切法, 是智. 修一切善法, 是福. 爲成就如是一切故, 所以
經歷多劫. 因諸福智力故, 三昧無觀, 從此方顯.
又『首楞嚴三昧經』云,「初習觀故, 然得此三昧. 譬如學射, 初射竹箄, 大
如牛身, 已後漸小, 由如毛髮, 並亦皆中.」從習於觀, 是漸修行. 諸佛所
說, 皆是漸門, 不見頓門.

162

또 재차 새로 물음:

"『금강경』에[77] 이른다. '모든 법을 다 요달 관찰하여 명료하게 깨달은 후에 관행을 떠난다(不觀) 함은, 이것이 지혜이다.' 만약 일체선을 갖추어 닦았다면 그 후에야 비로소 닦음을 떠난다(無修: 생각을 짓는 닦음이 아닌 無修之修, 無作意의 修). 중생을 교화하고자 하여 큰 지혜를 내니 자연히 성취한다. 먼저 (중생 구제의) 원력願力을 세운 까닭에 범부에게 망상을 내지 말라고 말한 것이다. 범부들은 본래 일체법을 통달하지 못하여 아직 여러 공덕을 갖추지 못한지라 오직 망상만을 멸한 것으로는 성불할 수 없는 것이다. 요컨대 일체법을 이해하는 것은 지혜이다. 일체선법을 닦음은 복이다. 이러한 일체 모든 것을 성취하는 데 다겁의 세월을 거치는 까닭이다. 여러 복덕과 지혜의 힘으로 인해 삼매와 무관(無觀: 관행의 행을 떠남)의 행이 이로부터 바야흐로 드러나는 것이다.

또 『수능엄삼매경』에 이른다. '처음에 관행을 익혔기에 이 삼매(수능엄삼매)를 얻는다. 비유컨대 활쏘기를 익힐 때 처음에 대바구니를 맞추는데 크기가 소 몸통만 한 것이었다가 이후에 점차 작은 것으로 익혀서 머리카락 같은 것에 이르기까지 모두 다 명중하게 된다.'[78] 관觀을 익힘으로부터 나아가는 것, 이것이 점수행漸修行이다. 모든 부처님께서 설하신 것은 다 점문漸門이고, 돈문頓門은 보이지 않는다."

---

77 『금강경』에 보이지 않는 글이다. 여타 『반야경』 계통에도 보이지 않는다. 아마 오자일 것이다.
78 『수능엄삼매경』上卷의 글을 줄여서 인용하였다. 〈대정장〉 권15, 633c.

答第二新問: "准『楞伽經』云,「佛告大慧菩薩, 應莫著文字, 隨宜說法. 我及諸佛, 皆隨衆生煩惱解故 欲種種不同, 而爲開演, 令知諸法, 自心所現.」

又『思益經』云,「說法性理, 若人千万億劫行道, 於法性理, 不增不減.」 若了知此理, 是名大智慧. 於法性理中, 修以不修, 皆是妄想. 據法性道理, 若離妄想, 大智本自然成就. 若論福智, 更無過法性道理, 及以法性三昧. 所言漸頓, 皆爲衆生心想妄想見.

是故經云,「大慧, 是故應離因緣所作和合想中, 漸頓生見.」若離一切想妄想, 漸頓不可得. 若言離妄想, 不成佛者, 出何經文. 所言『首楞嚴經』云, 學射漸者, 不緣增長心想妄想, 祇合令除妄想."

두 번째 새 질문(第二新問)에 대해 답한다.

"『능가경(대승입능가경)』에 이르되, '부처님께서 대혜보살에게 말씀하셨다. 응당 문자에 집착하지 말고 사정에 따라 편의로 법을 설해야 한다. 나와 모든 부처님은 중생의 번뇌와 이해하는 것과 바라는 것이 갖가지로 다른 까닭에 그에 따라 법을 펴서 모든 것이 자심自心이 나타난 것임을(自心所現) 알게 하느니라.'[79] 하였고,

또 『사익경(사익범천왕소문경)』에 이르길,

'제법諸法의 성리(性理, 또는 法性의 理)란, 이를테면 사람이 천만억겁 동안 도를 행하더라도 법의 성리性理는 늘어남도 없고 줄어듦도 없다.'고[80] 하였습니다. 만약 이 이理를 깨닫는다면 이를 대지혜

---

79 『대승입능가경』 권5 「무상품」(〈대정장〉 권16, 616a).
80 『사익범천왕소문경』 「난문품」 제5(〈대정장〉 권15).

라 합니다. 법의 성리性理(법성의 理)에서는 닦음이 있다, 닦음이 없다 하는 것이 모두 망상입니다. 법성의 도리에 의하건대 망상을 떠난다면 대지大智가 본래 자연히 성취되게 됩니다. 복덕과 지혜로 논하더라도 (그것들이) 더 이상 법성의 도리와 법성의 삼매를 넘어서지 못하는 것입니다. 이른바 점법漸法과 돈법頓法이라 하는 것도 모두 중생 심상心想의 망상 지견일 따름입니다.

이 때문에 경(『대승입능가경』)에 이르길, '대혜여! 이 까닭에 인연화합으로 생긴 심상心想에서 나온 돈법과 점법의 지견을 떠나야 한다.'라[81] 한 것입니다. 일체의 모든 심상의 망상을 떠난다면 점법과 돈법도 얻을 수 없는 것입니다. 망상을 떠난다 하더라도 성불하지 못한다고 말한 것이 어느 경전에 나옵니까? 『수능엄경』에서 활쏘기를 점차 익혀 나간다 한 것은, 심상의 망상이 증장되는 것에 관련될 뿐이고(단지 망상이 증장됨을 줄여주는 효과일 뿐), 망상을 제거하는 데는 합당치 않는 예입니다.[82]

舊問第三: 問, "言一切想者, 其想云何?"

이전의 질문 세 번째:

묻는다. "일체 모든 상념이라고 말씀하셨는데 그 상념이란 어떠한 것입니까?"

---

81 『대승입능가경』권1 「나바나왕권청품」(〈대정장〉 권16, 600b).

82 원문의 '不緣'의 '不'이 뒤 문장 앞으로 오고 뒤 문장 앞의 '祗'(단지)가 앞 문장 앞으로 와야 쉽게 해석된다. 즉 '不'과 '祗'의 위치가 도치되어(뒤바뀌어) 있다.

答:"想者, 心念起動, 及取外境. 言一切者, 下至地獄, 上至諸佛已下. 『楞伽經』云, 「諸法無自性, 皆是妄想心見.」"

답한다. "상념이란, 마음에서 상념이 일어나 움직이고 바깥 경계를 취하는 것입니다. 일체一切라 함은, 아래로는 지옥에서 위로는 제불諸佛 이하에 이르기까지 모두를 말합니다. 『능가경(대승입능 가경)』에 이르길, '모든 것은 자성이 없나니 모두 다 망상심으로 보이는 것이다.'고 하였습니다."[83]

新問第三:"上至諸佛, 下至地獄之想, 切要茲長, 成就善法, 違(=遠)離惡法, 因此而行. 若不識佛, 不知地獄. 如說十二因緣中無明, 凡夫中不合修行此法."

새 질문 세 번째:

"위로는 제불에서 아래로 지옥중생의 상념에 이르기까지 긴요하 게 증장토록 하는 것이 선법을 성취하고 악법을 멀리 떠나게 하는 것이니 이에 따라 행합니다. 불佛을 모르고 지옥을 모른다면 12인 연법에서 설하는 무명과 같아 범부로서는 이 법을 수행하기에 적합하지 않습니다."

---

83 『대승입능가경』에 똑같은 문장은 없으나 같은 뜻의 구절들이 수십 곳 나온다. 권7 「게송품」에 나오는 "諸法無自性 但惟心所現"도 이와 같은 뜻이다. 〈대정장〉 권16, 633a.

166

新問第三答: "一切衆生, 緣無始已來, 妄想分別, 取著妄想善惡法, 或長善, 或長惡. 以是因緣, 流浪生死, 出離不得. 所以經文, 「凡所有想(相), 皆是虛妄, 若見諸想(相)非想(相), 則見如來.」 若了知此一念功德, 經無量劫, 修習善法, 不如此一念功德. 又所言, 凡夫位中, 不合學此法者, 一切諸佛菩薩, 無量劫所修習善法, 成等正覺. 皆留与後代末法衆生, 教令修學. 旣言凡夫衆生不合學此法, 是諸佛法教, 留与阿誰, 凡夫不合學此法, 出何經文?"

새 질문 세 번째에 대한 답변:

"모든 중생이 무시無始이래로 망상분별하고 선악의 법에 집착하고 망상하여 혹은 선을 키우고, 혹은 악을 키우니 이 인연으로 생사에 유랑하며 벗어나지 못하는 것입니다. 때문에 경문에서(『금강경』)「뭇 모든 相은 다 허망한 것이니 모든 相이 相 아님을 본다면(안다면) 바로 여래를 본다」고 하였습니다. 만약 이 일념의 공덕을 了知(명료하게 앎, 깨달아 앎)한다면 무량겁을 거치며 선법을 수습함이 이 일념의 공덕보다 못하다고 하였습니다. 또 말씀하시길, '범부의 位에서는 이 법을 수습하기에 적합하지 않다'고 하셨는데 모든 제불보살이 무량겁 동안 선법禪法을 수습하여 등정각等正覺을 이루셨고, 그것들을 모두 후대 말법시대의 중생에게 남겨서 수학하도록 하셨습니다. 이미 말씀하시길, '범부중생이 이 법을 수습하기에 적합하지 않다'고 하셨는데, 모든 부처님의 가르침이며, 아난에게 남기신 가르침이거늘 범부가 이 법을 수학하기에 적합하지 않다는 것이 어느 경문에 나옵니까?"

舊問 : "想有何過."

이전의 질문 : "상념에 어떠한 잘못이 있는 것입니까?"

答 : "想過者, 能障衆生本來一切智, 及三惡道, 久遠輪迴. 故有此過.
『金剛經』說, 「亦令離一切諸想, 則名諸佛.」"

답한다 : "상념의 잘못은, 능히 중생의 본래 일체지一切智를 장애하
며, 삼악도에 구원久遠토록 윤회하게 하는 데 있습니다. 때문에
이러한 잘못이 있다고 하는 것입니다.
　『금강경』에 설하길, '또한 모든 상념을 떠나도록 하나니 (상념을)
떠나면 제불諸佛이라 하느니라.'고 하였습니다.

新問第四 : "問, 或有故令生長之想, 或有不令生(長之)想. 處凡夫地, 初修
行時, 不得除一切想."

새 질문 네 번째 : "묻습니다. 혹 까닭이 있어 상념을 생장生長하게
하고, 혹은 상념을 생장하지 못하도록 합니다. 범부의 지위에
처하여 처음 수행하는 때는 모든 상념을 제거할 수 없는 것입니다."

答 : "諸大乘經云, "一切衆生, 緣有妄想分別, 取著生不生妄想. 是故流浪
生死. 若能不取著生不生妄想, 便得解脫. 凡夫衆生, 不得除想, 出何經
文?"

168

답한다: "여러 대승경전에서 이르길, '모든 중생이 망상분별로 인하여 생生·불생不生의 망상에 집착한다. 이 까닭에 생사에 유랑한다. 만약 능히 생·불생의 망상에 집착하지 않는다면 곧바로 해탈할 수 있다.'고 하였습니다. 범부중생이 상념을 제거할 수 없다는 것이 어느 경전의 글에 나옵니까?"

舊問: "云何看心?"

이전의 질문: "어떻게 간심(看心: 마음을 관찰함)하는 것입니까?"

答: "返照心源. 看心, 心想若動, 有無, 淨不淨, 空不空等, 盡皆不思議. 不觀者亦不思. 故『淨名經』中說,「不觀是菩提.」"

답한다: "심원心源을 돌이켜 비추어보는 것입니다. 간심看心하되, 심상心想이 움직이더라도 유有와 무無, 정淨과 부정不淨, 공空과 불공不空 어디에나 모두 사의(思議: 생각하고 말함)하지 않습니다. 까닭에 『정명경(유마경)』에 설하길, '관觀하지 않음이 보리(깨달음)다.'고[84] 하였습니다."

〈해설〉

『유마경』에 '관觀하지 않음이 보리(깨달음, 覺)다. 모든 소연所緣을 떠난 까닭이다.'고 하였다. 어떠한 법을 관하든 그 법상이 소연(所緣:

---

84 『유마힐소설경』「보살품」 제4(〈대정장〉 권14, 542b)에 "不觀是菩提, 離諸緣故."

대상, 경계)이 되는데, 이는 진실이 아니고 망妄이다. 대상으로 보이는
것은 다 망妄이다. 그 경계가 되는 소연을 떠나면 마음에 걸리는 것이
없어 마음도 무심無心이 된다. 심체心體가 곧 각성覺性이고, 각성이
곧 보리菩提다. 무심無心인 본바탕에 온 우주 법계와 함께 한 몸으로
깨어 있다. 무심, 즉 마음의 본바탕에서 떠나지 않기 위해서는 관행도
넘어서야 한다. 그래서 '관하지 않음이 보리'고 하였다.

　그러나 처음 수행하게 된 때에는 일단 먼저 관행을 해보아야 한다.
교敎는 이理를 설함이니 교敎를 통해 그 이理를 자심自心에서 관찰하여
그 뜻을 알게 되면(了知) 바로 선리(禪理: 禪旨)가 된다. 그러한 선지禪旨
를 얻기 위해서는 먼저 교敎를 통한 관행觀行이 필요하다.

　위 논쟁에서 중국 선종의 마하연은 관행을 떠난 행을 강조하였고,
인도의 점법승은 처음 관행의 필요성을 강조하였다.

　이어지는 대화에서 제8지 보살에서 불관不觀의 행이 이루어진다고
하였다. 보살 제8지를 무영상지無影像地라고도 하는데 마음에 소연所緣
이 되는 것이 없는 까닭이다.

新問第五: "問, 據『十地經』中, 「八地菩薩, 唯入不觀. 佛令入修行, 滅諸
相故.」「不觀是菩提, 離諸緣故, 修行.」(잘못 들어감)[85] 據此事, 凡夫初地
猶未得, 唯不觀如何可得?"

새 질문 다섯 번째: "묻는다, 『십지경』에 의거하면, '제8지 보살만

---

[85] 이 밑줄 친 경문은 앞의 답변에서 인용한 것으로 필사자가 잘못하여 중복해서
　　올린 것임. 여타의 사본에는 이 밑줄 친 부분이 없다.

이 오직 불관不觀의 행에 들어가니 부처님이 그에 (不觀의 행에)
들어가 수행하도록 한다(밑줄 부분은 잘못 들어감). (제8지 보살은)
모든 상相을 멸한 까닭이다.'고 하였습니다. 이에 의거하건대 범부
는 (보살) 초지初地에도 아직 이르지 못하였는데 불관不觀의 행이
어떻게 가능하겠습니까?"

答: "准『楞伽經』云,「八地菩薩, 離一切觀, 及分別習氣, 無量劫來, 所受
善惡業者, 如乾闥婆城, 如幻化等, 了知菩薩十地, 自心妄想, 分別建立.」
又「佛告, '大慧, 於勝義中, 無次第, 亦無相續.'」
亦『思益經』及諸大乘經云,「八地菩薩者, 超過一切行, 得無生法忍, 然
後得授記. 不聞八地菩薩, 教令修行. 經文如何說, 只合細尋, 諸經所說.
凡夫未得初地, 不合不觀者, 此義, 合行不行, 前問, 說訖."

답한다: "『능가경』에 의하건대 이르길, '제8지 보살은 모든 관행觀
行과 분별의 습기習氣를 떠났으며, 무량겁 이래 받은 바 선악업이란
건달바성과 같고 환화幻化 등과 같은 것이고, 보살10지(초지에서
제10지까지)도 (중생의) 자심自心 망상에 따라 분별하여 건립된
것임을 깨달아(뚜렷이) 안다.'[86] 하였고,

  또 (『능가경』에서 이르길)「부처님께서 대혜(보살)에게 말씀하
셨다. '대혜여! 승의(勝義: 第一義諦)에는 (보살지의) 차제次第가
없고, 또한 (보살지의) 상속相續함도 없느니라.'」[87]

---

86 『능가경』에 똑같은 문장은 없으나 이러한 뜻으로 설한 곳이 여러 곳 있다. 문장
   가운데 '了知'는 '分別習氣' 다음에 오는 것이 합당하다.

또 『사익경』과 여러 대승경에 이르길, '제8지 보살은 모든 행을 초과하여 무생법인(無生法忍: 모든 것은 생함이 없다는 진리)을 성취한 후에 수기(授記: 미래에 마땅히 성불할 것임을 약속해 줌)를 얻는다.'고 하였습니다. 제8지 보살에게 수행하도록 한다는 것은 듣지 못하였습니다. 경문에서 어떻게 설한 것인지 여러 경에서 설한 바를 자세히 살펴보아야 할 것입니다. '범부는 아직 (보살) 초지初地에도 이르지 못하여 불관不觀의 행에 적합하지 않다.'고 하셨는데, (앞에서 설명한) 이 뜻에 의하면 (不觀의 행을) 행해야 할 것인가, 행하지 않아야 할 것인가 하는 앞에 질문에 대해 설명하여 마친 셈입니다."

〈해설〉 ①

보살 제8지에 이른 자에게나 가능한 불관不觀의 행을 보살 초지에도 이르지 못한 범부에게 권하는 것은 잘못이라는 인도 점법승漸法僧의 논지에 대해, 마하연 선사는 보살지의 차제(등급)와 상속도 본래 없는 것인데 중생의 망상 분별 따라 건립한 것이라 하고 있다. 즉 제8지 보살이든 범부든 본래 그 차제가 없다는 뜻을 통해 범부는 불가하고 제8지 보살은 가하다고 보는 것이 잘못이라는 것이다.

본문 중에 밑줄 친 '제8지 보살에게 수행하도록 한다는 것은 듣지 못하였다'고 하였는데, 이는 마하연 선사가 인도 점법승의 질문을 잘못 이해한 것으로 보인다. 점법승이 앞에서 질문한 것은, '부처님이

---

87 『능가경』 권5 현증품 제4(〈대정장〉 권16. 619a)에 "大慧, 第一義中, 無有次第, 亦無相續."

제8지 보살에게 불관不觀의 행行에 들어가 수행하도록 한다'는 것이었다. 즉 어디까지나 불관의 행을 하도록 한다는 것이다. 그래서 제8지 보살의 수행은 수행이되 닦음 없는 닦음, 즉 무수지수無修之修이고, 무행無行의 행行이다.

『능가경』에서는 보살 제8지에 대해 여러 각도에서 설명하고 있다. 보살 제8지는 그 이하와 구분하여 대보살로 칭해지며, 제8지에서부터 진정한 불자佛子로 칭양된다. 또 세 가지 의성신(意成身: 意生身) 법문에 보살 3지~5지는 입삼매락의성신入三昧樂意成身, 제8지는 각법자성의성신覺法自性意成身, 여래如來는 종류구생무작행의성신種類俱生無作行意成身인데 제8지보살의 각법자성의성신(覺法自性意成身: 법의 자성을 깨달은 의성신) 해설 부분을 인용하면 다음과 같다.

무엇을 각법자성의성신覺法自性意成身이라 하는가. 보살 제8지에서 모든 존재가 환幻과 같아 모두 무상無相임을 깨닫고, 심식에서 전의(轉依: 심식에 의지하는데서 벗어남, 해탈)하여 여환삼매如幻三昧와 여삼매餘三昧에[88] 머물러 능히 무량한 자재신통을 나타냄이, 꽃 피어나듯 신속 여의如意함과 같으며,[89] 환幻과 같고, 꿈과 같고, 그림자와 같고, (거울이나 물에 비친) 모습과 같아서 사대四大로

---

[88] 여기에서의 餘三昧는 보살 제8지에서 얻어지는 如幻三昧를 넘어 보살 제9지 이상에서 얻어지는 금강유정金剛喩定을 말함. 금강유정을 넘어선 궁극의 삼매가 금강삼매임. 이 금강유정이 곧 如幻三昧 다음에 남아 있는 三昧라는 뜻에서 餘三昧라 한 것임.

[89] 『10권경(입능가경)』과 『4권경(능가아발다라보경)』은 "妙華莊嚴, 迅疾如意."

이루어진 것이 아니지만, 사대로 이루어진 듯이 일체 색상을 구족해서 장엄하며, 널리 불찰(佛刹: 불국토)에 들어가 모든 법성을 깨닫나니, 이를 이름하여 각법자성의성신이라 한다.[90]

〈해설〉②

의생신(意生身: 意成身)은『대승입능가경(능가경 7권본)』권2「집일체법품」에

"대혜여! 의생신意生身이란, 비유컨대 생각이 움직임에 신속하고 걸림이 없는 것과 같아 의생신이라 이름하나니라. 대혜여! 비유컨대 심의心意는 한량없는 백천 유순(由旬: 거리의 단위)의 밖에서도 생각으로 먼저 갖가지 여러 사물을 보고 염념상속念念相續으로 속히 그 곳에 이르나니, 그 몸과 산하 석벽이 능히 장애하지 못하느니라. 의생신도 역시 이와 같아, 여환삼매如幻三昧의 힘으로 신통자재하여 여러 상相을 장엄하나니, 생각이 본래 중생의 원을 성취하여 주는 까닭이니라. 의意가 모든 성중聖衆 가운데 가서 생하는 것과 같으니라. 이를 이름하여 보살마하살이 생生·주住·멸滅의 견見을 멀리 떠남을 얻었다고 한다."[91]

『능가경』권6「게송품」에

───────────────

90 박건주,『능가경 역주』「무상품」, 운주사, 2010, pp.283~284.
91 위의『능가경 역주』, p.197.

得如幻三昧　여환삼매와

及以意生身　의생신과,

種種諸神通　갖가지의 신통력과

諸力及自在　자재 얻으리.

眞如空實際　진여·공·실제,

涅槃及法界　열반과 법계,

種種意生身　갖가지의 의생신은

我說皆異名　모두 내가 설한 동체의 이명異名이니라.

若心及與意　만약 심(心: 장식)과 의(意: 제7식),

諸識不起者　(나머지의) 여러 식(의식과 전5식)이 일어나지 않는
　　　　　　　다면,

卽得意生身　곧 의생신 얻고[92]

亦得於佛地　또한 불지佛地 얻으리.

『능가경』 권7 「게송품」에

神通力自在　신통력과 자재,

三昧淨莊嚴　삼매로 청정하게 장엄함,

種種意生身　갖가지 의생신,

---

92 意生身: 앞에 설명함.

是佛淨種性   이것이 불佛의 청정한 종성이니라.

舊問:"作何方便, 除得妄想, 及以習氣?"
答:"妄想起不覺, 名生死. 覺竟不隨妄想作業, 不取不住念. 卽是解脫般
若."『寶積經』云,「不得少法, 名無上菩提.」

이전의 질문: "어떠한 방편으로 망상과 습기를 제거합니까?"
　답한다: "망상은 불각(不覺: 깨닫지 못함)에서 생기니 이름하여
생사라 합니다. 각(覺: 心體)은 궁극에 망상과 업을 짓는 데 따르지
않습니다. 상념을 취하지도 아니하고 머무르지도 않습니다. 바로
이것이 해탈 반야입니다." 『보적경』에 이르길, "조그마한 법이라
도 얻는 것이 없으니 이를 이름하여 무상無上의 보리(깨달음)라
한다."고 하였습니다.

〈해설〉

인도 점법승이 주장하는 핵심은 망상과 습기를 제거해나가야 하는
과정이 필요하다는 것이다. 이에 대해 선종의 마하연 선사는 단지
상념을 취하지도 아니하고 머무르지도 않으면 된다는 것이니, 본래
자심의 성품[覺性]이 망상과 업을 짓는 데 따르지 않으니 그 뜻에
수순하면 된다는 것이다. 그래서 먼저 그 성품을 보는 것이 중요하다.
선종에서 강조하는 견성성불見性成佛은 바로 그러한 뜻이다.

新問第六:"問, 如前所說, 凡夫初學, 豈得喩佛? 佛是已成就者."

새 질문 여섯 번째: "묻습니다. 앞에서 말씀드린 바와 같이 범부는 초학初學인데 어찌 불佛에 비유할 수 있습니까? 불佛은 이미 성취한 분입니다."

答: "凡夫雖不共佛, 同諸佛所悟之法. 准經文, 皆留与後代末法衆生, 教令修學. 若不如是, 法敎留与阿誰?

又佛言, '無有少法可得者', 不可執著言說. 若無少法可得, 無思無觀. (앞의 질문에서) 利益一切者, 可不是得否?" (답변은 다음 문단에)

답한다: "범부는 비록 불佛과 함께 하지 않지만(다르지만) 제불諸佛이 깨달은 바의 법을 함께 합니다. 경문에 의하면, 모든 법문이 후대 말법 중생을 위해 남겨두어 수학하도록 한 것입니다. 이렇지 않다면 어찌 교법을 아난에게 남겼겠습니까?

또 부처님께서 이르시길, '조그마한 법이라도 얻을 바가 없다.'고 하셨으니 언설에 집착하지 말아야 합니다. 조그마한 법이라도 얻을 수 없으니 사량할 바도 없고 관觀할 바도 없는 것입니다.

[앞의 질문에서] (無行의 돈법을 수행함이) 일체를 이익 되게 하는 것이 가능할까요? 라고 물으셨습니다. (답변은 아래 문단에)

答: "此義前者已答了. 今更重問來, 又再說者. 佛從無量劫來, 已離得不得心. 亦無心無思, 猶如明鏡. 無心無思, 離得不得. 但隨衆生, 應物現形. 水喩寶喩, 日月等喩, 皆亦同等.

又據『入如來功德經』云, 「非是不得少法, 是得一切法」与義相違者, 前

問所言, 凡夫不合學此法. 所以攀大乘經文時, 得如是無量無邊功德. 何
況信受修行? 因此言故, 答如此事. 以無所得故, 是名爲得. 於理實不
相違."

답한다: "이 뜻에 대해서는 앞에서 이미 답하였습니다. 지금 다시
질문하였으니 재차 말씀드립니다. 부처님은 무량겁 이래 이미
득得과 부득不得의 마음을 떠났습니다. 또한 무심無心하고 무사無思
함이 마치 밝은 거울과 같습니다. 무심 무사하고, 득과 부득을
떠났으나 단지 중생 따라 사물에 응하여 모습을 보일 뿐입니다.
물의 비유, 보배의 비유, 일월 등의 비유도 모두 같은 뜻입니다.
　또 『입여래공덕경』에, '조그마한 법이라도 얻을 수 없는 것이
아니라 일체법을 얻을 수 있다.'고 한 것에 의거하면 (위에 인용한
『보적경』 경문과) 그 뜻이 (서로) 어긋납니다. 앞의 질문에서 범부
에게는 이 법(돈법)이 적합하지 않다고 하셨습니다. 대승경문을
지니면 이와 같은 무량무변의 공덕을 얻게 되는데 하물며 믿고
받아들여 수행하는 것이야 말할 나위 있겠습니까? 이러한 이유로
이렇게 말하였으니 이와 같이 답변하게 되는 것입니다. 얻을 바
없는 까닭에 이를 이름하여 얻음이라 하는 것이니 이치상 실은
어긋남이 없는 것입니다."

〈해설〉

앞에서 마하연 선사는 무관無觀 무행無行의 행을 주장한다. 그래서
점법승은 이러한 행으로 무슨 이익이 있겠는가 하고 앞에서 질문하였

다. 이 질문에 대해 마하연 선사는 첫째, 불佛은 본래 득得과 부득不得을 떠난 분이라는 점, 둘째, '조그마한 법이라도 얻을 바 없다'고 한 경문이 있지만, 한편 또한 '조그마한 법이라도 얻을 수 없는 것이 아니라 일체법을 얻을 수 있다'고 한 경문도 있다 하고, 이 두 경문이 서로 어긋난 듯하지만 얻을 바 없음을 깨달은 자리에서는 일체가 얻어지는 것이기 때문에 이치상 실은 어긋나지 않다고 한다.

셋째, 또한 최소한 대승경전을 지니기만 하여도 무량한 공덕을 얻는 데 신수봉행함이야 말할 나위 없는 것이라는 점 등 세 가지 면에서 답하였다.

舊問: "六波羅蜜等, 及諸法門, 要不要?"

이전의 질문: "6바라밀 등과 여러 법문들이 필요합니까, 필요하지 않습니까?"

答: "如世諦法, 六波羅蜜等爲方便, 顯勝義故, 非是不要. 如勝義離言說, 六波羅蜜, 及諸法門, 不可說言, 要与不要. 諸經廣說."

답한다: "세속제世俗諦라면 6바라밀 등을 방편으로 써서 승의제(勝義諦: 第一義諦)를 드러내는 까닭에 필요하지 않은 것이 아닙니다. 승의제는 언설을 떠난 면에서 보면 6바라밀과 여러 법문이 필요한가, 필요하지 않은가를 말할 수 없는 것입니다. (이에 대해서는) 여러 경에 널리 설해져 있습니다."

〈해설〉

세속제와 승의제(제일의제)에 대해서는 거의 모든 경전에 설명되어
있다. 『대승입능가경』 권6 「게송품」에 요략한 다음의 게송이 있다.

世諦一切有　세속제世俗諦로는 일체가 있다 하나,

第一義則無　제일의第一義에는 없나니,

諸法無性性　모든 존재의 자성이 없다는 성품을

說爲第一義　제일의라 한다네.

於無自性中　자성이 없는 것인데

因諸言說故　여러 언설로 인하여

而有物起者　사물 일어남을 이름하여

是名爲俗諦　세속제라 하네.[93]

新問第七：“問，世間及第一義諦，是一是異？”

새 질문 일곱 번째：“묻습니다. 세간과 제일의제第一義諦가 하나입
니까, 다릅니까？”

答：“不一不異. 云何不一. 妄想未盡已來, 見有世諦. 云何不異. 離一切妄
想習氣時, 一異不可分別.”

---

93 박건주, 『능가경 역주』, 운주사, 2010, pp.491~492.

답한다: "하나도 아니고 다르지도 않습니다. 왜 하나가 아닌가. 망상이 아직 다 멸진되지 않은 동안에는 세속제를 봄이 있습니다. 왜 다르지 않은가. 일체의 망상 습기를 떠난 때에는 하나다 다르다 함을 분별할 수 없기 때문입니다."

又問: "此方便爲顯示第一義故, 只爲鈍根者, 爲復利鈍俱要?"

또 묻는다: "이 방편이 제일의第一義를 드러내는 것이라면 단지 둔근자를 위한 것입니까, 또한 이근利根과 둔근자에게 함께 필요한 것입니까?"

答: "鈍根不了勝義者要, 利根者不論要不要."

답한다: "둔근으로서 승의제勝義諦를 요의了義하지 못한 자에게는 필요하지만 이근자(利根者: 날카로운 자질인 자)에게는 필요한가, 필요하지 않는가를 논하지 않습니다."

又問: "六波羅蜜等, 及余法門, 不可言說, 要不要者, 何爲不可說?"

또 묻는다: "6바라밀 등 및 그 밖의 법문이 필요한가, 필요하지 않는가를 말할 수 없다고 하셨는데 왜 말할 수 없다는 것입니까?"

答: "爲法性理, 卽不可說. 據法性理中, 要不要, 有無一異, 俱不可得."

답한다: "법성의 이(理: 법의 性理)에서 보면 설할 수 없습니다. 법성의 이理에 의거하면 유有와 무無가 하나인가, 다른가를 모두 얻을 수 없는 것입니다."

又問: "言經文廣說, 如何說, 爲說言, 要不要, 不會?"

또 묻습니다: "말씀하시길, 경문에 널리 설해져 있다고 하셨는데, 어찌해서 말로 설하는 것이 필요한가, 필요하지 않은가를 말할 수 없다고 하시는 것입니까?"

答: "經文廣說者, 鈍根說要, 利根不論要不要. 譬如病人要藥, 求渡河人要船. 病無之人, 不言要不要. 渡河了, 更不要船."

답한다: "경문에 널리 설한 바는, 둔근에게는 설해주는 것이 필요하지만 이근利根에게는 필요한가, 필요하지 않는가를 논하지 않는다는 것입니다. 비유컨대 병든 자에게는 약이 필요하고, 강을 건너려는 사람에게는 배가 필요하지만, 병이 없는 사람에게는 필요한가, 필요하지 않는가를 말할 필요가 없는 것이며, 강을 이미 건넜으면 다시 배가 필요하지 않는 것과 같습니다."

舊問: "六波羅蜜等, 要時, 如何修行?"

이전의 질문: "6바라밀 등이 필요한 때에는 어떻게 수행합니까?"

答: "修行六波羅蜜者, 爲內爲外, 內外有二種. 內爲自度, 外爲利益衆生. 所修行方便者, 據『般若經』『楞伽』『思益經』云, 修六波羅蜜時, 於一切法, 無思無觀. 三業清淨, 由如陽炎, 於一切不取不住."

답한다: "6바라밀을 수행하는 데에는 내內와 외外의 방면이 있어 내외의 2종이 있습니다. 내內의 방면은 자신을 도(度: 고해를 건넘, 해탈, 바라밀)함이고, 외外의 방면은 중생을 이익되게 함입니다. 수행의 방편이란 『반야경』, 『능가경』, 『사익경』에 의하면 바라밀을 수행하는 때에 일체법에서 무사無思 무관無觀하는 것이라 하였습니다. 삼업(三業: 身口意 3업)이 청정하게 되는 행이란, 양염(陽炎: 아지랑이)의 비유와 같이 일체 어디에나 취하지도 아니 하고 머무르지도 아니하는 것입니다."

新問第八: "問, 所言三業清淨時, 六波羅蜜凡夫未能行, 得且修習不觀? 中間不修行, 待三業清淨. 然後修習, 爲復未能淨得, 三業强修, 如何修行?"

새 질문 여덟 번째: "묻습니다. 말씀하신 바 3업의 청정을 닦는 때에 6바라밀을 범부는 아직 능히 행하지 못하는데 또한 불관不觀의 행을 수습할 수 있겠습니까? 중간의 과정을 수행하지도 아니하고 3업의 청정을 기대하는 것입니다. (중간의 과정을 닦은) 연후에 수습하여도 또한 아직 청정을 얻지 못하는데 3업의 청정을 닦으라고 강요하는 것이니 어떻게 수행하겠습니까?"

答: "所言六波羅蜜有四種. 一世間波羅蜜, 二出世間波羅蜜, 三出世間上上波羅蜜, 四內六波羅蜜. 准『楞伽經』云, 「廣說略說時」若得不觀不思時, 六波羅蜜自然圓滿. 未得不觀不思, 中間事須行六波羅蜜, 不希望果報."

답한다: "말씀하신 6바라밀에 4종이 있습니다. 일一은 세간바라밀, 이二는 출세간바라밀, 삼三은 출세간상상바라밀, 사四는 내內육바라밀입니다. 『능가경』에 의하면 이르길, '널리 설함과 간략히 설할 때'라 하였습니다. 불관不觀 부사不思의 행이 이루어진 때에는 6바라밀이 자연히 원만하게 갖추어집니다. 아직 불관 부사의 행이 되지 못한 때에는 중간의 과정에서 반드시 6바라밀을 갖추어야 하지만 과보(佛果)를 이룰 희망이 없습니다."

〈해설〉

불과佛果의 자리가 본래 무심無心이고 망심(忘心: 마음을 잊음)이며, 무엇을 한다고 함을 떠난 자리라, 무엇을 이루려는 마음을 지니고 행하거나, 마음으로 마음을 어떻게 하는 행으로는 그러한 행이 과果가 달라 성취되지 않는다. 마음이 본래 무심임을 요지了知해야지, 그렇지 않고 마음을 어떻게 애써서 무심하게 하는 행으로는 무심이 되지 않는다. 무심이 아닌 마음으로 무심이 이루어지겠는가. 6바라밀을 아무리 닦아도 일단 자심自心에서 불佛의 성품을 보지(알지) 못하면 성취할 희망이 없다는 뜻이다. 그래서 불과의 자리가 자심에 그대로 갖추어져 있다고 뚜렷이 알아야(了知) 한다. 그렇게 요지하게 되면 불관不觀

부사不思의 행을 하게 된다.

불佛이 법을 폄에는 널리 설함(광설)과 간략히 설함(약설)이 있다는 것은 『능가경』과 『열반경』을 비롯한 여러 대승경론에 나온다. 『대승입능가경』 권6 「게송품」의 한 게송을 인용한다.

而諸緣起法　모든 인연의 화합으로 존재가 생기니,

一異不可得　일一·이異를 얻을 바 없으며,

略說以爲生　간략히 설하면 생이고,

廣說則爲滅　넓게 설하면 멸이네.

又問云: "其野馬陽炎, 實是不會?"

또 묻는다: "저 야마(野馬: 아지랑이)와 양염(陽炎: 아지랑이)이 진실한 것이 아니잖습니까?"

答: "野馬喩妄想心, 陽炎喩世間一切法. 譬如渴野馬, 見陽炎是水, 實是非水. 若如是了達世間法時, 卽是三業淸淨."

답한다: "야마(아지랑이)는 망상심을 비유한 것이고, 양염(아지랑이)은 세간의 모든 것을 비유한 것입니다. 비유컨대 갈증 난 야생말이 아지랑이를 물로 보지만 실은 물이 아닙니다. 이와 같이 세간의 모든 것을 깨달아 통달하면 바로 삼업三業이 청정해집니다."

舊問: "修此法門, 早晚得解脫?"

이전의 질문: "이 법문을 닦아서 조만간 해탈할 수 있겠습니까?"

答: "如楞伽及金剛經云,「離一切想, 則名諸佛.」 隨其根性利鈍, 如是修習, 妄想習氣亦歇, 卽得解脫."

답한다: "이를테면 『능가경』과 『금강경』에서 이르길, '모든 상념을 떠나면 이를 제불諸佛이라 한다.'고 하였습니다. 그 근성의 날카롭고 둔함에 따라 이와 같이 수습하면 망상 습기 또한 멈추어지고 바로 해탈하는 것입니다."

舊問: "又行此法義, 有何功德?"

이전의 질문: "또 이 법문의 뜻에 따라 행하면 어떠한 공덕이 있습니까?"

答: "無觀無想之功德. 思及觀照, 不可測量. 佛所有功德, 應如是見. 且如此之少分.
據『般若經』云,「假令一切衆生, 天人聲聞緣覺, 盡証無上菩提, 不如聞此般若波羅蜜義, 敬信功德, 算數所不能及.」 何以故? 人天聲聞緣覺, 及諸菩薩等, 皆從般若波羅蜜出. 人天及菩薩等, 不能出得般若波羅蜜."

답한다: "무관無觀 무상無想의 공덕을 생각하고 비추어보아도 측량할 수 없습니다. 부처님의 모든 공덕이 이와 같다고 응당 알아야 합니다. 또한 (보살 등은) 이와 같은 공덕의 일부분이 됩니다.

『반야경』에 의하면 이르길, '가령 모든 중생, 천인 성문 연각이 무상無上의 보리를 다 증득하였다 하더라도 이 반야바라밀의 뜻을 듣고 그 공덕이 셈으로 계산하는 것으로 미치지 못하다는 것을 경신敬信하는 것만 못하다.'고 하였습니다. 왜 그러한가? 인천人天과 성문, 연각과 여러 보살 등이 모두 반야바라밀로부터 나왔기 때문입니다. 인천과 보살 등이 반야바라밀을 벗어날 수 없는 것입니다."

又問:"何名般若波羅蜜. 所謂無想無取, 無捨無著, 是名般若波羅(蜜)」. 及『入如來功德經』「或有於三千大千世界微塵數佛所供養, 承被佛滅度後, 又以七寶, 莊嚴其塔, 高廣例如大千世界, 又經無量劫, 供養之功德, 不及聞斯法義, 生無疑心而聽, 所獲福德, 過被無量百千倍數」又『金剛經』云,「若有人滿三千大千世界七寶, 已用布施, 及以恆河沙數身命布施, 不如聞一四句偈. 其福甚多, 不可比喩.」諸大乘經中, 廣說此義. 其福德, 除佛無有知者."

또 묻는다: (『반야경』에) "무엇을 반야바라밀이라 하는가. 이른바 상념하지 아니하고 취착하지 않는 것이며, 버리지도 아니하고 집착하지도 아니하니 이를 이름하여 반야바라밀이라 한다." 하였고, 『입여래공덕경』에[94] "혹 삼천대천세계 티끌과 같은 수의 부처님

에게 공양하며, 저 부처님이 멸도하신 후에 칠보로 그 탑을 장엄하는데 그 높이와 넓이가 이를테면 대천세계와 같으며, 또한 무량겁을 거치며 공양한 공덕이, 이 법의 뜻을 듣고 의심을 냄이 없이 들으면 그 얻는바 복덕이 저것보다 무량 백천 배를 넘는다."고 하였습니다. 또 『금강경』에 이르길, "만약 어떤 사람이 삼천대천세계 가득히 칠보로 보시하고, 또한 항하사수의 신명身命으로 보시함이 하나의 사구게四句偈를 듣는 것만 못하다. 그 복이 매우 많음을 비유할 수 없다."고 하였습니다. 여러 대승경에서 이 뜻을 널리 설하였습니다. 그 복덕을 부처님이 아니고는 다 알 수 없습니다."

新問第九: "問, 令一切衆生, 盡証無上菩提, 由不及此福者. 此無上菩提, 乃成有上. 此乃是否? 次後說言, 無上菩提等, 從般若波羅蜜出, 無上菩提, 不出般若波羅蜜. 不出者, 說是阿那箇菩薩? 若說無上菩提, 據如今現『般若波羅蜜』似如此, 只此如說者, 不可是無上菩提."

새 질문 아홉 번째: "묻겠습니다. 모든 중생이 다 무상보리를 증득하게 하더라도 이 복덕에 미치지 못한다고 하였습니다. (그렇다면) 이 무상보리에 넘어서는 보리가 있다는 것이 됩니다. 이렇다

---

94 『입여래공덕경』은 〈대정장〉 목록에 보이지 않는다. 이 경에 아래의 인용문이 보이지 않는다. 그리고 아래 인용문은 많은 대승경전에 자주 나오는 법문이다. 반면 몇 단락 뒤에 나오는 『입여래공덕경』에서 인용된 법문은 『大方廣入如來智德不思議經』에 나오는 내용이다. 따라서 이곳의 『입여래공덕경』은 잘못 기입된 경명인 것이 분명하다.

188

는 것입니까? 다음에 또 설하시길, 무상보리 등이 반야바라밀로부터 나오며, 무상보리가 반야바라밀을 벗어나지 못한다고 하셨습니다. (보살도) 벗어나지 못함이란 어떠한 보살을 말하는 것입니까? 만약 무상보리를 설함에 있어서 지금 보는『반야바라밀(금강경 등 반야경)』에 의하건대 그러한 듯하지만 단지 이렇게 설한다면 무상보리일 수 없게 됩니다."

答："所言令一切衆生, 盡証無上菩提, 由不及此福者, 前者所言, 凡夫衆生, 不合行此法. 所以擧諸大乘經典, 及般若波羅蜜, 衆生聞此法, 生一念淨信者, 得如是無量無邊功德. 爲比量功德故, 作如是說. 現有經文說, 一切諸佛及諸佛, 得阿耨多羅三藐三菩提法, 皆從此經出. 今再問, 有上無上, 及阿那箇菩薩者, 經文現在, 請檢. 卽知."

답한다: "말씀하시길, 모든 중생으로 하여금 무상보리를 다 증득토록 하지만, 이 복에 미치지 못한 자들, 앞에서 말씀 하신 바, 범부중생은 이 법을 행하기에 적합하지 않다고 하셨습니다. 까닭에 (제가 앞에서 이르길) 여러 대승경전과 반야바라밀을 지니고 중생이 이 법문을 듣고 일념으로 청정하게 믿음을 내는 자는 이와 같은 무량무변의 공덕을 얻게 된다고 하였습니다. 공덕을 비량比量한 까닭에 이렇게 설한 것입니다. 현재 경문에 설하길, 일체제불一切諸佛과 제불諸佛이 아녹다라삼먁삼보리의 법을 성취한 것이 모두 이 경에서 나온 것이라고 하였습니다. 지금 다시 물으시길, 유상有上 무상無上(의 보살)과 어느 보살인지는 경문에서 현재 검색해

보십시오. 바로 아실 수 있을 것입니다.”

舊問：“若離相, 不思不觀, 云何得一切種智？”

구문舊問：“만약 상을 떠나 부사不思 불관不觀한다면 어떻게 일체종지一切種智를 얻을 수 있겠습니까?”

答：“若妄心不起, 離一切妄想者, 眞性本有, 及一切種智, 自然顯現. 如『花嚴』, 及『楞伽經』等云,「如日出雲, 濁水澄清, 鏡得明淨, 如銀離礦等.」

답한다：“망심이 일어나지 않아 모든 망상을 떠나면 진성眞性 본유本有의 일체종지가 자연히 드러납니다. 이를테면『화엄경』및『능가경』등에 이르길, ‘마치 해가 구름 속에서 나오고, 흐린 물이 맑아지며, 거울이 환히 맑아지고, 은銀에 광석이 떨어져 나가는 것과 같다.’고 하였습니다.”

新問第十：“問, 此言是實, 乃是己成就, 具勢力者之法, 非是凡夫之法者.”

새 질문 열 번째：“묻습니다. 이 말은 사실이지만 이미 성취하여 세력을 갖춘 자의 법이고, 범부의 법은 아니잖습니까?”

答: "此義, 前者已答, 今更再問. 譬如蓮花出離淤泥, 皎潔清淨, 離諸塵
垢. 諸天貴人見之彌敬. 阿羅耶識, 亦復如是. 出習氣泥, 而得明潔, 爲諸
佛菩薩, 天人所重. 凡夫衆生, 亦復如是. 若得出離, 無量劫來, 三毒妄想,
分別習氣淤泥, 還得成就大力之勢. 凡夫緣有三毒, 妄想蓋覆. 所以不出
得大勢之力."

답한다: "이 뜻에 대해서는 앞에서 이미 답하였는데 지금 다시
재차 질문하셨습니다. 비유컨대 연꽃이 진흙을 벗어나 밝고 깨끗
하고 청정하여 모든 티끌의 더러움을 떠난 것과 같습니다. 제천諸天
의 귀인들이 이를 보고 가득히 공경합니다. 아뢰야식(제8식, 藏識)
또한 이와 같아 습기의 진흙을 벗어나 밝고 깨끗해지면 제불보살과
천인이 소중히 여깁니다. 범부중생도 또한 이와 같아 무량겁 이래
의 삼독 망상과 분별 습기의 진흙밭에서 벗어나게 되면 다시 대력大
力의 세력을 성취할 수 있게 되는 것입니다. 범부는 삼독심으로
인해 망상으로 덥히고 가려 있습니다. 때문에 벗어나지 못하며,
대 세력을 얻지 못하는 것입니다."

舊問: "若不觀智, 云何利益衆生?"

이전의 질문: "지혜를 관찰하지 않는다면 어떻게 중생을 이롭게
한다는 것입니까?"

答: "不思不觀, 利益衆生者, 『入如來功德經』中廣說. 由如日月光照一

切, 如意寶珠具出一切, 大地能生一切."

답한다: "부사不思 불관不觀의 행이 중생에게 이로움을 준다는 것은 『입여래공덕경』에[95] 널리 설해져 있습니다. 이를테면 해와 달의 빛이 일체를 비추고 여의보주에서 일체가 다 갖추어져 나오고, 대지가 일체를 능히 생하는 것과 같습니다."

又問: "說, 執境, 執識, 執中論, 此三法中, 今依何宗?"

또 질문합니다: "설법에서 경계를 잡고(대상으로 수행하고), 식識을 잡고, 중(中: 경계도 아니고 식도 아닌 자리)을 잡는 논의 이 세 법 가운데 지금 어느 종宗에 의거합니까?"

答: "此義是般若波羅蜜. 無思大乘禪門, 無思義中, 何論有三? 一亦不立. 『般若經』中廣說."

답한다: "이 뜻이 반야바라밀입니다. 무사無思의 대승 선문禪門,

---

95 佛의 無分別行이 모든 중생에게 한량없는 이익을 준다는 법문은 『大方廣入如來智德不思議經』(〈大正藏〉 권10, 926b~927b)에 길게 설해져 있다. 따라서 이 『입여래공덕경』은 곧 『大方廣入如來智德不思議經』을 가리키는 것이 분명하다. 山口瑞鳳은 「中國禪とチベット佛教」(『敦煌佛典と禪』, 東京, 大東出版社, p.390)에서 「입여래공덕경」을 〈대정장〉 권10에 수록된 『大方廣入如來智德不思議經』의 약칭으로 보아 해설하고 있다.

무사無思의 뜻에서 어찌 셋을 논하겠습니까? 하나도 또한 세우지 않습니다. 『반야경』에 널리 설하였습니다."

新問第十一, 問. "此義是般若波羅蜜者, 縱令是般若波羅蜜, 智惠可得論, 禪不相當. 佛由自於般若波羅蜜, 分別作六種, 共智慧, 各自別說?"

새 질문 열한 번째: 묻는다. "이 뜻이 반야바라밀이라 하셨는데 설령 반야바라밀이라 하더라도 지혜는 논할 수 있지만, 선禪은 이에 상당하지 않습니다. 부처님께서 반야바라밀에 연유하여 여섯 가지로 나누었지만 지혜를 함께하는데 각각 따로 설하신 것이겠습니까?"

答: "所行六波羅蜜者, 爲求般若波羅蜜. 若智慧波羅蜜具者, 余五波羅蜜, 修与不修亦得."

답한다: "행하는 바의 6바라밀이란 반야바라밀을 구하는 것입니다. 지혜바라밀이 갖추어지면 나머지 5바라밀은 닦든, 닦지 않든 성취되는 것입니다."

又答言: "所言禪不相似(相當)者, 如『寶積經』中說, 「善住意天子, 白文殊師利云, '大士所言, 禪行比丘者, 何等名爲禪行比丘耶? 文殊師利言, '天子! 無有少法可取, 是爲禪行.」 又『密嚴經』中, 「若有能修行如來微妙定, 善知蘊無我, 諸見悉除滅.」 『思益經』云, 「於諸法, 是名禪波羅蜜.」

『楞伽經』云,「不生分別, 不起外道涅槃之見, 是則名爲禪波羅蜜.」及諸
大乘經典 皆說如是. 據此道理, 末法衆生, 敎令修學少法可取, 何以得
知? 諸大乘經云,「爲末法衆生, 智慧狹劣, 所以廣說, 若有人聞此法者,
卽功德不可量, 何況信受奉行.」

또 답하여 말씀드립니다: "선禪에는 상당하지 않다'고 하셨는데,
이를테면 『보적경』에 설하길, 「선주의천자가 문수사리에게 말하
였다. '대사(大士: 보살)께서 설하신 선행禪行비구란 어떤 분들을
이름하여 선행비구라 하는 것입니까?」 문수사리가 말하였다. 「천
자시여! 하나의 조그마한 법도 취할 것 없나니 이것이 선행禪行입니
다.'」고[96] 하였습니다. 또 『밀엄경』에 '만약 능히 여래의 미묘한
선정을 수행할 수 있고, 5온(색수상행식)이 무아無我임을 잘 알면
모든 견見이 다 멸해진다.'고[97] 하였습니다. 『사익경』에 이르길,
'모든 법에 머무르는 바 없으니 이를 선바라밀이라 한다.'고[98] 하였
습니다. 아울러 여러 대승경전에서 모두 이와 같이 설하고 있습니
다. 이 도리에 의하건대 말법 중생에게 하나의 조그마한 법을
취할 수 있다고 가르쳐서 수학하게 한다면 어떻게 (진실한 법을)
알 수 있겠습니까? 여러 대승경전에 이르길, '말법 중생은 지혜가

---

96 『대보적경』에 똑같은 문단은 보이지 않지만 권5에 "乃至無有少法可取, 自性淸
淨."(〈대정장〉 권11, 28c)라 하였다.

97 不空 譯의 「大乘密嚴經」阿賴耶卽密嚴品第八에 "若修佛妙定, 善知蘊無我, 卽發勝
福聚, 滅除諸惡見."(〈대정장〉 권11)

98 『사익범천왕소문경』「問談品第六」(〈대정장〉 권15).

194

저열한 까닭에 이들에게는 넓게 설해준다. 어떤 사람이 이 법문을 들으면 그 공덕이 헤아릴 수 없는데 하물며 신수봉행하면 말할 나위 있겠는가.'라 하였습니다."

舊問 : "義旣如此, 何爲諸經廣說?"

이전의 질문 : "뜻이 이미 이러하건대 왜 여러 경에서 넓게 설하는 것입니까?"

答 : "如諸經所說, 祇說衆生妄想, 若離妄想, 更無法可說. 所以『楞伽經』云, 「一切諸經, 祇說衆生妄想, 眞如不在言說之中.」"

답한다 : "여러 경에서 설하는 바와 같이 단지 중생의 망상을 설할 뿐이니 망상을 떠나면 다시는 설할 법이 없습니다. 까닭에 『능가경』에 이르길, '모든 경에서는 단지 중생의 망상을 설함이니 진여는 언설 가운데 있지 않다.'고[99] 하였습니다."

又問 : "衆生本來有佛性者, 何以得知本來有? 如外道言有我, 有何差別?"

또 묻는다 : "중생에게 본래 불성이 있다고 하였는데 어떻게 본래 있음을 알 수 있는 것입니까? 이를테면 외도들이 아我가 있다고 하는 것과 어떠한 차별이 있습니까?"

[99] 같은 문장은 『능가경』에 보이지 않으나 같은 뜻이 여러 곳에 펼쳐져 있다.

答:"本來有佛性者, 如日出雲, 濁水澄淸, 鏡磨明淨. 如九十五種外道者,
以要言之, 不知三界唯心所變. 礦中出銀, 熱鐵卻冷, 先已說訖. 不同外
道有, 所言有我等者, 見有作者, 見有時變者, 或執有無. 觀空住著於邊,
以此不同.『楞伽經』廣說."

답한다: "본래 불성이 있음은, 마치 구름 속에서 해가 나오고,
더러운 물이 맑아지며, 거울을 닦으니 밝고 깨끗해지는 것과 같습
니다. 95종의 외도와 같은 자들은 요컨대 삼계가 오직 마음이
변한 것임을 모릅니다. 광석에서 은이 나오고, (광석에서 나온)
뜨거운 철물이 냉각되어 철이 되는 것과 같다는 것은 앞에서 이미
설하였습니다. 외도와 같지 않다는 것은, 그들이 말하는 바 아我
등이 있다 함은, 견見함에 작자作者가 있고, 견見함에 변해가는
것이 있으며, 혹은 유有다 무無다 하고 집착하는 것이니 이 때문에
같지 않습니다. (이에 대해서는)『능가경』에[100] 널리 설하였습
니다."

又問:"何名爲衆生?"

또 묻는다: "어떤 자들을 중생이라고 합니까?"

答:"衆生者, 從具足妄想, 及五陰三毒故有."

100『능가경』에서는 佛說이 외도와 다른 점에 대해서 여러 곳에서 논급하고 있다.

답한다: "중생이란, 망상과 5음(색수상행식) 3독(탐진치)을 지니고 있기 때문에 존재하는 것입니다."

又問: "何名二乘人?"

또 묻는다: "어떤 자들을 2승인이라 합니까?"

答: "二乘人者, 見一切有, 從因緣生. 覺一切因緣和合所生者, 無常苦空. 厭於苦故, 樂於涅槃, 住於空寂, 緣有取捨. 故名二乘. 偈言,

「本無而有生, 生已而復滅,
因緣有非有, 不住我教法(원 경문: 彼非住我法).
待有故成無, 待無故成有,
無旣不可取, 有亦不可說.
不了我無我, 但著於語言,
彼溺於二邊, 自壞亦壞他.
若能了此事, 不毀大道師,
是名爲正觀.」[101]

若隨及言取義, 建立於諸法, 以彼建立故, 死墮地獄中."

---

[101] 『대승입능가경』 권4 「무상품」(〈대정장〉 권16, 609a)에 나오는 게송과 615b에 나오는 게송이 일부분씩 합쳐져 있다. 그리고 일부 자구에 차이가 있고, 원 경문에서는 마지막 두 구 '不毀大道師 是名爲正觀'의 순서가 바뀌어져 있다.

답한다: "2승인이란, 모든 것이 있다고 보며, 인연으로 생긴 것이라 한다. 모든 것이 인연 화합으로 생긴 것임을 깨닫고, 무상無常이며 고苦이며, 공空이라고 한다. 고苦를 싫어하는 까닭에 열반을 좋아하며, 텅 비어 고요함(空寂)에 머무르는 까닭에 취함과 버림이 있습니다. 때문에 2승이라 합니다. (『능가경』의) 게송에 설합니다.

'본래 없다고 하면서 생이 있다라거나, 생기고 나서는 다시 멸한다거나,

인연으로 있다 하고 없다 함은, 나의 가르침에는 있지 않느니라.

유有를 기다려서 무無가 이루어지고, 무無를 기다려서 유有 이루어지나니,

무無 이미 취할 수 없고, 유有 또한 설할 수 없네.

아我와 무아(無我: 我가 無我임)를[102] 깨닫지 못하고, 단지 언어에 집착하지만,

그것은 이변二邊에 빠진 것이며, 자신을 망가지게 하고 남을 망가지게 하네.

만약 능히 이를 깨달으면 부서지지 않는 (금강의) 대도사大導師

---

102 '不了我無我'는 두 가지 해석이 모두 가능하다. '我와 無我를 깨닫지 못하다'는, 부처님이 중생의 근기 따라 어떤 때는 방편으로 我라 하고 어떤 때는 無我라는 말을 쓰는데 그 진실한 뜻은 실은 무엇이라 설할 수 없는 것이다. '我가 無我임을 깨닫지 못한다'는, 이 我가 無我인 我인데 無我라 하면 我가 없는 것이라고 치우쳐 생각하고, 我라 하면 我가 있는 것이라고 치우쳐 생각한다. 그러나 바로 이 我가 그대로 無我이니 이 我란 無我인 我이다.

되리.

　이를 이름하여 정관正觀이라 하네!'

　말 따라 뜻을 취하고, 제법諸法을 건립하면 그렇게 건립한 까닭에
죽어서 지옥에 떨어지는 것입니다."

"臣沙門摩訶衍及言. 臣聞, 人能弘道, 非道弘人. 賴大聖臨朝, 闡揚正法.
雖以三乘所化, 令歸不二之門, 爲迷愚蒼生, 頻窮勝諦. 臣之所說, 無義
可思, 般若眞宗, 難信難入. 非大智能措意, 豈小識造次堪聞? 當佛啓敎
之秋, 五百比丘起出, 如來尙猶不制言, 退亦甚住(住: 饒宗頤 校訂本).[103]
況臣老耄心風, 所說忘前失後. 特蒙陛下福力加護, 理性助宣. 實冀, 廣
及慈悲, 絶斯爭論, 卽諸天悉皆歡喜.
僧尼彼我自無. 臣據問而演經, 非是信口而虛說. 頗依貝葉伝, 直啓禪門.
若尋文究源, 還同說藥, 而求愈疾. 是知, 居士黙語, 吉祥稱揚. 心想應名
何有? 若須詰難, 臣有上足學徒, 且聰明利根, 復後生可畏. 伏望, 允臣所
請, 遣緇俗欽承.

(마하연이 티베트 왕에게 진언함)
　"신臣 사문 마하연이 진언합니다. 신이 듣건대, 사람이 능히
도를 펼 수 있는 것이지 도가 사람에게 펴질 수 있는 것이 아닙니다.
대성(大聖: 티베트 왕)께서 즉위하시어 정법을 천양하심에 힘입어

---

103 '住'가 饒宗頤 校訂本(『大藏經補編』 35)에서는 '佳'이다. 문의로 보아 '佳'가 바르다.

비록 3승으로 교화하시어 불이不二의 문門에 귀의하게 하셨습니다
만, 미혹하고 우매한 백성들이라 승의제(勝義諦: 第一義諦)의 가르
침은 거의 펼쳐지지 못하였습니다. 신臣이 설하는 것은, 사량할
의義가 없으며, 반야의 진종眞宗이어서 믿기 어렵고 들어오기 어렵
습니다. 큰 지혜가 없는 이들이 어떻게 할지를 모르는데 어찌
조그마한 지식으로 들을 수 있게 되겠습니까? 부처님께서 가르침
을 펴신 지 말기에 오백의 비구가 일어나서 나갔는데 여래께서는
제지하지 않으셨고, 물러나서도 매우 가상하게 여기셨습니다.[104]
하물며 신은 늙고 마음에 풍기風氣가 있어 설한 것의 앞뒤를 잊어버
리기도 합니다만, 특별히 폐하의 복력이 가호하심을 입어 이성理性
이 펴지는 도움을 받았습니다. 실로 바라옵건대 널리 자비를 베푸
시어 이 쟁론을 그치게 하시면 제천諸天이 모두 다 환희할 것이옵
니다.

　승니僧尼에게는 본래 피차彼此가 없습니다. 신이 질문에 따라
경문을 편 것은, 구언口言을 믿고 허설虛說한 것이 아닙니다. 거의
다 패엽(경전)에 의거하여 선문禪門을 바로 편 것입니다. 경문의
근원을 살펴본다면 똑같이 약을 설하여 병을 낳게 하는 것입니다.
이로 알지니, (유마) 거사가 묵어默語하니 길상(吉祥: 문수보살)이
칭찬하였습니다.[105] 심상心想으로 이름할 것이 어디에 있겠습니까?

---

104 5백 비구가 법문을 듣다가 자리에서 일어나 나가버렸는데 부처님을 이를 가상하게
　　여긴 것은, 자신들이 이해할 수 없고, 소화할 수 없는 법인 까닭에 그 솔직한
　　용기를 좋게 여긴 것이다.
105 『유마경(유마힐소설경)』

200

꼭 힐난할 것이 있다면 신에게 상족上足의 학도學徒가 있사오며,
또한 총명하고 이근(利根: 날카로운 뛰어난 근기)이며, 또한 '후생이
가히 두렵다'고 하였습니다. 엎드려 바라옵건대, 진실로 신이 청하
옵나니 승속을 파견하여 공경히 따르게 하옵소서.

兼臣, 本習禪宗. 謹錄如左進上.
准『思益經』云, 「網明菩薩問梵天, '何爲一切行非行?' 梵天言, '若人於
千万億劫行道, 於法性理, 不增不減.'106 又「思益梵天白佛, '菩薩以何行,
諸佛授記?' 佛言, '若菩薩不行, 一切諸佛則授記.' 佛言, '我念過去, 逢値
無量阿僧祇諸佛如来承事, 無空過者, 及行六波羅蜜, 兼行苦行頭陀, 佛
不授記. 何以故? 依止所行故. 以是當知, 若菩薩出過一切諸行, 佛則授
記. 我念過去, 行無量苦行, 頭陀及六波羅蜜行一切行, 不如一念無作功
德.'」107

아울러 신은 본래 선종을 학습하는 사람입니다. 삼가 아래와 같이
글을 지어 올립니다.
　『사익경思益經』에 의하면 (다음과 같이) 이릅니다.
　"망명보살이 범천(사익범천왕)에게 물었다. '왜 일체행이 행이
아니라고 하는 것입니까?' 범천이 말하였다. '(어떤) 사람이 천만억
겁 동안 도를 행하더라도 법성의 이理에서는 증가함도 없고 감소되
는 것도 없습니다.' 또 사익범천이 부처님께 말하였다. '보살이

---

106 『사익범천소문경』「난문품제5」(〈대정장〉 권15)
107 『사익범천소문경』「문담품제6」(〈대정장〉 권15). 경문을 줄여서 인용하였다.

어떠한 행을 하였기에 여러 부처님께서 수기(授記: 성불하리라는 예언)하신 것입니까?' 부처님께서 말씀하셨다. '만약 보살이 행을 하지 않는다면 모든 부처님이 수기하시느니라.' 부처님께서 말씀하셨다. '내가 과거 일을 생각하건대, 무량아승지의 제불여래를 만나 따르고 행하면서 헛되이 보내지 않았으며, 6바라밀을 행하고, 아울러 고행과 두타행을 행하였으나 부처님께서 수기하지 않으셨다. 왜 그러하였는가? 행함에 의지한 까닭이다. 이 까닭에 마땅히 알지니, 만약 보살이 일체의 모든 행을 떠나 넘어서면 부처님이 수기하시느니라. 내가 과거 일을 생각하건대 한량없는 고행과 두타행 및 6바라밀 등 일체행을 하더라도 일념의 행을 짓지 않는 공덕보다 못하느니라.'"

又問:"文殊師利, 巨有無所行, 名爲正行否?"

答言:"有若不行一切有爲法, 是名正行. 不退轉菩薩白佛言, '所說隨法行者, 何謂也?' 佛告天子, '隨法行者, 不行一切法, 是名隨法行.' 『楞伽經』中說, 「大慧菩薩白佛言, '修多羅中 說, 如來藏本性清淨, 常恆不斷, 無有變易, 具三十二相. 在於一切衆生身中, 爲蘊界處, 垢衣所纏, 貪著恚癡等妄想分別垢之所汚染, 如無價寶在垢衣中.」

幷『密嚴』『花嚴』『金剛三昧』『法華』『普超三昧』及諸一切大乘經, 具載此義. 據斯道理, 佛性本有, 非是修成. 但離三毒虛妄妄想習氣垢衣, 則得解脫. 如阿賴(耶)識, 出習氣泥. 諸佛菩薩, 悟皆尊重. 『思益經』云. 「若有善男子善女人, 能信解如是法義者, 當知, 是人得解脫諸見. 當知, 是人得陀羅尼. 當知, 是人行於正念觀. 當知, 是人解達諸法義趣.」. 准

『楞伽』『思益』等經, 禪宗云,「無乘及乘者, 無有乘建立, 我說爲一乘.」.

『法華經』云,「十方諸佛國, 無二亦無三, 唯有一佛乘.」. 除佛方便說, 竊以斯見, 三乘乃是引導衆生法門. 『大佛頂經』云,「爲迷故說悟, 若悟, 竟迷悟俱不可得.」緣衆生迷妄想故, 則言, 離妄想. 若迷, 得醒悟, 自無妄想可離."

臣今所對問目, 皆引經文.

佛爲信者施行, 使功德不朽, 蟄繁聖德, 永潤犁庶.

謹奉表, 以聞無任對揚之至.

臣沙門摩訶衍, 誠歡誠喜, 頓首頓首謹言.

六月十七日, 臣沙門摩訶衍表上.

또 (저들이) 묻기를, "문수사리보살이, 행하는 바 없음을 정행正行이라고 하였겠습니까?"

(제가) 답하였습니다. "모든 유위법을 행하지 않으면 이를 정행正行이라 한다는 내용이 있습니다. 불퇴전보살(보살 제8지)이 부처님께 말씀하셨다. '설하시는 법에 따라 행함이란 어떤 것을 말하는 것입니까?' 부처님이 천자에게 말씀하셨다. '법에 따라 행함이란 일체법을 행하지 않음이니 이를 법에 따라 행함이라 한다.' 『능가경』에 설하되, 「대혜보살이 부처님께 말하였다. '수다라(경전)에서 설하길, 여래장의 본성이 청정하고, 항상하여 단절됨이 없고, 변역됨이 없으며, 32상을 갖추었는데 모든 중생의 몸 가운데 있으면서 온계처(蘊界處: 5온, 18계, 12처)가 되고, 더러운 옷에 묶이어

탐착과 성냄과 어리석음 등의 망상 분별의 더러움에 오염되어 있는 것이 마치 무가無價의 보배가 더러운 옷 속에 있는 것과 같다.'고[108] 하였습니다.

아울러 『밀엄경』, 『화엄경』, 『금강삼매경』, 『법화경』, 『보초삼매경』 및 여러 모든 대승경전에 이 뜻을 갖추어 싣고 있습니다. 이 도리에 의하건대 불성佛性은 본래 있는 것이며, 닦아서야 만들어지는 것이 아닙니다. 단지 삼독과 허망한 망상 분별의 습기라는 더러운 옷만 벗어버리면 바로 해탈하는 것입니다. 아뢰야식이 습기의 진흙에서 벗어나는 것과 같습니다. (그래서) 제불보살이 깨달음(悟)을 모두 존중하는 것입니다.

『사익경』에 이릅니다. '만약 어떤 선남자 선여인이 능히 이러한 법의 뜻을 믿고 이해한다면, 마땅히 알지니, 이 사람은 여러 지견에서 해탈할 것이며, 마땅히 알지니 이 사람은 다라니를 얻을 것이고, 마땅히 알지니 이 사람은 정념관正念觀을 행할 것이며, 이 사람은 제법의 뜻을 이해하고 통달할 것이니라.'[109] 『능가경』, 『사익경』 등의 경과 선종에서 이르길, '승乘과 승乘할 자 없어 승乘을 건립할 바 없음을 나는 일승一乘이라 설한다.'고[110] 하였습니다. 『법화경』에 '시방十方의 모든 불국토에는 2승도 3승도 없고, 오직 일불승一佛乘만 있다.'고[111] 하였습니다. 『대불정경』에 이릅니다. '미혹

---

108 『대승입능가경』 권2 「집일체법품」(〈대정장〉 권16, 599b).
109 『사익범천소문경』 「해제법품제4」(〈대정장〉 권15). 긴 경문을 줄여 인용하였다.
110 『대승입능가경』 권3 「집일체법품」(〈대정장〉 권16, 607b).
111 『법화경』 「서품」(〈대정장〉 권9, 7b)에 "如來但以一佛乘故, 爲衆生說法, 無有餘乘,

204

때문에 깨달음을 설하나니 깨닫게 되면 미혹과 깨달음 모두 얻을
바 없다.' 중생의 미혹으로 인하여 생긴 망상이니 설하길, '망상을
떠나면'이라 하였습니다. 미혹하더라도 깨닫게 되면 본래 벗어나
야 할 망상이 없는 것입니다."

신이 지금까지 질문 항목에 대해 대답하면서 모두 경문을 인용하
였습니다.
부처님께서는 믿는 이들이 시행하면 그 공덕이 부수어지지 않도
록 하고, 성스러운 덕이 번창하도록 하며, 온 백성이 영원히 윤택하
도록 하십니다.
삼가 글을 올려 임직任職에 있지 않는 자로서 (정법을) 칭양하는
지극한 대론의 내용을 보고하나이다.
신臣 사문沙門 마하연摩訶衍이 진실로 환희하며, 돈수돈수頓首頓
首하고, 삼가 아룁니다.
6월 17일 신 사문 마하연 올림.

一切法義, 雖是無爲無思, 若鈍根衆生, 入此法不得者, 佛在世時, 此娑
婆世界, 鈍根罪重, 所以立三乘 說種種方便示, 令莫毁勝義, 莫輕少許
善法.

모든 교법의 뜻은, 비록 무위(無爲: 함이 없음)이고 무사(無思: 思念함

_____

若二若三."

이 없음)이지만, 둔근(둔한 근기)의 중생이 이 법문에 들지 못하는 자가 있어 부처님이 세상에 계실 때 이 사바세계 둔근 중생의 죄가 무겁기에 세 개의 승(乘: 타고 갈 교법)을 세우고, 갖가지 방편을 개시開示하시어 승의(勝義: 第一義諦)를 훼손하지 않도록 하고, 약간의 선법善法이라도 가벼이 여기지 않도록 하셨습니다.

問: "万一, 或有人言, 十二部經中說云, 三毒煩惱合除, 若不用對治, 准用無心想, 離三毒煩惱不可得.『寶積經』中說,「療貪病, 用不淨觀藥醫治, 療嗔病, 用慈悲藥醫治, 療愚癡病, 須因緣和合藥醫治.」如是應病与藥, 以對治爲藥. 各依方藥治, 則三毒煩惱始除, 得根本. 又喩有一囚, 被伽鎖縛等, 開鎖要鑰匙, 脫伽須出釘鑷, 解縛, 須解結. 獄中拔出, 須索稱上, 過大磧, 須与糧食. 具足如是, 方得解脫. 開鑷喩解脫貪著, 出釘喩解脫嗔恚, 結喩解脫愚癡. 獄中稱上, 喩拔出三惡道. 食喩度脫輪迴大苦煩惱. 具足如是等, 則得煩惱除盡. 若伽鑷不脫, 獄中不拔出, 不与糧食, 若伽鑷等, 以衣裳覆之, 雖目下不見伽鑷, 其人終不得解脫. 旣知如此, 准修無心想, 擬除煩惱者, 蹔時不見, 不能除得根本. 有如是說, 將何對?"

묻는다: "만일에 혹 어떤 사람이 말하길, 12부경에서 설하길, 삼독의 번뇌를 함께 제거하는데 만약 대치對治함을 쓰지 아니하고, 상념하지 않는 행으로 삼독의 번뇌에서 벗어날 수는 없다고 합니다.『보적경』에 설하길, '탐욕의 병을 치료하는 데는 부정관不淨觀의 약으로 치료하고, 성내는 병을 치료하는 데는 자비관을 약으로 써서 치료하며, 어리석음의 병을 치료하는 데는 반드시 인연화합

관을 약으로 써서 치료한다.'고[112] 하였습니다. 이와 같이 병에
응하여 약을 주는 것이니 대치함을 약으로 삼는 것입니다. 각각의
처방에 따라 치료하니 삼독 번뇌가 비로소 제거되어 근본을 얻게
되는 것입니다. 또한 비유컨대 일인의 죄수가 있어 칼과 쇠사슬
등에 묶여 있는데 쇠사슬을 벗기려면 열쇠가 필요하고, 칼을 열려
면 반드시 못을 빼야 하듯이 묶임에서 벗어나려면 반드시 맺힌
것을 풀어야 하는 것입니다. 감옥에서 빼내려면 반드시 법률조목
을 찾아서 임금께 청해야 하고, 큰 자갈밭을 지나게 될 때는 양식을
제공해야 합니다. 이와 같이 구족되어야 바야흐로 해탈할 수 있습
니다. 쇠사슬을 벗기는 것은 탐착에서 벗어남을 비유하고, 못을
뺀다는 것은 성냄에서 벗어남을 비유하며, 묶임을 벗김은 어리석
음에서 해탈함을 비유합니다. 감옥에서 (법률조목을 찾아) 임금께
올린다는 것은 삼악도에서 빼어냄을 비유합니다. 양식을 제공함이
란 윤회의 큰 고통과 번뇌에서 해탈시킴을 비유합니다. 이러한
것들을 구족하면 번뇌가 모두 멸하게 됩니다. 만약 칼과 쇠사슬을
벗기지 못하고, 감옥에서 빼내지 못하며, 양식을 주지 못하고,
칼과 쇠사슬 등을 옷으로 덮어 놓기만 한다면 비록 눈에 칼과
쇠사슬이 보이지 않지만 그 사람은 끝내 해탈하지 못할 것입니다.
이제 이러함을 알진대 상념하지 않는 수행(無心想)에 의거하여
번뇌를 제거한다는 것은, 잠시 (번뇌가) 보이지 않는 것이고, 근본
을 제거할 수는 없는 것입니다. 이와 같이 말하였는데 어떻게

---

112 『대보적경』 권112 「보명보살회제43」(〈대정장〉 권11).

답할 것입니까?"

答: "准『涅槃經』云, 「有藥名阿伽陀, 若有衆生服者, 能治一切病」. 阿伽
陀藥喩無思無觀. 三毒煩惱妄想, 皆從思惟分別變化生. 所言縛者, 一切
衆生無始已來, 皆是三毒煩惱妄想習氣繫縛, 非是鐵鏁繩索繫縛. 在獄
須得繩索食等. 此則是第二重邪見妄想, 請除卻. 是故, 不思惟一切三毒
煩惱妄想習氣, 一時得解脫."

답한다: "『열반경』에 의하건대 이르길, '약이 있어 이름이 아가타
인데 중생이 복용하면 능히 모든 병을 치료한다.'[113] 아가타약은
무사無思 무관無觀을 비유한 것입니다. 삼독 번뇌 망상이 모두
사유분별로부터 변화되어 나온 것입니다. 이른바 묶임이란, 모든
중생이 무시이래로 모두 삼독 번뇌 망상 습기에 묶인 것이어서
쇠사슬 동아줄에 묶인 것이 아닙니다. (밑줄 친 '在獄에서 請除却까
지' 21자는 〈P4623본〉에는 없다. 잘못 들어간 연문衍文이다. 또한
뜻으로도 통하지 않는다.) 이 까닭에 모든 삼독 번뇌 망상 습기를
사유하지 않으면 일시에 해탈할 수 있는 것입니다."

又問: "唯用無心想, 離三毒煩惱, 不可得者?"

또 묻는다: "오직 생각하지 않는 법만 써서 삼독 번뇌를 떠날

---

113 『대반열반경(40권본)』 권11 「현병품」(〈대정장〉 권12, 429a)에 "願諸衆生得阿伽陀
藥, 以是藥力, 能除一切無量惡毒."

수 없는 자는 어떻게 합니까?"

答: "准『楞伽經』云, 「佛言, 復次大慧, 菩薩摩訶薩, 若欲了知能取所取分別境界, 皆是自心之所現者, 當離憒閙昏滯睡眠, 初中後夜(勤加修習: 경문 보완), 遠離增(曾의 오자)聞外道邪論, 通達自心分別境界.」「遠離分別, 亦離妄想心, 及生住滅. 如是了知, 恆住不捨. 大慧, 此菩薩摩訶薩, 不久當得生死涅槃二種平等.」唯用無心想, 離三毒煩惱, 不可得者, 見經文說, 離煩惱妄想分別, 此菩薩不久當得生死涅槃二種平等. 唯用無心想, 離三毒煩惱, 不可得解脫者, 出何經文?"

답한다: "『능가경』에 의거하면 이르되, 「부처님께서 말씀하셨다. '또한 대혜여! 보살마하살이 만약 능취(能取: 취하는 자, 주관) 소취 (所取: 취해지는 대상, 객관)의 분별 경계가 모두 자심이 나타난 것임을 요지了知하고자 하건대 마땅히 시끄럽고 혼란한 곳과 혼침 수면을 떠나 초初 중中 후야後夜에 부지런히 수습하여 일찍이 들었던 외도의 삿된 논의를 멀리 떠나 자심의 분별 경계에 통달해야 하느니라.」[114] '멀리 분별을 떠나고, 또한 망상심과 생하고 머무르며 멸하는 상을 떠나야 한다. 이와 같이 뚜렷이 아는 데서 항상 머물러 버리지 말라! 대혜여! 이 보살마하살은 오래지 않아 마땅히 생사 열반의 2종이 평등함을 얻으리라.'[115] (그대가) 오직 생각하지 않는 법만으로는 삼독 번뇌를 떠날 수 없다고 말씀하셨는데, 경문

---

114 『대승입능가경』 권2 「집일체법품」(〈대정장〉 권16, 595b).
115 『대승입능가경』에 자주 설파되는 내용이라 여러 곳의 글을 합하여 인용하였다.

에 설해진 내용을 보건대 번뇌 망상 분별을 떠나면 이 보살은 오래지 않아 마땅히 생사 열반의 2종 평등을 얻는다고 하였습니다. 오직 생각하지 않는 행만으로는 삼독 번뇌를 떠나 해탈을 얻을 수 없다는 것이 어느 경문에 나옵니까?"

又問: "看心, 妄想起覺時, 出何經文?"

또 묻는다: "'간심看心하여 망상이 일어날 때 깨어 있으라.'고 한 것(覺他)이 어느 경문에 나옵니까?"

答: "『涅槃經』第十八云, 「云何名爲佛, 佛者名覺. 旣自覺悟, 復能覺他. 善男子, 譬如有人, 覺知有賊, 賊不能爲. 菩薩摩訶薩, 能覺一切無量煩惱, 旣覺了已, 令諸煩惱, 無所能爲. 是故名佛.」 是故, 坐禪看心, 妄想念起, 覺則不取不住, 不順煩惱作業. 是名念念解脫."

답한다: "『열반경』제18에 이르길, '무엇을 불佛이라고 하는가, 불佛이란 각覺이라 한다. 이미 스스로 깨달았으면 또한 능히 다른 자를 깨닫게 한다. 선남자여! 비유컨대 어떤 사람이 적이 있음을 알아채고 있으면 적이 어떻게 하지 못하는 것과 같다. 보살마하살이 능히 일체의 한량없는 번뇌를 깨우치고, 이미 깨우쳤으면 모든 번뇌가 어떻게 하지를 못하게 하니 이 때문에 불佛이라 하느니라.'[116] 이 까닭에 좌선 간심看心하여 망상의 생각이 일어나면 깨어 있어 취하지 아니하고 머무르지도 않으며 번뇌의 작업에 따라가지

않는다. 이를 '생각 생각에서 해탈함(念念解脫)'이라 한다."

問: "諸大乘中說, 無二者是實. 無二卽是智慧, 分別卽是方便. 智慧分別, 不可分離. 『維摩經』云, 分明具說. 此二言, 一要一不要. 無有如此分別. 若有如此分別, 卽有取捨. 有如此說, 請答者."

묻는다: "여러 대승(경론)에서 설하길, 무이無二가 진실이고, 무이 無二가 곧 지혜이며, 분별은 곧 방편이라고 합니다. 지혜와 분별은 서로 분리될 수가 없습니다. 『유마경』에 분명하고 자세히 갖추어 설하고 있습니다. 이를 둘(二)라 하면, 하나(一)는 필요한데 (다른) 하나는 필요하지 않다는 것이 됩니다. 이러한 분별이 없어야 합니다. 만약 이렇게 분별하면 바로 취함과 버림이 있는 것이 됩니다. 이와 같이 설한다면 어떠한지 답해주시길 바랍니다."

答: "諸佛如來, 無量劫已來, 離三毒妄想煩惱分別. 是故悟得, 無二無分別智. 以此無二無分別智, 善能分別諸法相. 非是愚癡妄想分別. 據此道理, 智慧方便不相離. 若言取捨, 於無二法中, 有何取捨?"

답한다: "제불여래는 무량겁 이래 삼독 망상 번뇌 분별을 떠났습니다. 이 때문에 깨달아서 무이無二이며 분별없는 지혜를 얻었습니다. 이 무이無二이고 분별없는 지혜로써 능히 모든 법상을 잘 분별합

---

116 『대반열반경』 권18 「범행품」(〈대정장〉 권12, 469c).

니다. 이것은 어리석은 자의 망상분별이 아닙니다. 이 도리에
의하건대 지혜와 방편은 서로 떨어져 있지 않습니다. 취함과 버림
에 대해 말하건대 무이법無二法에서 어찌 취함과 버림이 있겠습니
까?"

問: "万一或有人言, 諸經中說, 四禪天名爲大果, 彼天無心想. 雖然還有
所觀, 還有趣向. 得無心想定者, 於成就滅心想之人, 豈有如此分別? 初
入無想念之時, 初從此分別門, 觀察(知)¹¹⁷無想念. 雖不現如此分別, 本
從此門入. 所以有是分別. 此二若簡是, 有人問, 如何對?"

묻는다: "만일 혹 어떤 사람이 말하길, '여러 경에서 설하되, 사선천
四禪天의 이름을 대과大果라 하며, 그 천天에는 심상心想이 없다고
합니다. 비록 그러하나 또한 관하는 바가 있고, 또한 향하는 곳이
있습니다. 심상이 없는 삼매(無想定)를 얻어 심상이 멸함을 성취한
사람이 어찌해서 이러한 분별이 있는 것입니까? 처음 상념이 없는
자리에 들어간 때 처음 이 분별문으로부터 상념이 없음을 관찰하게
됩니다. 비록 이러한 분별이 나타나지 않더라도 본래 이 문으로부
터 들어오게 됩니다. 때문에 이 분별이 있게 됩니다. 이 둘(무상천과
무상정)이 이러하건대 어떤 사람이 묻는다면 어떻게 대답해야겠습
니까?"

---

117 〈P4623본〉에는 '知'가 없다.

212

答: "准『楞伽經』云, 「諸禪及無量無色三摩地, 乃至滅受想, 唯心不可得.」據此經文, 所問天乘者, 皆是自心妄想分別. 此問, 早已兩度答了. 據此經文, 皆自心妄想. 緣有心相, 妄想分別, 生於彼天. 是故經言, 「離一切諸相, 則名諸佛.」所言若箇是者, 於佛法中, 若有是非, 皆是邪見."

답한다: "『능가경』에 의거하건대 이르길, '제선(諸禪: 色界四禪)과 한량없는 무색계無色界의 삼매 내지 멸수상정滅受想定도 오직 마음일 뿐이라 얻을 바 없는 것이니라.'고[118] 하였습니다. 이 경문에 의하건대 질문하신 천승(天乘: 無想天)이란 것은 모두 자심의 망상으로 분별한 것입니다. 이 질문에 대해서는 이미 앞에서 두 번에 걸쳐 답하였습니다. 이 경문에 의하건대 모두 자심의 망상입니다. 심상心相에 연緣하여 망상 분별해서 저 천계(天界: 無想天)에 태어난 것입니다. 이 까닭에 경에 이르길, '일체의 모든 상을 떠나면 이를 이름하여 제불諸佛이라 한다.'고[119] 하였습니다. 말씀하신 그러한 사항들에 대해 불법에서 시비를 논하는 것은 모두 삿된 지견입니다."

〈해설〉

①여기서 말하는 사선천四禪天은 색계色界의 제4선천인데 불교에서는 주로 외도가 닦는 무상천無想天을 이 천天에 배속하여 설한다. 이 무상천

118 『대승입능가경』 권2 「집일체법품」(〈대정장〉 권16, 597c).
119 『대승입능가경』 권5 「무상품」(〈대정장〉 권16, 619a)에 "遠離一切境界分別, 此則名爲寂滅之法."

에서 상념이 없다고 하였지만 여기서 없다고 한 것은 전5식에서 제6식(의식)까지이고, 제7식(마나식)과 제8식(아뢰야식)은 그대로 있어 멸하지 못한 경지이다. 제6식까지 멸한 것에 대해서도 크게 세 가지 해설의 차이가 있는데 보통 정의正義로 칭하는 입장에 의하면[120] 이 무상정의 수명 5백겁 중에 첫 반겁 동안은 이전에 닦은 수행의 여력餘力으로 상심想心의 제거가 이어지고, 마지막 그 수명이 끝나는 반겁 기간에는 다시 일어나며, 중간의 499겁 동안은 상심이 행해지지 않는다(不行). 그러나 상심이 행해지지 않는 동안에도 아직 제7식(俱生我執)과 제8식은 여전히 있다. 그러다가 마지막 반겁 기간에 은몰隱沒되어 있던 상심이 다시 일어난다. 즉 무상정은 상심이 온전히 멸한 상태가 아니라 수행의 업습業習의 힘으로 얼마 동안 눌려 있는 상태이며 잠복되어 있다가 다시 발현되는 것이다. 또한 미세한 색질色質이 있어 이를 몸으로 하기에 색계 4선천에 의지하고 이에 속한다. 따라서 무색계와 다르다.

그래서 이 무상정은 무색계도 뛰어 넘은 멸진정(滅盡定: 滅受想定, 아라한)과 다르다. 그 차이를 대비하면 아래와 같다.

(1) 멸진정은 성인이 얻지만, 무상정은 범부가 얻는다.

(2) 멸진정은 무루無漏로서 삼계三界의 보報를 감득感得하지 않지만, 무상정은 유루有漏로서 무상천의 과보를 감득한다.

(3) 멸진정은 식識을 멸한 바가 많지만, 무상정은 적다. 무상정은 단지 전前6식까지만 잠시 멸하였고, 아직 제7식과 제8식은 남아 있다. 멸진정은 전前6식의 심心과 심소心所 일체가 불행不行하고, 제7식의

---

120 대만의 簡金武 거사가 찬술한『大乘百法明文論硏究』(臺中, 2001), pp.227~229.

구생(俱生: 무시이래의) 아집我執과 그 심소心所가 불행不行한다. 단지 멸진정에서도 아직 제7식의 구생법집俱生法執과 제8식은 남아 있다.

②인도승이 "심상이 없는 삼매(無想定)를 얻어 심상이 멸함을 성취한 사람이 어찌해서 이러한 분별이 있는 것입니까?" 하고 물었으나 무상정無想定이란 아직 제7식과 제8식이 남아 있을 뿐 아니라 전6식도 온전히 멸한 상태가 아니라 습정習定의 여력으로 잠시 눌려 있는 상태이다. 따라서 얼마 후에는 다시 심상心想이 소생한다. 또한 특히 『능가경』에서 자주 강조하는 바와 같이 그러한 무상정의 경계도 실은 자심에서 망상으로 분별하는 것일 뿐이다.

問: "万一或有人言, 緣初未滅心想時, 從此門觀, 所以有分別者, 則『楞伽七卷』中說, 從此門觀察入頓門, 亦入分別非想天, 現無心想. 若言緣有趣向分別者, 卽是有心想, 不得言無心想. 若有人問如何對?"

묻는다: "만일에 혹 어떤 사람이 말하길, '처음 아직 마음의 상념을 멸하지 못한 때에 이 문으로 관찰하기 때문에 분별이 있게 되는데, 『능가경7권본(대승입능가경)』에 설하길, 「이 문으로부터 관찰하여 돈문頓門에 들어가려는 것은, 또한 비상천(非想天: 無想天)을 분별함에 들어가는 것이라서 무심상無心想을 나타내게 된다.」고 하였습니다. 만약 (마음의) 소연所緣에 취향하고 분별하면 바로 마음의 상념이 있게 되어 마음의 상념이 없게 된 것이라 할 수 없을 것입니다.'고 합니다. 만약에 어떤 사람이 이렇게 묻는다면 어떻게 대답해

야 합니까?"

謹答:"所言緣初未滅心想時, 從此門觀, 所以有分別者, 則『楞伽七卷』中說, 從此門觀察入頓門者, 答此義, 前文已答了. 今更再問者, 衆生有妄想分別心, 卽有若干種."

삼가 답한다: "말씀하신 처음 아직 마음의 상념을 멸하지 못한 때여서 이 문으로부터 관찰하기에 분별이 있게 되는데, 『능가경7권본』에 설하길, '이 문으로부터 관찰하여 돈문頓門에 들어가려는 것'은, 이 뜻에 대한 답은 앞의 글에서 이미 답하였습니다. 지금 다시 재차 물으셨는데 중생에게는 망상 분별심이 있고 여기에 몇 가지 종류가 있습니다."

問:"若離妄想分別心, 皆惣不可得. 又言, 亦入分別非想天, 現無心想. 又言, 緣有趣向分別者, 是有心想, 不可得言無心想. 若有人問, 如何對答者?"

묻는다: "망상 분별심을 떠나면 모두 다 얻을 바가 없다 하십니다. 또 말씀하시길, '또한 분별하여 비상천非想天에 들어감이라 무심상無心想이 나타난다.'고 하십니다. 또 말씀하시길, '취향함과 분별함이 있기 때문에 유심상有心想이 있게 되어 마음의 상념이 없게 된 것이라 할 수 없다.'고 합니다. 만약 어떤 사람이 이렇게 묻는다면, 어떻게 대답해야겠습니까?"

答："此問同前. 天乘有想無想, 有分別無分別, 皆是自心妄想分別. 是故『楞伽經』云,「三界唯心」, 若離心想, 皆不可得."

답한다: "이 질문도 앞의 것과 같습니다. 천승(天乘: 무상천)에 상념이 있는가 없는가, 분별이 있는가 없는가 하는 것은 모두 자심의 망상 분별일 뿐입니다. 이 때문에『능가경』에서 이르길, '삼계三界가 오직 마음일 뿐이다.'고[121] 하였습니다. 마음의 상념을 떠나면 아무것도 얻을 바가 없는 것입니다.

又問："万一或有人言, 緣住在修行, 所以不授記者, 非是緣修行不授記. 尚在修行中, 似未合到授記時.『首楞嚴三昧經』中說言,「分明授記, 不(授記), 深密授記, 如此三授記, 既處高上(下)[122] 所修行, 欲近成就. 修行功用漸少者, 喩如耕種, 初用功多, 成熟用人功漸少. 以此卽有喫用功課. 或云, '非是不要修行者?' 若爲對答?"

또 묻는다: "만일 혹 어떤 사람이 말하되, '수행에 머물러 있는 연유로 수기를 받지 못한다는 것은, 수행으로 인하여 수기를 받지 못한다는 것이 아닙니다. 아직 수행 중이기 때문에 아직 수기를 받을 때에 이르지 못한 것인 듯합니다.'라 합니다.『수능엄삼매경』에 설하는 '분명수기分明授記·불不(授記)·심밀수기深密授記, 이와 같은 삼수기三授記'는(아래 해설 참조) 이미 높은 자리나 낮은

---

121 『대승입능가경』 권5「무상품」,(〈대정장〉 권16, 618a).
122 〈P4623本〉은 '上'이 '下'로 되어 있다. 문의상 '下'가 타당하다. 위의 해설 참조.

자리에 처하여 수행하는 것이고, 성취에 가까이 이르고자 수행에 힘씀을 점차 조금씩 나아가는 이들은, 비유컨대 농사짓는 데 처음 힘이 많이 들어가지만 성숙하게 되면 힘을 쓰는 것이 점차 적어지게 되는 것과 같습니다. 이 때문에 바로 힘을 쓰는 행이 필요한 것입니다. 혹 어떤 자가 이르길, '수행이 필요하지 않는 것은 아닙니까?'라고 묻는다면 어떻게 대답해야겠습니까?"

〈해설〉

여기서는 3종 수기授記를 들고 있으나 『수능엄삼매경』 권하에 보살의 4종 수기 법문이 있다.[123] 양자의 명칭도 다르고 3종과 4종으로 다르다. 그 내용으로 보면 '분명수기分明授記'는 무생법인無生法忍을 성취하는 보살 제8지에서부터 현전現前에서 얻게 되는 '무생법인현전수기現前授記'를 가리키는 것으로 보이고, '심밀수기深密授記'는 '유밀수기有密授記'에 해당할 것이다. 그리고 '불수기不授記'는 아직 발심하지 않은 자가 수많은 세월 뒤에 발심하게 되어서야 나중에 받게 되는 수기를 뜻하는 '유미발심이여수기有未發心而與授記'일 것인데 '불不'은 곧 '미발심未發心'을 줄여서 말한 것으로 생각된다. '높거나 낮은 자리에 처하여'라 한 것은, 경문의 4종 수기 설명에 의하면 유미발심이여수기有未發心而與授記와 유적발심이여수기有適發心而與授記는 낮은 자리에 처한 경우이고, 유밀수기有密授記와 유득무생법인현전수기有得無生法忍現前授記는 높은 자리에 처한 경우로 구분됨을 말한 것이다.

---

123 『수능엄삼매경』 권하(〈대정장〉 권15, 638c), "菩薩授記凡有四種. 何謂爲四, 有未發心而與授記, 有適發心而與授記, 有密授記, 有得無生法忍現前授記, 是謂爲四."

'아직 발심하지 않았는데 수기를 줌'을 뜻하는 '유미발심이여수기有未
發心而與授記'에 대해 불佛이 견의보살에게 설명한 경문은 다음과 같다.

"무엇을 이름하여 '아직 발심하지 않았는데 수기를 줌(未發心而與授
記)'이라 하는가. 혹 어떤 중생이 5도道에 왕래하면서 어떤 때는
지옥에 있기도 하고, 축생에 있기도 하며, 아귀에 있기도 하고,
천상이나 인간에 있기도 하면서 (그 중에서) 여러 근根이 매우
날카롭고 대법大法을 좋아하고 즐겨하는 자가 있으면, 불佛이
이 사람을 알아보고서 얼마간의 백천만억아승지겁을 지나 응당
아뇩다라삼먁삼보리심을 발하게 될 것이며, 또한 얼마간의 백천
만억아승지겁 동안 보살도를 행하고, 얼마간의 백천만억나유타의
부처님을 공양하고, 얼마간의 백천만억의 한량없는 중생을 교화
하여 보리(깨달음)에 머물도록 하고, 또 얼마간의 백천만억아승지
겁을 지나 응당 아뇩다라삼먁삼보리를 얻게 될 것이며, (그 佛의)
이름은 이러하고, 국토는 이러하며, 성문중의 수와 수명은 이러하
고, 입적한 후 법이 머무르는 기간은 이러하다고 수기하느니라."
부처님께서 견의보살에게 말씀하셨다. "여래는 이러한 일들을
모두 다 알 수 있음이 이보다 더 하느니라. 이를 이름하여 '아직
발심하지 않았는데 수기를 줌(未發心而與授記)'이라 한다."[124]

---

124 『수능엄삼매경』권하〈(대정장) 권15, 638c), "云何名爲有未發心而與授記, 或有衆
　　生往來五道, 若在地獄, 若在畜生, 若在餓鬼, 若在天上, 若在人間, 諸根猛利,
　　好樂大法. 佛知是人, 過此若干百千萬億阿僧祇劫, 當發阿耨多羅三藐三菩提心.
　　又於若干百千萬億阿僧祇劫, 行菩薩道, 供養若干百千萬億那由他佛, 敎化若干

答:“『思益經』第二云,「梵天白佛言,‘菩薩以何行, 諸佛授記?’佛言,‘若菩薩不行生法, 不行滅法, 不行不善法, 不行世間法, 不行出世間法, 不行有罪法, 不行無罪法, 不行有漏法, 不行無漏法, 不行有爲法, 不行無爲法, 不行涅槃法, 不行見法, 不行聞法, 不行覺法, 不行知法, 不行施法, 不行捨法, 不行戒法, 不行覆, 不行忍, 不行善, 不行法, 不行精進, 不行禪, 不行三昧, 不行慧, 不行行, 不行知, 不行得. 若菩薩如是行者, 諸佛則授記.’

授記者, 有何義.

佛言,‘離諸法二相, 是授記義. 不分別生滅, 是授記義. 離身口意業相, 是授記義. 我念過去無量阿僧祇劫, 逢值諸佛如來承事, 無空過者, 不授記. 何以故? 爲依止所行故. 我於後時, 遇燃燈佛, 得授記者, 出過一切諸行.’

又問,“文殊師利頗有無所行, 名正行不?”

答言,‘有若不行一切有爲法, 是名正行.’

爾時會中有天子, 名不退轉. 白佛言,‘世尊! 所說隨法行者, 爲何謂也?’

佛告,‘天子! 隨法行者, 不行一切法. 是名隨法行. 所以者何? 若不行諸法, 則不分別, 是正是邪.’

准經文, 勝義如此. 若修行得授記者, 未敢哉.”

답한다:“『사익경』제2(문담품제6)에 설합니다.「범천이 부처님께

百千萬億無量衆生, 令住菩提. 又過若干百千萬億阿僧祇劫, 當得阿耨多羅三藐三菩提, 號字如是, 國土如是, 聲聞衆數壽命如是, 滅後法住歲數如是. 佛告堅意, 如來悉能了知此事, 復過於是, 是名未發心而與授記.”

말하였다. '보살이 어떠한 행으로 제불로부터 수기를 받습니까?'
부처님께서 말씀하셨다. '만약 보살이 생법生法을 행하지 아니하
고, 멸법을 행하지 아니하며, 불선법을 행하지 아니하고, 세간법을
행하지 아니하며, 출세간법을 행하지 아니하고, 죄가 되는 법을
행하지 아니하고, 죄가 없는 법을 행하지 아니하며, 유루법을
행하지 아니하고, 무루법을 행하지 아니하며, 유위법을 행하지
아니하고, 무위법을 행하지 아니하며, 열반법을 행하지 아니하고,
견법見法을 행하지 아니하고, 문법聞法을 행하지 아니하고, 각법覺
法을 행하지 아니하고, 지법知法을 행하지 아니하고, 시법施法을
행하지 아니하며, 사법捨法을 행하지 아니하고, 계법戒法을 행하지
아니하며, 복(覆: 전도됨)을 행하지 아니하고, 인忍을 행하지 아니하
며, 선을 행하지 아니하고, 법을 행하지 아니하며, 정진을 행하지
아니하고, 선을 행하지 아니하며, 삼매를 행하지 아니하고, 혜慧를
행하지 아니하며, 지知를 행하지 아니하고, 득得을 행하지 아니한
다면, 보살이 이러한 행을 한다면 제불이 수기授記할 것입니다.'
　'수기란 어떠한 뜻입니까?'

　부처님께서 말씀하셨다. '제법諸法의 이상二相을 떠남이 수기의
뜻이다. 생멸을 분별하지 않음이 수기의 뜻이다. 신구의身口意의
업상을 떠남이 수기의 뜻이다. 내가 생각하건대 과거 무량 아승지
겁을 거치며 제불 여래를 만나 가르침을 따라 행하고 헛되이 보내지
않았으나 수기를 받지 못하였다. 왜 그러하였는가? 행에 의지한
까닭이다. 내가 후에 연등불을 만나 수기를 받을 수 있었던 것은
일체 모든 행을 넘어선 까닭이다.'

다시 묻기를, '문수사리는 자못 행하는 바가 없어서 정행正行이라 칭하겠습니까?'

답하여 말씀하셨다. '만약 일체 모든 유위법을 행하지 않는다면 이것을 정행이라 칭한다.'

이때 회중會中에 천자가 있었으니 이름을 불퇴전(퇴보함이 없음)이라 하였다. 부처님께 말하였다. '세존이시어! 설하신 바 수법행隨法行이란 것은 어떠한 것을 말씀하십니까?'

부처님께서 말씀하셨다. '천자여! 수법행이란 일체법을 행하지 않음이니 이를 수법행이라 칭한다. 왜 그러한가? 만약 제법을 행하지 않으면 정正이다, 사邪다 하고 분별하지 않게 되기 때문이니라.'」[125]

경문에 의하건대 승의(勝義: 뛰어난 뜻)는 이와 같습니다. 수행하면 수기를 얻는다고 감히 말할 수 없는 것입니다."

又問: "万一或有人言, '一切法依自所思, 令知所觀善事, 則爲功德, 所觀惡事, 則爲罪咎, 二俱不觀, 則是假說.' 若有人言, '合觀善事(惡事: 원문에 惡事가 결락된 듯), 則爲功德者.' 若爲對答? 不著文字. 緣功德事入者, 喻如合字人一口, 莫作一人口思量, 須作和合義思量."

또 묻는다: "만일에 혹 어떤 사람이 말하길, '일체 모든 것은 자신이 생각하는 바에 따르는 것이니 관하는 바가 선한 것이면 공덕이

---

125 『사익범천소문경』「문답품제6」(〈대정장〉 권15). 경문을 약간 조정하고 줄여서 인용하였다.

되고, 관하는 바가 악한 것이면 죄가 되며, 두 가지 모두 관하지 않으면 가설假說이다 하고,' 혹 어떤 이는 말하길, '선한 것과 악한 것을 합관合觀하면 공덕이 된다.'고 하면 어떻게 대답할 것입니까? 문자에 집착하지 말고 공덕의 사事에 의하여 들어가라고 답하는 것은, 비유컨대 '합合'자字가 '인人'·'일一'·'구口'가 합해져 있으나 일인구(一人口: 한 사람의 입)로 생각하지 말고 반드시 ('人'·'一'·'口'가) 합해진 (合字의) 뜻으로 생각해야 한다고 하는 것과 같습니다."

答: "所言觀善惡假說, 和合離文字等事者, 皆是衆生自心妄想分別. 但離自心妄想分別, 善惡假說, 和合一人口思量離文字等, 俱不可得. 卽是和合義, 入功德, 亦不可比量."

답한다: "말씀하신 선한 것, 악한 것을 관함, 가설假設, 화합, 문자를 떠남 등의 일은 모두 중생 자심自心의 망상 분별일 뿐입니다. 단지 자심에서 망상 분별을 떠나기만 하면 선, 악, 가설, '인人'·'일一'·'구口'를 합하여 생각함, 문자를 떠남 등이 모두 얻을 바 없는 것입니다. 이것이 바로 화합의 뜻이며, 공덕에 들어감이라 함도 또한 비량(比量: 推論으로 단정함)할 수 없는 것입니다."

問: "万一或有人言, '其法雖不離罪福, 佛性非但住著法濟, 亦具無量功德, 喩如三十二相, 皆須遍修, 然得成就如是果. 各有分析, 放如是光, 於諸衆生, 得如是益, 承前修, 如是善, 得如是果, 慧從淳熟中, 現其功德,從積貯, 然得成就, 不得言, 新積貯中, 無功德.' 若有人問, 云何以答者?"

묻는다: "만일 혹 어떤 사람이 말하길, '그 법이 비록 죄와 복을 떠나지 않았다 하더라도 불성佛性은 법에 머물러 집착함을 건져줄 뿐 아니라 또한 무량한 공덕을 갖추고 있음이, 비유컨대 32상과 같으니 반드시 모두 다 두루 닦아야 이러한 과果를 성취할 수 있습니다. (그렇지 아니하고) 각기 분석하여 이러한 빛을 발하고, 모든 중생에게 이러한 이익을 얻게 하며, 앞의 수행과 이러한 선행으로 이러한 과果를 얻으며, 지혜가 익어감에 따라 그 공덕이 나타나고, 쌓아감에 따라 성취할 수 있다고 합니다만, 새로 쌓아감에서는 공덕이 없다고 말할 수 없을 것입니다.'

만약 어떤 사람이 이렇게 묻는다면 어떻게 답해야겠습니까?"

謹答: "准『思益經』云, 「千万億劫行道, 於法性理不增不減.」 又准『金剛三昧經』「如之理, 具一切法.」 若一切衆生, 離三毒自心妄想煩惱, 習氣分別, 通達如之理, 則具足一切法, 及諸功德.」"

삼가 답합니다: "『사익경』에 의하면 이르길, '천만억겁 동안 도를 행하여도 법성의 이理는 증가함도 없고 감소함도 없다.'고[126] 하였습니다. 또『금강삼매경』에 '여如한 이理(평등하여 不可說한 理)에 일체법이 갖추어져 있다.'고[127] 하였습니다. 만약 모든 중생이 삼독과

---

126 『사익범천소문경』「難問品제5」.

127 『금강삼매경』「眞性空品」(〈대정장〉 권9, 371a).

224

자심의 망상 번뇌, 습기 분별을 떠나 여如한 이理를 통달하면 일체법
과 모든 공덕을 구족하게 되는 것입니다.”

又問:“万一或有人言,‘說佛法深奧, 兼神力變化, 凡下雖不能修, 猶如無
前後, 一時示現一切色相, 於大衆前, 幷以一切語, 說一切法, 亦非凡下
所能. 但示現佛之廣大, 令生愛樂, 務在聞此功德.’若有人問, 云何答?”

또 묻는다: “만일 혹 어떤 사람이 말하길, ‘불법이 심오하고 신력神
力 변화의 힘을 갖추고 있으니, 범부가 비록 능히 닦지 못할 지라도,
전후 없이 일시에 모든 색상을 대중 앞에 보이고, 아울러 모든
언어로 일체법을 설함과 같아 이 또한 범부가 할 수 없는 바이지만,
부처님의 광대함을 보여주어 애락하는 마음이 생기도록 하여 이
공덕을 힘써 배우도록 하는 것이다.’ 하고 어떤 사람이 묻는다면
어떻게 답해야 합니까?”

又問:“万一或有人言,‘緣想後, 如上所說, 但是聖智, 若是無想, 非是無
二.’有人問, 如何答?”

또 묻는다: “만일 혹 어떤 사람이 말하길, ‘생각해보니 위와 같이
설함은 단지 성지聖智이겠으나 무상無想이면 무이無二도 아니겠습
니까?’ 하고 어떤 사람이 묻는다면 어떻게 답해야 합니까?”

又問:“万一或有人言,‘凡下不遠離心想者, 或有經中云, 令思量在前,

或言, 惠先行, 或言, 亦置如是想中, 亦有處分令生心想, 或處分遠離心想, 不可執一. 所以用諸方便演說. 或有人言, 何以對如前三段問?"

또 묻는다: "만일 혹 어떤 사람이 말하길, '범부는 마음의 상념을 멀리 떠나지 못하니, 혹 어떤 경에서는 생각 일어나기 전의 자리를 사량思量하도록 하고, 혹 이르길, 지혜행을 먼저 행하라 하고, 혹 이르길, 또한 이러한 생각에 두라 하며, 또한 심상心想을 내라고 처분處分하고, 혹 심상을 멀리 떠나라고 처분하니, 하나를 잡을 수 없습니다. 때문에 여러 방편을 써서 연설하게 됩니다.' 혹 어떤 사람이 말하길, 앞의 세 단락과 같이 묻는다면 어떻게 대답해야 합니까?"

謹答: "皆是自心妄想分別. 若能離自心妄想分別, 如是三段問, 皆不可得. 准『楞伽』『思益經』云,「離一切諸見, 名爲正見.」"

삼가 답합니다: "모두가 자심 망상의 분별일 뿐입니다. 능히 자심 망상의 분별을 떠난다면 이와 같은 세 단락의 질문이 모두 얻을 바 없는 것입니다. 『능가경』, 『사익경』에 의하건대 이르길, '일체의 모든 견見을 떠남을 이름하여 정견正見이라 한다.'[128]고 하였습니다."

---

128 『대승입능가경』 권1(〈대정장〉 권16, 590b)에 "楞伽王! 能如是見, 名爲正見. 若他見者, 名分別見. 由分別故, 取著於二."
『사익범천소문경』 「力行品제9」에 "離二相故不見,不見卽是正見."

226

又問: "万一或有人言,「發心覺, 不依想念, 則各得念念解脫者.」出何經
文? 覺者覺何?' 願答."

또 묻습니다: "만일 혹 어떤 사람이 말하길, '깨닫고자 발심하였다
면 상념에 의하지 말라! 그러하면 각기 생각 생각에 해탈하리라.'
한 것이 어느 경문에 나옵니까? 깨달은 자는 무엇을 깨달은 것입니
까? 답해주길 바랍니다."

答: "所言,「發心覺, 不依想念, 則各得念念解脫者.」出何經文者, 其義先
以准『涅槃經』具答了. 今更重問者, 一切衆生無量劫來, 爲三毒自心妄
想分別, 不覺不知, 流浪生死. 今一時覺悟, 念念妄想起, 不順妄想作業,
念念解脫. 覺者覺如此事. 是故『楞伽經』云,「菩薩念念入正受, 念念離
妄想, 念念卽解脫.」『佛頂』第三云,「阿難! 汝猶未明一切浮塵. 諸幻靴
當處出生, 隨處滅盡. 幻妄稱相, 其性眞爲妙覺妙明体. 如是乃至五蘊六
入, 從十二處, 至十八界, 因緣和合, 虛妄有生, 因緣別離, 虛妄名滅. 殊不
能知, 生死去來, 本如來藏, 常住妙明, 不動周圓, 妙眞如性. 性眞常中,
求於去來, 迷悟死生, 了無所得.」"

답한다: "말씀하신 '깨닫고자 발심하였다면 상념에 의하지 말라!
그러하면 각기 생각 생각에 해탈하리라.' 한 것이 어느 경문에
나오는가 하는 것은, 그 뜻이 먼저 『열반경』에 의하건대 여기에
갖추어 답변되어 있습니다. 지금 다시 거듭 질문하셨는데, 일체
중생이 무량겁 이래 자심自心의 삼독三毒 망상 분별로 지각하지

못한 채로 생사에 유랑하다 이제 일시에 깨달아 생각 생각에 망상이
일어나도 망상 따라 업 지음에 따르지 않게 되어 생각 생각에
해탈합니다. 깨달음이란 이러한 일을 깨닫는 것입니다. 이 까닭에
『능가경』에 이르길, '보살이 생각 생각에 정수(正受: 三昧)에 들고,
생각 생각에 망상을 떠나며, 생각 생각에 바로 해탈한다.' 하였고,
『불정(佛頂: 대불정수능엄경)』제3(第二의 오자)에 이르길, '아난이
여! 너는 아직 모든 떠다니는 육진六塵 경계에 어두워 있지만 모든
환화幻化의 현상들은 생기는 당처에서 곧바로 멸진하면서도, 환과
같고 망령된 것이 상相을 드러내는 것이나니, 그 성품은 진실로
묘각妙覺 묘명妙明의 체體이니라. 이와 같이 내지 오온五蘊, 육입六
入, 십이처十二處로부터 십팔계十八界에 이르기까지 인연화합因緣
和合으로 허망하게 생함이 있으나 인연이 떠나면 허망하게 되어
멸해졌다 하고, 특히 생사 거래去來가 본래 여래장이어서 상주常住
하고 묘명妙明하며, 부동不動하고 두루 원만하여 묘한 진여성眞如性
임을 모르느니라. 성품이 진실하고 영원한 가운데서 거래(去來:
변화 생멸하는 것), 미혹과 깨달음, 생사를 구하지만 깨달으면 얻을
바 없느니라.'고[129] 하였습니다."

"臣前後所說, 皆依經文答, 非是本宗. 若論本宗者, 離言說相, 離自心分
別相. 若論說勝義, 卽如此. 准『法華經』云,「十方諸佛國, 無二亦無三,
唯有一佛乘.」[130] 除佛方便說, 何爲方便. 三歸 五戒·十善·一稱南無佛,

---

129 『대불정수능엄경』(〈대정장〉 권19, 114a).

130 『법화경』「방편품」(〈대정장〉 권9, 070b)에 "如來但以一佛乘故, 爲衆生說法. 無有

至一合掌, 及以小低頭等, 乃至六波羅蜜, 諸佛菩薩, 以此方便, 引導衆
生, 令入勝義. 此則是方便. 夫勝義者, 難會難入. 准『善住意天子經』云,
「佛在世時, 文殊師利菩薩, 說勝義法時, 五百比丘, 在衆聽法. 聞文殊師
利說勝義法時, 不信受毀謗, 當時地裂, 五百比丘墮在阿鼻地獄.」是故
一味之水, 各見不同. 一切衆生, 亦復如是, 知見各各不同, 譬如龍王,
一雲所覆, 一雨所潤, 一切樹木, 及以藥草, 隨其根機, 而得增長. 一切衆
生, 亦復如是. 佛以一音演說法, 衆生隨類, 各得解. 一切衆生, 根機不同,
譬如小泉, 流入大海."

"신臣이 전후前後하여 설한 바는 모두 경문에 의거하여 답한 것입니
다. 본종(本宗: 중국 선종)에서 설하는 바가 아닙니다. 본종에 의거
하여 논한다면 언설상을 떠났고, 자심의 분별상을 떠났습니다.
승의勝義에 의거하여 설한다면 곧 이와 같습니다. 『법화경』에 의거
하면 이르길, '시방十方의 모든 불국佛國에서 설함은, 2승도 없고
또한 3승도 없으니 오직 일불승一佛乘 만이 있다.'고[131] 하였습니다.
부처님의 방편설을 제외하고 어떤 것이 방편이 되겠습니까? 삼귀
三歸·오계五戒·십선十善·오직 하나로 '나무아미타불'을 칭함에서
오직 하나로 (누구에게나 공손히) 합장 경례함 및 머리를 숙여서
경례함 등, 내지 육바라밀에 이르기까지 모든 불보살은 이 방편으
로 중생을 인도하여 승의勝義에 들게 합니다. 이것이 방편입니다.

餘乘若二若三."

131 『법화경』「방편품」(〈대정장〉 권9, 070b)에 "如來但以一佛乘故, 爲衆生說法. 無有
餘乘若二若三."

무릇 승의勝義란 이해하기 어렵고 들어오기 어렵습니다. 『선주의 천자경善住意天子經』에 이르길, '부처님 재세 시에 문수사리보살이 승의법勝義法을 설할 때에 5백 비구가 회중에서 법문을 듣고 있다가 문수사리보살이 승의법을 설할 때 듣다가 신수信受하지 못하고 훼방을 놓았는데, 바로 그때 땅이 균열되며 5백 비구가 아비지옥에 떨어졌다.'[132]고 하였습니다. 이 까닭에 한 맛의 물이 각 중생에 따라 달라 보이듯이 모든 중생도 또한 이와 같이 지견知見이 각각 같지 않음이, 비유컨대 용왕이 하나의 구름을 덮었는데 (그 중에) 하나의 빗방울에 적셔지고, 모든 수목과 약초가 그 뿌리의 역량에 따라 커가는 것과 같습니다. 모든 중생도 또한 이와 같이 부처님은 하나의 음성으로 법을 설하는데 중생은 그 종류에 따라 각기 달리 이해하는 것입니다. 모든 중생의 근기가 같지 않음이, 비유컨대 작은 시냇물이 큰 바다에 흘러 들어가는 것과 같습니다."

〈해설〉

마하연 선사는 여기에서 질문에 대한 답변을 마치면서 티베트 왕에게 청하길, "근기에 따른 방편에 맡겨서 망상 분별을 떠나 무이無二의 승의勝義 법해法海에 들도록 하여 주십시오. 이 또한 제불諸佛의 방편입니다."고 하였다. 이 논쟁에서 인도의 점법승들은 점차의 행법을 통한 방편의 길이 필수불가결임을 주장하였다. 마하연 선사에 의하면 그 또한 제불이 설한 방편의 길에 들어간다. 마찬가지로 마음으로 마음을

---

132 『聖善住意天子所問經』 卷下(〈대정장〉 권12, 130a).

어떻게 하는 행을 떠나는 행, 자심의 망상 분별을 떠나는 행, 언설 분별을 떠난 행, 무행無行의 행行인 승의勝義의 법도 제불이 설한 방편의 법문이며, 따라서 이 승의의 법에 합당한 근기에게는 이 법을 행할 수 있도록 이 법문이 펼쳐지도록 해야 한다는 것이다.

"伏望聖主, 任隨根機方便, 離妄想分別, 令入於無二勝義法海. 此亦是 諸佛方便."

"성주(聖主: 티베트 왕)님께 엎드려 바라옵건대 근기에 따른 방편에 맡겨서 망상 분별을 떠나 무이無二의 승의勝義 법해法海에 들도록 하여 주십시오. 이 또한 제불諸佛의 방편입니다."

問: "三十七道品法, 要不要?"

묻는다: "37조도품의 법은 필요합니까, 필요하지 않습니까?"

答: "准『諸法無行經』上卷云, 「但離心想妄想一切分別思惟, 則是自然 具足三十七道品法.」 此問, 兩度答了. 今更再問者, 若悟得不思不觀, 如 如之理, 一切法自然具足. 修与不修, 亦得. 如未得不思不觀, 如如之理, 事須行六波羅蜜三十七助道法. 准『金剛三昧經』云, 「如如之理, 具足一 切法.」 若論如如之理法, 離修不修."

답한다: "『제법무행경』 상권에 의하건대 이르길, '단지 마음의

상념과 망상, 모든 분별과 사유함을 떠나면 자연히 37조도품을 갖춘다.'고[133] 하였습니다. 이 질문은 두 번에 걸쳐 답하였습니다. 지금 다시 질문하셨는데, 깨달아서 사량思量하지 아니하고(不思), 관행觀行하지 않으며, 여여如如의 이理를 얻었다면 일체법이 자연히 갖추어집니다. 닦든 닦지 않든 함께 얻어집니다. 만약 사량하지 아니함과 관행하지 아니함과 여여如如한 이理를 얻지 못하였다면 반드시 6바라밀과 37조도품을 수행해야 합니다. 『금강삼매경』에 의하건대 이르길, '여여如如한 이理에 일체법이 갖추어져 있다.'고[134] 하였습니다. 여여如如한 이법理法을 논하건대 닦음과 닦지 않음을 떠나있습니다."

臣沙門摩訶衍言, 當沙州降下之日, 奉贊普恩命, 遠追令, 開示禪門. 及至邏娑, 衆人共問禪法. 爲未奉進止, 罔敢卽說. 後追到訟割, 屢蒙聖主詰訖, 卻發遣, 赴邏娑, 敎令說禪. 復於章蹉, 及特便邏娑, 使數月盤詰. 又於勃礜漫, 尋究其源, 非是一度.

신 사문 마하연이 말씀드립니다. 사주(沙州: 돈황 지역)가 (티베트에) 항복한 날, 찬보(티베트 왕) 왕께서 은혜로운 명을 내리시니 명 따라 멀리 와서 선문禪門을 열어 보이게 되었습니다. 라싸에

---

[133] 『제법무행경』 권상(〈대정장〉 권15, 754b)에 37조도품이 모두 갖추어진다는 뜻을 자세히 설하고 있다. 그 중에 한 부분을 인용한다. "見一切法無思惟無分別, 以是見故, 是名正思惟. 見一切法無言說相, 善修語言平等相故, 是名正語."
[134] 『금강삼매경』(〈대정장〉 권9, 371a).

오니 중인衆人이 함께 선법을 물었습니다. 아직 거취의 명을 받기 전이어서 감히 바로 설하지 못하였습니다. 나중에 송할(지명)에 이르러서 성주(티베트 왕)님께서는 누차 은혜로운 말씀으로 저를 보살펴 주셨고, 라싸에 파견하여 선법禪法을 가르치게 하셨습니다. 다시 장차(지명) 및 특히 라싸에 특별히 인편을 보내어 수개월 간 자유롭게 머물러 지내도록 하셨습니다. 또 발각만(지명)에서는 그 근원을 탐구하게 하시는 등 한두 번이 아니었습니다.

陛下了知. 臣之所說, 禪門宗旨是正, 方遣与達摩低, 同開禪教. 然始勅 命, 領下諸處. 令百姓官察盡知. 復陛下一覧, 具明勝義, 洞曉臣之朽昧 縱說. 人罕依行, 自今若有疑徒, 伏望天恩与決. 且臣前後所說, 皆依問 准經文對之. 亦非臣禪門本宗. 臣之所宗, 離一切言說相, 離自心分別相. 卽是眞諦, 皆默伝默授, 言語道斷. 若苦論是非得失, 卻成有諍. 三昧如 一味之水, 各見不同. 小大智, 能實難等用. 特望隨所樂者, 修行自當杜 絕法我, 則臣榮幸之甚, 允衆之甚.

폐하께서는 신이 설하는 선문의 종지가 올바름을 분명히 아시고 저를 보내시어 달마저(인명)와 함께 선교禪教를 펴게 하셨습니다. 그리하여 처음 칙명을 받아 치하治下의 여러 곳에서 백성과 관료들 이 다 알도록 하였습니다. 또한 폐하께서 한 번 읽어 보시고 승의勝 義를 밝게 아시게 되었고, 신의 우매한 설에 통효通曉하셨습니다. (그러나) 이에 의거하여 행하는 자들이 드무니, 지금으로부터 의심 하는 무리들이 있으면 엎드려 바라옵건대 폐하께서 은혜를 베푸시어 의심을 풀어주옵소서. 또한 신이 전후로 설한 것은 모두 질문에 따라 경문에 의거하여 대답하였습니다. 또한 (경문에 의해 답변한 것은) 신臣의 선문禪門의 본종(本宗: 根本)이 아닙니다. 신이 종宗으로 하는 바는 모든 언설상을 떠났으며, 자심의 분별상을 떠났습니다. 이 진제眞諦는 모두 말없이 전하며(默傳), 말의 길이 끊어졌습니다(言語道斷). 만약 시비是非 득실得失을 따져서 논한다면 오히려 언쟁을 이루게 됩니다. 삼매는 한 맛의 물과 같으나 각기 맛보는 것이 다릅니다. 작고 큰 지혜를 능히 평등하게 쓰는 일은 실로 어렵습니다. 특히 바라옵건대 각기 즐겨하는 바에 따라 자신에게 합당한 것을 따라 수행하여 법집과 아집을 끊는다면 신의 영광이고 큰 다행이며, 진실로 모든 대중에게도 그러할 것입니다.

〈해설〉

여기서 또 주목되는 마하연 선사의 법문이 있다. 자신이 여러 질문에 대해 답변한 것은 어디까지나 경론에 의거한 승의勝義의 이법理法이었지만, 자종自宗인 선종禪宗의 근본에 의하면 언설상을 떠나고 자심의 망상 분별을 떠나 있어 그러한 승의의 법문도 선종의 종宗이 아니라는 것이다. 선종의 종은 말의 길이 끊어진 언어도단言語道斷의 법인지라, 말없이 전하는데(默傳) 무슨 말을 어떻게 할 것인가.

謹奉表陳情以聞.
無任戰汙之至. 臣摩訶衍, 誠惶誠恐, 頓首頓首, 謹言.
摩訶衍聞奏. 爲佛法義, 寂禪敎理, 前後頻蒙賜問. 余有見解, 盡以對答.

其六波羅蜜等, 及諸善, 要修不修, 恩勅屢詰. 兼師僧官寮, 亦論六波羅
蜜等諸善. 自身不行, 弟子及余人, 亦不敎修行. 諸弟子亦學如是.
復有人奏聞. 但臣所敎授弟子, 皆依經文指示. 臣所行行, 及敎弟子法門,
兼弟子所修行處, 各各具見解進上. 緣凡夫衆生力微, 據修行. 理与六波
羅蜜, 亦不相違. 其六波羅蜜与諸善, 要行不行者, 前後所對者, 是約勝
義. 不言行不行, 論世間法, 乃至三歸依‧一合掌, 發願大小諸善, 上下盡
皆爲說, 悉令修行.

삼가 진정陳情하는 글을 올려 보고 드립니다.

　직무를 맡은 바 없이 전장戰場의 수렁에서 이곳에 오게 되었습니
다. 신 마하연은 진실로 황공하오며 머리 숙여 삼가 아룁니다.

　마하연이 보고하여 아룁니다. (폐하께서) 불법佛法의 뜻과 적선
(寂禪: 달마선)의 교리에 대해 전후 자주 질문해주시는 은혜를 입었
습니다. 저에게 견해가 있어 남김없이 대답해드렸습니다.

　저 6바라밀 등과 여러 선행을 닦아야 하는가, 그렇지 않은가에
대해 자주 폐하께서 질문해주시고 힐난해주시는 은혜를 입었습니
다. 아울러 승려와 관료들도 또한 6바라밀 등 여러 선행에 대해
논하였습니다. 저 자신은 (그러한 선행을) 행함이 없으며, 제자와
그 밖의 사람들도 또한 수행하라고 가르치지 않습니다. 여러 제자
들도 또한 이와 같이 배웁니다.

　또 어떤 사람이 상주하여 보고하였습니다만 신이 제자들에게
가르친 것은 모두 경문의 지시指示에 의거한 것입니다. 신이 행하는
바의 행과 제자들에게 가르치는 법문과 아울러 제자들이 닦는

바의 행처行處에 대해서 각각 자세히 견해를 갖추어 (폐하께) 올렸습니다. 범부중생의 힘이 미약해서 수행에 의거하라 한 것이며, 이理와 6바라밀은 또한 서로 어긋나는 것이 아닙니다. 저 6바라밀과 여러 선행을 행해야 하는가, 그렇지 않은가에 대해 전후로 대답한 것은 승의勝義를 요약한 것이지 행과 행하지 않음을 말한 것이 아닙니다. 세간법과 내지 삼귀의·오로지 (누구에게나) 합장 경례함, 크고 작은 여러 선행을 발원함 등 상하의 행에 대해 남김없이 다 설하고 다 수행하도록 하였습니다.

〈해설〉

인도의 점법승과 그들을 따르는 자들이 마하연을 비판하는 주된 이유가 여러 선행의 실천을 할 필요가 없다고 한다는 데 있었다. 그러나 마하연의 뜻은, 그러한 선의 실행이 필요한 자들에게는 다 수행 실천하라고 하였다는 것이다. 단지 승의勝義의 입장에서라면, 그 뜻을 이해하였다면 그러한 행을 하려고 할 필요가 없다는 것이다. 그러한 선행 등을 행하려는 마음에는 이미 집착이 있고 분별이 있다. 무언가 얻으려 함이 있고, 이루려 함이 있다. 그렇게 되면 당념 당처의 본심 자리를 떠나 멀리 다른 곳의 이상을 향해 마음이 붕 뜨게 된다. 이러한 뜻을 진실로 깨달았다면 여러 선행 등의 행에 향하거나 집착함을 떠나게 된다. 그러나 아직 이러한 뜻을 깨닫지 못한 자라면 그들에게 이러한 행이 권해진다. 그래서 그들을 위해 마하연 선사 자신도 여러 선행을 설하고 권하였다는 것이다.

衍和上教門徒子弟處, (沙門釋衍)曰,

"法性遍, 言說智所不及. 其習禪者, 令看心. 若念起時, 不觀不思有無等. 不思者, 亦不思. 若心想起時, 不覺隨順修行, 卽輪迴生死. 若覺, 不順妄想作業, 卽念念解脫. 離一切妄想, 則名諸佛. 於勝義中, 離修不修. 若論世間法, 假三業清淨.

不住不看(着),[135] 則是行六波羅蜜. 又外持聲聞戒, 內持菩薩戒. 此兩種戒, 則能除三毒習氣. 所修行者, 空言說無益事. 須修行依無取捨. 雖說三惡道, 天人外道二乘禪, 令其知解, 不遣依行. 一切三界衆生, 自家業現, 猶如幻化陽焰, 心之所變. 若通達眞如理性, 卽是坐禪. 若未通達者, 卽須轉經, 合掌禮拜修善. 凡修功德, 不過敎示大乘法門令會. 猶如一燈, 然(燃)百千燈. 事法施, 以利群生."

마하연 화상이 문도 자제들을 가르치는 곳에서 (사문 석마하연이) 말씀하셨다.

 "법성은 두루 하여 언설과 지혜가 미치지 못합니다. 선을 학습하는 자에게는 마음을 간看하게 합니다. 생각이 일어나는 때에 관하지도 말고 유무有無 등을 사량하지도 마십시오. 사량하지 않음도 또한 사량하지 말아야 합니다. 마음에 상념이 일어난 때에 자기도 모르게 수행에 따라가면 바로 윤회생사에 떨어집니다. 만약 깨어 있어 망상의 작업作業에 따라가지 않으면 바로 생각 생각에 해탈합니다. 모든 망상을 떠나면 제불諸佛이라 칭합니다. 승의勝義의

---

135 '看'이 '着'으로 된 本도 있다. 문의 상 양자가 모두 통하나 '着'으로 번역한다.

법에서는 닦음과 닦지 않음을 떠납니다. 세간법으로 논한다면 삼업(三業: 身口意로 짓는 업)을 청정히 하는 법을 빌립니다. 머무름도 없고 집착함도 없으면 바로 6바라밀을 행함이 됩니다. 또한 밖으로는 성문의 계戒를 지니고, 안으로는 보살계를 지닙니다. 이 2종의 계를 지니면 능히 삼독의 습기를 제거합니다. 수행하라 하는 것은 무익한 일을 헛되이 설하는 것입니다. 반드시 수행함에는 취함과 버림이 없어야 합니다. 비록 삼악도와 천인天人 외도外道 이승(二乘: 2승과 3승)선禪을 설하더라도 (취함도 없고 버림도 없는 행을) 이해하도록 하여 버리지 않고 의거하여 행하도록 해야 합니다. 모든 삼계의 중생 세계는 자신이 지은 업으로 나타난 것이어서 마치 환화幻化와 같고 아지랑이와 같으며, 마음이 변한 것입니다. 진여眞如 이성理性을 통달하면 바로 이것이 좌선입니다. 만약 아직 통달하지 못했다면 반드시 경전 공부를 해야 하고, (상대방에게) 합장 경례하는 행 등 여러 선행을 닦아야 합니다. 무릇 공덕을 닦는 행들은 대승의 법문을 가르쳐서 이해하도록 하는 것을 넘어서지 못합니다. (대승의 법은) 마치 한 등불이 백천百千의 등불에 옮겨지는 것과 같습니다. (대승의) 법을 베풀어 뭇 중생을 이롭게 하십시오!"

〈해설〉

취함도 없고 버림도 없는 대승선의 행이 되려면 심성(心性: 진여, 理性)을 깨달아야 하고, 오직 마음일 뿐이어서 얻을 것이 어디 따로 없다는 뜻을 알아야 한다. 이 뜻에 통달하지 못하였다면 경전을 통해 그 뜻을

238

알려고 해야 한다. 그래서 아직 깨닫지 못하였다면 경전 공부가 필요하다. 또한 여러 선행도 닦아야 한다. 즉 마하연이 돈법을 설하였지만 경전공부나 여러 선행 등의 행이 누구에게나 필요 없는 것이라고 하지는 않았다. 육조 혜능선사도 『육조단경』에서 중생을 이끄는 데 점법과 돈법을 함께 쓴다고 하였다. 북종의 마하연 선사나 남종의 혜능이나 마찬가지이다. 남종과 북종을 나누고 북종을 점법이라 매도한 것은, 실은 나중에 남종 일파에서 꾸며낸 것에 지나지 않는다. 대승선의 선지를 통달하였다면 이제 꼭 점법의 여러 행을 하지 않아도 된다. 이미 그 이상의 큰 공덕과 성과가 대승선을 통해 이루어지고 있기 때문이다.

"摩訶衍一生已來, 唯習大乘禪, 不是法師. 若欲聽法相, 令於婆羅門法師邊聽. 摩訶衍所說 不依疏論, 准大乘經文指示. 摩訶衍所修習者, 依『大般』若『楞伽』『思益』『密嚴』『金剛』『維摩』『大佛頂』『花嚴』『涅槃』『寶積』『普超三昧』等經. 信受奉行."

"마하연은 일생 이래 오직 대승선을 익혔고, 법사가 아닙니다. 법상法相에 대해 들으려거든 (인도의) 바라문 법사에게 가서 듣도록 하십시오. 마하연이 설하는 것은 소疏나 논論에 의거하지 아니하고, 대승경문의 가르침에 의거합니다. 마하연이 수습하는 것은 『대반야경』, 『능가경』, 『사익법천왕소문경』, 『밀엄경』, 『금강경』, 『유마경』, 『대불정수능엄경』, 『화엄경』, 『대반열반경』, 『보적경』, 『보초삼매경』 등의 경입니다. 믿고 받아 지니어 봉행하십시오."

〈해설〉

드미에빌은 윗 문단 "마하연은 일생 이래 오직 대승선을 익혔고, 법사가 아닙니다. 법상法相에 대해 들으려거든 (인도의) 바라문 법사에게 가서 듣도록 하십시오."를 다음과 같이 해석한다.

　그는 스스로 "불법의 대가"임을 전면 부인하면서, 또 정치한 논변에서 논적들이 우월함을 인정하면서 정전正典들과 중국에서 만났던 고승대덕들의 권위를 방패막이 삼는다.[136]

　이러한 해석은 선승들이 자신들을 법사가 아니라고 함은 교학 연구를 위주로 하는 의학義學의 승僧이 아니라는 뜻인데, 이를 모르고 '불법의 대가'가 아니라는 뜻으로 해석한 것은 잘못이다. 법상法相에 대한 사항도 교학을 위주로 공부하는 인도 점법승들에게 물으라는 뜻이다. 교학을 천착하는 습성이 있는 교학자가 법상을 더 많이 알고 있을 수 있다. 그래서 교학이나 따지는 질문이라면 그들에게 물으라는 뜻이다. 그러나 그 교리에서 선지禪旨를 파악하지 못하면 아무리 법상을 많이 알고 있다 하더라도 '불법의 대가'가 될 수 없다. 교리에서 선지를 파악한 마하연이 실은 '불법의 대가'다. 드미에빌은 선사禪師와 의학義學의 승僧을 구분하지 못하였다. 즉 그는 달마선의 뜻을 제대로 파악하지 못하였고, 따라서 마하연이 대론에서 펼친 선법禪法의 위상位相과 의의를 올바로 해석하지 못한 면들이 있다.

---

136 앞의 김성철 등 3인의 국역본, 「라싸 종교회의 : 서기 8세기 인도와 중국 불교도들의 돈頓/정적靜寂주의 논쟁(Ⅱ)」(『불교학리뷰』 11, 2012. 6), p.301.

240

摩訶衍依止和上, 法號降魔·小福·張和上. 准仰大福·六和上, 同敎示大乘禪門. 自從聞法已來, 經五六十年. 亦曾久居山林樹下. 出家已來, 所得信施財物, 亦不曾著積, 隨時盡皆轉施. 每日早朝, 爲施主及一切衆生, 轉大乘經一卷. 隨世間法焚香, 皆發願, 願四方寧靜, 万姓安樂, 早得成佛. 亦曾於京中, 已上三處, 聞法信受弟子約有五千余人. 現令弟子沙彌, 未能修禪, 已敎誦得楞伽一部, 維摩一部, 每日長誦. 摩訶衍, 向此所敎弟子, 今者各問所見解. 緣布施事, 由若有人乞身頭目, 及須諸物等, 誓願盡捨. 除十八事外, 少有人畜, 直一錢物, 當直亦有. 除聲聞戒外, 更持菩薩戒, 及行十二頭陀, 兼忍堅固. 復信勝義, 精進坐禪, 仍長習陀羅尼. 爲利益衆生出家, 供養三寶, 轉誦修禪. 於大乘無觀禪中, 無別緣事. 常習不闊(闕의 오자),[137] 以智慧每誦大乘, 取義.

마하연이 의지하는 화상은 법호가 항마(降魔: 兗州降魔藏)·소복小福·장화상張和上이며, 의거하고 숭앙하는 스승은 대복(大福: 空寂大福)·육화상六和上이시니 이들이 함께 대승 선문禪門을 교시敎示하여 주셨습니다. 이분들을 따라 법문을 듣게 된 이래 50, 60년이 되었습니다. 또한 일찍이 오랫동안 산림의 나무 아래에서 지내기도 하였습니다. 출가 이래 얻은 신시信施의 재물도 집착하여 쌓아둔 적이 없으며, 수시로 모두 나누어 드렸습니다. 매일 아침 일찍 시주들과 모든 중생을 위해 대승경전 1권을 독송하며, 세간법에 따라 분향하고 발원하길, '모두 사방이 평안하고 만 백성이 안락하

---

137 〈S2672본〉은 '闕'이다.

며, 하루빨리 성불하여지이다!'고 합니다. 또 일찍이 (티베트의) 서울에 있을 때 위의 세 곳(송할·장차·발각만)에서 법을 듣고 믿어 받아들이는 제자가 약 5천여 인이었습니다. 지금은 제자 사미 가운데 아직 수선修禪할 수 없는 이들에게는 이미 『능가경』1부와 『유마경』1부를 가르쳐 독송하게 하였으며, 매일 길게 독송하게 합니다. 마하연은 이들 배우는 제자들에게 지금 각자의 견해에 대해 질문하여 보았습니다. 보시하는 일에 대하여는 만약 어떤 사람이 몸과 머리와 눈 및 여러 재물 등을 주라고 하면 모두 다 주겠다고 서원하게 합니다. 18사事(사미와 사미니가 지켜야 할 18조 목의 금계: 마하승기율의 규정임)를 제외하고도 조금이라도 1전어치 의 물건을 지니면 또한 마땅히 바로 고백하도록 합니다. 성문의 계율 외에 보살계도 더 지니게 합니다. 아울러 12두타를 행하게 하여 아울러 인내심을 견고하게 합니다. 또한 승의勝義를 믿고 정진 좌선하도록 하며, 오랫동안 다라니를 익히도록 합니다. 중생 의 이익을 위해 출가하고, 삼보에 공양하며, 독송 수선修禪하게 합니다. 대승의 관행을 떠난 선에서는 그 밖의 다른 일이 없습니다. 항상 (無行의 行인 대승선을) 익혀 빠뜨리지 않으며, 지혜로써 항상 대승경전을 독송하면서 그 뜻을 취합니다.

"信樂般若波羅蜜者甚多. 亦爲三寶益得衆生時, 不惜身命, 其願甚多. 爲他人說涅槃義時, 超過言說計度界. 若隨世間, 歸依三寶, 漸次修善. 空學文字, 亦無益事. 須學修行, 未坐禪時, 依戒波羅蜜, 四無量心等, 及修諸善, 承事三寶一切經中所說, 師僧所敎, 聞者, 如說修行. 但是修諸善, 若未能不觀時, 所有功德, 迴施衆生, 皆令成佛."

"반야바라밀을 믿고 즐겨 하는 자가 매우 많습니다. 또한 삼보를
위해 중생에게 이롭게 할 때는 신명身命을 아까워하지 아니한다는
그 원이 매우 많습니다. 타인에게 열반의 뜻을 설하는 때는 언설과
헤아리는 경계를 뛰어 넘습니다. 세간에 수순하는 때라면 삼보에
귀의하고 점차로 여러 선행을 닦도록 합니다. 헛되이 문자를 배우
는 것도 무익한 일입니다. 반드시 배워서 닦아야 하며, 아직 좌선을
하지 못하는 때에는, 계戒바라밀과 4무량심 등에 의거하며, 여러
선행을 닦고, 삼보를 받들어 행합니다. 모든 경에서 설한 법문과
스승의 가르침을 듣는 자는 설한 바에 합당하게 수행해야 합니다.
단지 여러 선행을 닦으면서 아직 관행觀行을 떠난 행(不觀)을 할
수 없을 때는 모든 공덕을 중생에게 회향하여 (그 공덕으로) 모두
성불하길 발원해야 합니다."

돈오대승정리결 일권頓悟大乘正理決 一卷

VII. 『돈오대승정리결·장편長編』(P4623) 역해

續編 解題

앞에 기술하였지만 여기에 재록한다.

〈P4623〉은 상산대준上山大峻이 『돈오대승정리결頓悟大乘正理決·장편長編』의 제명題名으로 앞의 『敦煌佛教の研究』의 『資料集』, pp.593~598에 수록하였다. 종래 『돈오대승정리결』을 소개 번역하면서 상산대준이 일찍이 『돈오대승정리결』의 장편으로 소개한 〈P4623〉본을 포함시키지 않았다. 상산대준에 의하면 〈P4623〉은 앞뒤가 결락되어 있지만 총 250행行에 이르는 분량 가운데 『돈오대승정리결』에 보이지 않는 132행의 글이 더 수록되어 있어 대단히 소중하다. 이제까지 『돈오대승정리결』은 〈P4646〉본을 근간으로 하고, 여타 본은 대조하는 정도의 대교본對校本을 저본으로 활용하여 왔다. 그리하여 〈P4623〉에 갖추고 있는 132행은 거의 같은 내용으로 인식하여 거의 활용되지 못하였다.

244

따라서 종래 주로 저본으로 활용되던 하기下記의 대교본과 함께
〈P4623〉본도 필히 따로 역주 해설되어 활용되어야 한다. 때문에 본서
에서는 이 〈P4623〉본을 대교본에 이어 여기에 따로 역주 해설한다.

P4623(1~132行)

*저본: 上山大峻, 『敦煌佛教の硏究』(京都: 法藏館, 1990), 『資料』編,
  pp.593~598.
*일러두기: □는 빠진 글자 또는 판명되지 않은 글자임.

□□□□惠. 應當遠離. 言□分別, 又□分別 .
원문보완: 「示. 是故大惠, 應當遠離, 言語分別, 又相分別.」

"(언어분별로는 나타낼 수 없다). 이 까닭에 대혜여! 응당 언어분별
과 또 상분별相分別을 멀리 떠나야 하느니라!"

〈해설〉

『대승입능가경』 권3 「집일체법품」에 "제일의第一義란 자타상自他相이
없는 것인데 언어에는 상이 있어 나타낼 수 없다. 제일의란 단지 오직
자심일 뿐이라는 것이어서 갖가지 바깥 경계와 상념이 모두 다 있지
않다. 언어분별로는 나타낼 수 없다. 이 까닭에 대혜여! 응당 언어분별
을 멀리 떠나야 한다.(第一義者無自他相, 言語有相, 不能顯示, 第一義者但

唯自心, 種種外想, 悉皆無有. 言語分別不能顯示. 是故大慧! 應當遠離言語分別.)"¹³⁸고 하였다. 따라서 이 구절은 "□是故大慧! 應當遠離言語分別."임이 분명하다. 맨 앞의 □는 앞 문장의 끝 글자 '시示'일 것이다. '又□分別'은 『능가경』 본 단락 앞에서 설한 언어분별 다음의 상분별相分別일 것이다. 『능가경』의 오법五法 법문이 명名·상相·분별(망상)·정지正智·여여如如이다.

『대승입능가경』 권3 「집일체법품」에

"또한 대혜여! 네 가지 선禪이 있나니, 어떠한 것들인가. 그것은 우부소행선愚夫所行禪·관찰의선觀察義禪·반연진여선攀緣眞如禪·제여래선諸如來禪이니라.

대혜여! 무엇을 우부소행선(愚夫所行禪: 어리석은 범부가 행하는 선)이라 하는가. 성문 연각의 여러 수행자가 인무아人無我를 알며, 자타自他의 신신身이 뼈로 연결되어 있음을 보고, 이것들은 모두 무상無常하고 고苦이며, 부정不淨한 상相이라고 관찰하기를 굳게 지키고 놓지 않으면, 차츰 진전하여 무상멸정無想滅定에¹³⁹ 이르나니, 이를 우부소행선이라 하느니라.

무엇을 관찰의선觀察義禪이라 하는가. 자상自相¹⁴⁰·공상共相¹⁴¹·타

---

138 〈대정장〉 권16, 600c.

139 無受滅定의 다음 단계, 보살 제6지에 해당.

140 共相과 相對한 自相은 '일체법 하나하나의 개별상'을 뜻함.

141 共相: 일체법이 無常, 不淨, 空한 것이라 할 때, 無常, 不淨, 空이 곧 일체법의 共相이다.

246

상타상他相이 무아無我임을 알고, 또한 외도가 설하는 자타가 함께 작작作作한 것이라는 견해에서도 떠나, 법무아法無我와 수증의 여러 단계의 모습과 뜻을 잘 따라 관찰하는 것을 관찰의선이라 하느니라.

무엇이 반연진여선(攀緣眞如禪: 眞如의 뜻에 항상 합치하여 가는 행)인가. 무아無我에 둘(法無我, 人無我)이 있다고 분별하면 이것도 허망한 생각이니, 이렇게 여실히 알아 그러한 생각도 일어나지 않음을 반연진여선이라 하느니라.[142]

무엇을 제여래선諸如來禪이라 하는가. 불지佛地에 들어가 자심에서 증득한 성스러운 지혜의 세 가지 낙樂에 머물러 모든 중생 위해 부사의사不思議事를 하는 것을 말하여 제여래선이라 하느니라."[143]

간략히 정리하면, 우부소행선이란 아공我空의 관행이 익어지면서 수受

---

142 반연진여선攀緣眞如禪: 모든 분별을 떠나 있음이 眞如이니 그 眞如의 뜻에 항상 합치하여 가는 선이다.

143 『대승입능가경』 권3 「집일체법품」(《대정장》 권16, 602a), "復次大慧! 有四種禪, 何等爲四. 謂愚夫所行禪·觀察義禪·攀緣眞如禪·諸如來禪. 大慧! 云何愚夫所行禪, 謂聲聞緣覺諸修行者, 知人無我, 見自地身骨鎖相連, 皆是無常·苦·不淨相, 如是觀察, 堅著不捨, 漸次增勝至無想滅定, 是名愚夫所行禪. 云何觀察義禪, 謂知自·共相·人無我已, 亦離外道自他俱作, 於法無我諸地相義, 隨順觀察, 是名觀察義禪. 云何攀緣眞如禪, 謂若分別無我有二 是虛妄念, 若如實知, 彼念不起, 是名攀緣眞如禪. 云何諸如來禪, 謂入佛地住自證聖智三種樂, 爲諸衆生作不思議事, 是名諸如來禪."

와 상상想이 멸해가는 선이다. 관찰의선은 아공에서 나아가 법공法空의 뜻도 요지了知하게 되면서 이로理路가 뚜렷해져 가는 단계의 선이다. 반연진여선은 그 이름으로는 진여를 소연所緣으로 하는 선이지만 진여란 '분별 떠남'이라 하였으니(『능가경』), 무아無我라는 법상 등 일체의 모든 법상에 머물거나 분별함도 떠남이 곧 반연진여선이다. 즉 법상法相의 현행하는 상과 뿌리까지 멸해져 가는 선이다. 보살 제8지(현행하는 법상 소멸)에서 제10지까지의 수증修證이다. 법상의 뿌리가 온전히 소멸되는 자리가 곧 불지佛地이고, 제여래선(諸如來禪: 여래청정선)이다. 그리하여 보살과 중생을 호지護持하는 등 부사의사不思議事를 행함이 곧 여래선如來禪이다. 그래서 여래선은 인위因位의 행이 아니라 이미 과만果滿의 자리에서 행해지는 중생구제행이 된다. 후대 선종 일각에서 여래선을 조사선 아래에 두어 폄하한 것은 용어를 크게 잘못 쓴 것이다.

修行者在定, 觀見日月形, 波頭摩深險, 虛空火及盡, 如是種種相, 墮於外道法, 亦隨(墮의 오자)□聲聞, 碧支佛境界. 捨離此一切, 住於無所緣, 是解能□人, 如々眞實□. □□諸國土, 所有無量佛, 悉引光明手, 而摩是人□.

(원문보완: 「是解能□人, 如々眞實□. □□諸國土, 所有無量佛, 悉引光明手, 而摩是人□」의 『대승입능가경』 원문은 「是則能隨入, 如如眞實相, 十方諸國土, 所有無量佛, 悉引光明手, 而摩是人頂.」이다.)

이 단락은 『대승입능가경』 권3 「집일체법품」을 그대로 인용하였다.

248

자구字句에 약간의 차이가 있다. 원 경문은 다음과 같다.

修行者在定　수행자가 선정에서

觀見日月形　달과 해의 모습이나

波頭摩深險　파두마(8寒지옥의 하나)의 깊고 험한 경계와

虛空火及畵(盡)[144]　허공의 불(火)과 그림(그 불이 다 멸진함)

如是種種相　이러한 여러 가지 상相을 본다면

墮於外道法　외도에 떨어지며

亦墮於聲聞　또한 성문,

辟支佛境界　벽지불의 경계에 떨어지나니

捨離此一切　이러한 모든 것들을 버리고

住於無所緣　마음에 소연(경계)이 없는 자리에 머물면,

是則能隨入　이러하면 능히

如如眞實相　여여한 진실상眞實相에 들어가리니,

十方諸國土　시방 모든 국토의

所有無量佛　모든 무량한 부처님들께서

悉引光明手　모두 광명의 손을 뻗치어

而摩是人頂　정수리를 만지시리라.

(〈대정장〉 권16, 602b.)

---

144 〈대정장〉본의 『대승입능가경』은 '畵'인데 『돈오대승정리결·長編』은 '盡'이다. '盡'이 더 합당하다.

又『楞伽經』云, "如王及長者, 爲令弟子喜, 先示相似物, 後賜眞實法. 我命亦復然, 先說相似法, 後乃爲其□, 自證實際法."

『대승입능가경』 권3 「집일체법품」의 다음 단락을 그대로 옮겼다. 원경문에 의거하여 역한다.

如王及長者 왕과 장자가
爲令諸子喜 여러 아이들을 기쁘게 하고자
先示相似物 먼저 비슷한 물건 내보이고
後賜眞實者 나중에 진실한 것 주듯이[145]

我今亦復然 나도 지금 그와 같이
先說相似法 먼저 비슷한 법 설하고
後乃爲其演 나중에
自證實際法 자심自心에서 증득한 실제법實際法 설하느니라.

(〈대정장〉 권16, 600c.)

---

[145] 『법화경』 권3 「化城喩品」에서 먼 길을 가면서 임시방편으로 중간에 하나의 城을 化作하여 거기까지만 가면 된다고 설득하여 좀 힘들다고 중간에 그만두는 일이 없도록 한 것을 말한다. 성문승에서 아라한의 소승 열반의 位를 시설한 것이 바로 그와 같다는 뜻이다. 대승의 묘각(아뇩다라삼먁삼보리)을 처음부터 목표로 삼으면 중생들이 너무 아득하고 어려워서 아예 가려고도 하지 않기 때문에 임시방편으로 소승의 열반인 아라한의 位를 목표로 제시한 것이라 한다.

又『楞伽經』云, "大惠! 化佛說法, 但順□所起之見, 不爲顯示, 自證聖智, 三昧樂境."

『대승입능가경』 권3 「집일체법품」의 원 경문은 "大慧! 化佛說法, 但順 愚夫所起之見, 不爲顯示, 自證聖智, 三昧樂境."이다.(〈대정장〉 권16, 601b.)

원 경문에 의거하여 역한다.

또『능가경』에 이른다. "대혜여! 화불(化佛: 화신불)의 설법은 단지 우매한 범부에게 일어난 지견에 따른 것일 뿐이고 자증성지(自證聖智: 自心에서 증득한 聖智)와 삼매락三昧樂의 경계를 드러낸 것이 아니니라."

又『楞伽經』□, 因捐(樧의 오자)出捐.

또『능가경』에 이른다. "쐐기로 쐐기를 빼낸다(제거한다)."

〈해설〉

이 '捐(연)'은 쐐기를 뜻하는 '樧(설)'의 오자이다.『대승입능가경』 권3 「집일체법품」에 다음과 같이 보인다.

無始生死中　무시이래 나고 죽으면서

執著所緣覆　집착하는 대상에 덮이어 있는 것을

退捨令出離 마땅히 버리고 벗어나라!

如因楔出楔 마치 쐐기로 쐐기를 빼내듯이.

(〈대정장〉 권16, 601c.)

쐐기로 쐐기를 빼낸다는 것은 곧『원각경』의 '이환제환以幻制幻'의 뜻으로 중생 망념의 환幻을 부처님 가르침의 법으로 제거하고, 그 법도 언설과 분별상에 의한 법상法相이기에 이 또한 환幻이며, 따라서 더 나아가 환인 법상조차도 넘어선다는 뜻이다.

『楞伽經』第四, 其□□正覺, 其夜般涅槃, 於此二中間, 我都無所說. (원문보완 : 「其□□正覺」은 「某夜成正覺」이다.)

『대승입능가경』 권4 「무상품無常品」에 다음과 같이 나온다.

某夜成正覺 어느 날 저녁 정각正覺 이룬 때로부터

某夜般涅槃 어느 날 저녁 열반에 들기까지

於此二中間 이 사이에

我都無所說 나는 한 자字도 설한 바 없다네.

(〈대정장〉 권16, 608c.)

〈해설〉

본래 일체법은 생한 바 없고, 언제 중생이 된 바 없다. 오직 마음일 뿐이고 마음이란 본래 텅 비어 고요해서(空寂) 생하거나 멸함이 없다.

None252

불佛은 항상 이 자리에 있으면서 일체행을 한다. 그래서 견문각지見聞覺知 하되 견문각지 함이 없으니 견문각지 함이 없이 견문각지 한다고 한다. 법을 설하고, 중생을 구제하되 설함 없이 설하고, 중생을 구제함이 없이 구제한다.

又□□□云, "本無而有生, 生已而復滅, 因緣有□□, □□□我法."
(원문보완: 下記의 원 경문.)

『대승입능가경』 권4 「무상품」의 원문은 다음과 같다.

本無而有生　본래 없다고 하면서 생이 있다 하고
生已而復滅　생하고는 다시 멸한다거나
因緣有及無　인연으로 있다 하고 없다 함은
彼非住我法　나의 가르침에는 있지 않느니라.
(〈대정장〉 권16, 609a.)

〈해설〉
생이 그대로 무생無生이며 오직 마음일 뿐임을 설하는 『능가경』의 선지에서는 위의 지견들이 모두 잘못이다.

又『楞伽經』云, "若隨言取義, 建立於諸法, □彼建立故, 死墮地獄□."
(『대승입능가경』 권4 「무상품」에 다음과 같이 나온다.)

若隨言取義　만약 말에 따라 뜻을 취하여
建立於諸法　여러 법문을 건립하면
以彼建立故　그렇게 건립한 까닭에
死墮地獄中　죽어 지옥에 떨어지니라.

(〈대정장〉권16, 610a.)

又『楞伽經』云, "生滅是識, 不生滅是智. 隨相無相□, 已有無種々相. 因是識離相, 無相及有無, 因是智□界相是智, 得相是識, 無得相是智惠, 能證無相□."

『대승입능가경』권4「무상품」의 원 경문을 약간 줄여 인용하였다. 본 경문은 다음과 같다.

"復次大慧! 生滅是識, 不生滅是智. 墮相·無相及以有無種種相因是識, 離相·無相及有無因是智. 有積集相是識, 無積集相是智. 著境界相是識, 不著境界相是智. 三和合相應生是識, 無礙相應自性相是智. 有得相是識, 無得相是智."(〈대정장〉권16, 610b.)

"또한 대혜여! 생멸하는 것이 식識이고, 생멸하지 않는 것은 지智이며, 상相과 무상無相 및 유有와 무無의 갖가지 상相의 인因에 따르는 것은 식識이고, 상相과 무상無相 및 유有·무無의 인因에서 떠나는 것은 지智이니라. 적집積集의 상相이 있음은 식識이요, 적집의 상이 없으면 지智이다. 경계상에 집착하면 식識이고, 경계상에 집착하지 않으면 지智이다. 세 가지(我相·根·塵)가 화합함에 상응하여 생기는 것은 식識이요, 무애(無碍: 걸림 없음)가 자성상自性相에 상응하는 것은 지智이다. 얻는다는 상相이 있으면 식識이요, 얻는다는 상이 없으면 지智이다."

又『楞伽經』云, "我說二種法, 言敎及如實, 敎法是(示의 오자)凡人, 實爲修行者."

『대승입능가경』권4「무상품」에 다음과 같이 나온다.

我說二種法　내가 설한 두 가지 법에
言敎及如實　언교言敎의 법과 여실如實의 법 있나니
敎法示凡夫　언교의 법은 범부 위해 방편으로 설한 것이고
實爲修行者　여실의 법은 수행자 위해 설한 것이니라.
(〈대정장〉권16, 612b.)

『楞伽經』第五, "大惠, 彼人愚痴, 不知言說, 是生是滅, 義□□□. 大惠! 一切言說, 墮於文字, 義則不墮, 離有離無."

원 경문은 다음과 같다.

"大慧! 彼人愚癡, 不知言說, 是生是滅, 義不生滅. 大慧! 一切言說, 墮於文字. 義則不墮, 離有離無故."(〈대정장〉권16, 615c.)

대혜여! 저들 어리석은 자들은, 언설은 생하고 멸하나 뜻은 생멸하지 않는 것임을 모른다.

대혜여! 모든 언설은 문자에 떨어지나 뜻은 떨어지지 않나니, 유有를 떠나고 무無를 떠난 까닭이다.

又『楞伽經』云, "□□□應, 不着文字, 隨宜說法, 我及諸佛, 皆隨衆生. □惱解欲, 種々不同, 而爲開演, 令知論法, 自心所見, 無外境界."

원 경문은 『대승입능가경』 권5 「무상품」에 다음과 같이 나온다.

是故大慧, 菩薩摩訶薩應, 不著文字, 隨宜說法. 我及諸佛, 皆隨衆生, 煩惱解欲, 種種不同, 而爲開演, 令知諸法, 自心所見, 無外境界.
(〈대정장〉 권16, 616a.)

"이 까닭에 대혜여! 보살마하살은 마땅히 문자에 집착하지 말고, 중생 따라 적절하게 법을 설해야 하느니라. 나와 모든 부처님은 모두 중생의 번뇌와 이해와 욕심에 따라서, 여러 가지로 다르게 법을 펴서, 모든 것이 자심自心이 나타난 것이니 따로 밖의 경계가 없는 것임을 알게 하느니라."

又『楞伽經』云, "大惠! 第一義中, 無有次第, 亦無相續, 遐離一切境界分別. 此則名爲寂滅之法. 無相有何以."

  *「無相有何以」는 원 경문에 없는 연문(衍文: 잘못 들어간 글)이다.

원 경문은 『대승입능가경』 권5 「무상품」에 다음과 같이 나온다.

大慧! 第一義中, 無有次第, 亦無相續, 遠離一切, 境界分別. 此則名
爲, 寂滅之法. (〈대정장〉 16, 619a.)

"대혜여! 제일의第一義에는 차제가 없으며, 또한 상속도 없어,
모든 경계를 분별하는 데서 멀리 떠나나니, 이를 이름하여 적멸법
이라 하는 것이다."

又 『楞伽經』□, "大惠! 出世間上々波羅蜜者, 謂菩薩摩訶薩, 於自二法,
了知唯是, 分別所現, 不起妄想, 不生執著, 不取色相, 爲欲利樂. 一切衆
生, 而恒修行, 檀波羅蜜, 於諸境界, 不起分別, 是則修行, 尸波羅蜜. 卽於
不起, 分別之時, 忍知能取, 所取自性, 是則名爲, 羼提波羅蜜. 初□夜,
勤修匪懈, 隨順實解, 不生分別, 是則名爲毘梨耶波羅蜜. 不生分別, 不
起外道, 涅槃人見, 是則名爲禪波羅蜜□. 以智觀察, 心無分別, 不墮二
邊, 轉淨所依, □□□理□內證境, 是則名爲, 般若波羅蜜."

원 경문은 『대승입능가경』 권5 「찰나품」에 다음과 같이 나온다.

"大慧! 出世間上上波羅蜜者, 謂菩薩摩訶薩於自心二法, 了知惟
是分別所現, 不起妄想, 不生執著, 不取色相, 爲欲利樂一切衆生,
而恒修行檀波羅蜜, 於諸境界不起分別, 是則修行尸波羅蜜. 卽於
不起分別之時, 忍知能取・所取自性, 是則名爲羼提波羅蜜. 初中

後夜勤修匪懈, 隨順實解, 不生分別, 是則名爲毘梨耶波羅蜜. 不
生分別, 不起外道涅槃之見, 是則名爲禪波羅蜜. 以智觀察, 心無
分別, 不墮二邊, 轉淨所依, 而不壞滅, 獲於聖智內證境界, 是則名
爲般若波羅蜜."(〈대정장〉 권16, 621c.)

"대혜여! 출세간바라밀이란, 성문 연각이 열반에 집착하여 자신의
낙樂을 희구하면서 여러 바라밀을 수습하는 것이다.

대혜여! 출세간상상바라밀出世間上上波羅蜜이란, 자심이법(自心
二法: 자심에서의 能·所 二法)이 오직 분별로 나타난 것임을 깨달아
알고(了知), 망상을 일으키지 아니하며, 집착하지 않고, 색상을
취하지 않으며, 모든 중생에게 이롭게 하고 낙樂을 얻게 하고자
항상 단바라밀을 수행하며, 모든 경계에서 분별을 일으키지 않나
니, 이를 이름하여 곧 시바라밀(尸波羅蜜: 持戒)이라 한다. 분별을
일으키지 않을 때에 바로(즉하여), 능취能取와 소취所取의 자성을
인지(忍知: 뚜렷이 알아 흔들림 없는 것)하는 것, 이것이 곧 찬제(羼提:
인욕)바라밀이라 하는 것이다. 초初·중中·후야後夜에 부지런히 닦
아 게으름 피우지 않고 참다운 이해에 수순하여 분별 일으키지
않는 것, 이를 이름하여 곧 비리야(精進)바라밀이라 한다. 분별이
일어나지 아니하고, 외도의 열반견涅槃見이 일어나지 아니하는
것, 이것이 곧 선정바라밀이라 이름하는 것이다. 지혜로써 관찰하
여 마음에 분별이 없고 이변二邊에 떨어지지 아니하며, 의지하고
있는 것(所依: 諸識)을 전변하여 청정하게 함으로써 괴멸하지 않는
성지聖智인 자심에서 증득하는 경계를 획득하는 것, 이것이 곧

반야(지혜)바라밀이라 하는 것이니라."

□『積善住意天子所問經』卷第二, "□□□□□得聞如是甚深法. 無有
衆生, 及命人□□□法忍, 是爲供養十方佛. 於無數劫, 行布施□□□□
□珍. 當知彼非解脫因. 以有我人衆生□□."

출처는『성선주의천자소문경聖善住意天子所問經』권중卷中이다. 원문
을 그 앞 두 구句를 포함하여 옮기면 다음과 같다.

劫際如恒沙, 供養人中尊, 奉香華飮食, 爲得佛菩提, 若聞如是法,
無人命丈夫, 得彼忍光明. 供養如來上, 多劫行布施, 飮食象馬等,彼
非解脫因, 以有人想故.(〈대정장〉 권12, 122a.)

"항하사의 겁에 걸쳐 인중존(人中尊: 佛)께 향화와 음식을 공양하여
부처의 보리(覺)를 얻을 수 있다고, 이러한 법문을 듣고 행한다
하더라도, 그 어떤 사람도 그 법인(法忍: 無生法忍, 무생의 진리)을
얻지 못한다. 여래께 공양을 다겁에 걸쳐 음식과 상마象馬 등을
보시함은 해탈의 인因이 되지 못하는 것이니 인상(人想: 我, 人,
衆生, 壽者의 想)이 있는 까닭이다."

『大佛頂經』第十, "阿難! 是五受陰, 五妄想成就. 今□知因界淺深, 唯色
與空, 是色邊際. 唯觸及離, 是受邊際. 唯記與妄, 是想邊識際. 唯滅與生,
是行邊際. 湛入合湛, 歸識邊際. 此五陰無量覺生, 起生因識, 有滅從際,

理卽頓悟, 乘悟倂銷, 事非頓際. □次第盡. 我已示汝, 劫波巾何不明,
再次誰問□□. 將此妄想根, 無心得開通. 傳示將來末法之□, □修行者,
令識虛妄, 深厭自生, 知有涅槃, 不變三界."

『대불정수능엄경』 권10의 원문은 다음과 같다.

阿難!, 是五受陰, 五妄想成. 汝今欲知, 因界淺深, 唯色與空, 是色邊
際. 唯觸及離, 是受邊際. 唯記與忘, 是想邊際. 唯滅與生, 是行邊際.
湛入合湛, 歸識邊際. 此五陰元, 重疊生起. 生因識有, 滅從色除.
理則頓悟, 乘悟倂銷. 事非頓除, 因次第盡. 我已示汝, 劫波巾結.
何所不明, 再此詢問. 汝應將此, 妄想根元, 心得開通. 傳示將來,
末法之中, 諸修行者, 令識虛妄, 深厭自生, 知有涅槃, 不戀三界.
(〈대정장〉 권19, 155a.)

"아난이여! 이 5수음(受陰: 五陰, 五蘊, 色受想行識)은 다섯 가지 망상
으로 이루어지나니, 네가 알고자 하거든 (잘 들으라!) 인因이 되는
경계의 얕고 깊음에 따라 오직 색色과 공空이 색변제色邊際가 되고,
오직 촉(觸: 접촉)과 떨어짐(離)이 수변제受邊際가 되며, 오직 기억함
과 잊어버림이 상변제想邊際가 되며, 오직 멸과 생이 행변제行邊際
가 되고, 맑음이 맑음에 들어가 합해짐이 식변제識邊際에 돌아감이
다. 이 오음五陰의 근원이 중첩하여 생기生起하니 생생이 식識에
인하여 있게 되고, 멸滅이 색色으로부터 제거된다. 이理로는 단박
에 깨달아(頓悟), 깨달음(悟)에 따라 함께 소멸되나. 사事로는 단박

에 제멸除滅되는 것이 아니고, 점차로 멸진滅盡된다. 내가 이미 너에게 겁파(劫波, kalpa: 遠劫, 歷劫, 久遠) 이래 묶여진 바를 교시敎示하였거니와 어떤 것이 분명치 않아서 재차 묻는 것이냐. 너는 마땅히 이 망상의 근원을 통하여 마음이 열리어 통달할 수 있을 것이다. 장래 말법 시대에 이를 전해 교시토록 하여 모든 수행자들로 하여금 허망함을 알도록 해서 깊이 싫어함이 저절로 생기도록 해야 하며, 열반이 있고, 변함없는 삼계三界가 있음을 알도록 해야 하느니라."

『大佛頂經』第六, 於是阿難及諸大衆, 身心了然, 得□開示, 觀佛菩提, 及大涅槃, 猶如有人, 因事遠遊, 未得歸還, 明了其家所歸還, 明了其家所□道路.

『대불정수능엄경』 권6의 원문은 다음과 같다.

> 於是阿難, 及諸大衆, 身心了然, 得大開示. 觀佛菩提, 及大涅槃, 猶如有人, 因事遠遊, 未得 歸還, 明了其家, 所歸道路.(〈대정장〉 권19, 131b.)

"이에 아난과 모든 대중이, 몸과 마음이 밝아지며, (부처님의) 큰 교시敎示를 얻게 되었다. 불佛의 보리와 대열반을 보게 된 것이, 마치 어떤 사람이 일이 있어 멀리 여행가서 귀환하지 못하고 있다가 자신의 집에 돌아가는 길을 명료하게 알게 된 것과 같았다."

『佛華嚴入如來德智不思議境界經』卷下,「佛告, "文殊師利, 若有善男子善女人, 十方諸世界中所, 微塵等諸佛及聲聞中, 施天百味食, 日々放天衣, 如是施時, 於恒河沙等劫, 施彼等, 滅度已. 爲一々如來, 遍十方世界, 於一々世界中, 作十方諸世界微塵等, 婆倫波閻浮那陀金爲体, 電燈摩尼寶, 爲間錯諸光, 選摩尼寶欄楯圍繞, 摩尼珠懸以莊嚴, 立幢幡, 蓋鈴細覆上塗, 以大蛇牢圍栴檀那香, 以摩尼細覆上彼等婆倫波, 以三千大千世界量等天蓋幢雲香雲自在王摩尼寶雲意摩寶雲, 散以覆散, 日日三時, 如是供養, 於恒河沙等劫供養, 復有別異無量無數衆生, 亦教住, 如是供養. 文殊師利! 若有別異善男子善女人, 此說入如來功德不思境界法本, 乃至信解, 此過彼無量無數分福德生."」

『불화엄입여래덕지부사의경계경佛華嚴入如來德智不思議境界經』 권하卷下(〈대정장〉 권10, 924a.)에서 인용하였다. 원 경문과 별 차이가 없어 이 장편의 본을 저본으로 하여 국역한다.

『불화엄입여래덕지부사의경계경佛華嚴入如來德智不思議境界經』 권하에 "부처님께서 말씀하셨다. '문수사리여! 만약 어떤 선남자 선여인이 시방十方의 여러 세계에 계신 미진수의 부처님과 성문들께 천계天界의 백미식百味食을 보시하고, 날마다 천의天衣를 보시하여 이와 같이 보시함이 항하사 등 겁에 걸쳐 그것들을 보시하며, 멸도하고, 한 분 한 분 여래께 두루 시방세계 하나하나의 세계에 시방 모든 세계의 미진 등 수의 파투파 염부나타금을 바탕으로 한 전등 마니보배를 만드니 갖가지 빛이 교차하며 빛나고, 마니보배를 선택하여 난간을 둘러싸고, 마니주를 걸쳐서 장엄하여 당번을 세우며, 방울을 세밀하게 엮어 위에 덮어씌우며, 큰 뱀이 엉킨 덩어리처럼 생긴 전단나栴檀那의 향으로 만들며, 마니주를 세밀하게 엮은 저 파투파를 위에 덮고, 삼천대천세계의 수량과 같은 천계天界들을 당운幢雲과 향운香雲으로 덮으며, 자재왕自在王의 마니보운摩尼寶雲과 의마보운意摩寶雲을 흩뿌리고 다시 위에 흩뿌리길 날마다 세 번 하여, 이와 같이 공양함이 항하사 수와 같은 겁에 걸쳐 공양하고, 또 그 밖의 다른 무량무수 중생에게도 또한 가르치고 머물며 이와 같이 공양한다고 하자. 문수사리여! 만약 어떤 그 밖의 다른 선남자 선여인이 있어 이 법문을 듣고 여래 공덕의 불가사의한 경계의 법본(法本: 진리의 근본)에 들어가고 내지 신해하게 된다면, 이 공덕이 저 보시한 공덕보다 무량무수의 배로 복덕이 생하느니라.'"

『密嚴經』第一,「猶如熱鐵, 投淸□水, 故諸菩薩, 捨而不證.」

『대승밀엄경』(地婆訶羅 譯本, 이하 同) 권상卷上의 이 단락의 전후 부분을 함께 인용하면 다음과 같다.

若有住此三昧之者, 於諸衆生, 心無顧戀。證於實際, 及以涅槃.
猶如熱鐵, 投淸冷水. 故諸菩薩, 捨而不證, 近住而已. 常爲衆生,
而作利益. 不捨精進, 大悲諸度, 不斷佛種.(〈대정장〉 권16, 724c.)

"만약 이 삼매에 머무르는 자가 있다면 모든 중생을 마음에 고련(顧 戀: 돌아보고 연연해 함)함이 없이 실제實際와 열반을 증득한다. 마치 뜨겁게 달구어진 철을 냉수에 던져 넣는 것과 같다. 까닭에 제보살은 (중생을 연연해함을) 버리되 (열반을) 증득하지 아니하 고, (열반에) 가까이 머무를 뿐이다. 항상 중생을 위해 이익 됨을 짓는다. 정진을 버리지 아니하고 대비大悲로 중생을 제도하며, 불종佛種이 단절되지 않게 한다."

〈해설〉

불佛은 열반을 증득하되, 그 열반에 머물지 않는다. 단지 그 열반에 가까이 머물 뿐이다. 대비심으로 중생을 구제하기 위함이다. 증득하기 전에는 중생에 연연해함을 과감히 버리는 도행道行이 있어야 한다. 그리고 중생에 대한 애착을 버리고 열반을 증득한 후에는 중생을 대비심 으로 제도하는 행을 펼치게 된다. 이때는 그 증득한 열반에도 머물지 아니한다. 중생을 제도하기 위함이다. 단지 그 열반에 가까이 머물며 대비심으로 중생을 제도하니 이로써 불종佛種이 단절되지 않게 되는 것이다.

『思益經』云,「不證果而□」

이 경문은『사익범천소문경思益梵天所問經』권3의

離是二邊者 是名行菩提

264

是人過凡夫 亦不入法位

未得果而聖 是世間福田(〈대정장〉권15, 52c.)

에 보이는 "未得果而聖(미득과이성)"일 것으로 생각된다. 이보다 더 가까운 구문은 보이지 않는다.

이 이변二邊 떠난 자를 이름하여 '보리를 행하는 자'라 한다. 이 사람은 범부를 넘어섰고, 또한 법의 위位에 들지도 않는다. 아직 불과佛果를 얻지 않았으나 세간의 복전福田이 된다.

〈해설〉

"범부를 넘어섰지만 법의 위位에 들지도 않는다"란, 성위聖位에 들어 여기에 안주하지 아니하고, 중생세간에 처하여 자리이타自利利他의 행을 함을 뜻하는 듯하다. 즉 성위의 삼매락三昧樂에 머물지 아니하고, 중생세간에 머물러 보살행을 한다는 뜻이다.

『密嚴』第三, 「如金在礦中, 無有能見金, 智者善陶□, 眞金乃明顯. 藏識亦如是, 習氣之所纏, 三昧淨除已, 定者常明見.」

『대승밀엄경』권3하의 원문으로 번역한다.

如金在礦中 無有能見金

智者善陶鍊 其金乃明顯

藏識亦如是 習氣之所纏

三昧淨除已 定者常明見

(〈대정장〉 권16, 741a.)

마치 금이 광석 가운데 있어 거기에 금이 있는 줄 아무도 몰랐는데

지자智者가 잘 제련하니 그 금이 이제 밝게 드러나는 것과 같이

장식藏識 또한 이와 같아 습기習氣에 묶이어 있다가

삼매로 청정하게 멸해지나니 선정 이룬 자 항상 밝게 본다네.

『密嚴經』云,「如有二相, 捔力而鬪, □一被傷, 退而不復. 阿賴耶識, 應知亦然, 斷諸□分, 更不流轉. 如蓮華出離於泥, 皎潔清淨. 離諸塵垢, 諸天貴人, 見之彌敬. 阿賴耶識, 亦復如是, 出習氣泥, 而得明潔, 爲諸佛菩薩, 天人所重.」

『대승밀엄경』(地婆訶羅 譯本) 권3하에서 인용하였다. 앞 구절까지 함께 원 경문을 아래에 인용한다.

如水中有物, 雖無思覺, 而隨於水流動不住. 阿賴耶識, 亦復如是. 雖無分別, 依身運行. 如有二象, 捔力而鬥, 若一被傷, 退而不復. 阿賴耶識, 應知亦然. 斷諸染分, 更不流轉. 譬如蓮花, 出離淤泥, 皎潔清淨. 離諸塵垢, 諸天貴人, 見之珍敬. 阿賴耶識, 亦復如是, 出習氣泥, 而得明潔, 爲諸佛菩薩, 大人所重.(〈대정장〉 권16, 741c.)

"마치 물속에 어떤 사물이 있어 비록 생각하고 느끼는 것은 없으나 물의 흐름 따라 움직임을 멈추지 않는 것과 같이, 아뢰야식 또한 이와 같아 비록 분별함이 없으나 몸에 의지하여 운행한다. 마치 두 코끼리가 힘을 겨루며 싸우다 한 마리가 상처를 입으면 뒤로 물러나 다시 싸우지 않는 것과 같이, 아뢰야식도 응당 이러함을 알아야 한다. (아뢰야식의) 여러 오염된 부분을 단멸하면 다시는 유전流轉하지 않게 된다. 비유컨대 연꽃이 진흙에서 벗어나면 밝고 말끔해지는 것과 같다. 모든 번뇌의 때를 떠나면 제천諸天의 귀인들이 보고 보배롭게 보고 공경한다. 아뢰야식도 또한 이와 같아 습기習氣의 진흙을 벗어나면 밝게 깨끗해지고, 제불보살과 대인(천인)이 귀중하게 여긴다."

又『密嚴經』云,「諸觀行者, 證於解脫, 其身常住, □衆有蘊, 滅諸習氣. 比如熱鐵, 投之冷水, 熱勢雖除, 而鐵不壞. 此亦如是.」

『대승밀엄경』 권3하에서 인용하였다. 원 경문은 다음과 같다.

諸觀行者, 證於解脫, 其身常住. 離衆有蘊, 滅諸習氣, 譬如熱鐵, 投之冷水, 熱勢雖除, 而鐵不壞. 此亦如是.(〈대정장〉 권16, 742a.)

모든 관행자가 해탈을 증득하면 그 몸이 상주한다. 모든 온(蘊: 5온, 色受想行識의 모든 존재)을 떠나고, 모든 습기習氣를 멸함이, 비유컨대 뜨겁게 달구어진 철을 냉수에 던져 넣으면 열의 기운은 비록 소멸되었으나 철은 소멸되지 않으니, 이 또한 이와 같다.

又『密嚴經』云「若有能修行, 如來微妙定, 善知蘊無我, 諸見悉除滅.」

『대승밀엄경』 권3하의 원문 전체로 번역한다.

若有能修行　如來微妙定
善知蘊無我　諸見悉除滅
一切唯有識　諸法相皆無
無能相所相　無界亦無蘊
(〈대정장〉 권16, 742c.)

능히 여래의 미묘한 선정을 수행하여
능히 오온五蘊이 무아無我임을 잘 알아 모든 지견이 다 소멸되네.
일체 모든 것은 오직 식識일 뿐, 모든 것의 상相은 모두 없는 것이네.
능상(能相: 相을 인식하는 주관)과 소상(所相: 인식의 대상이 되는
相) 없고, 계界가 없으며, 또한 온蘊도 없다네.

又『密嚴經』云,「自謂成諦言, 善巧說諸法, 計着諸法相, 自壞亦壞他.」
(〈대정장〉 권16, 743a.)

또 『(대승)밀엄경』에 이른다. "스스로 진리를 성취하였다고 말하
며, 여러 법문 잘 교묘하게 설하나, 모든 법상을 분별 집착한다면,

자신을 무너뜨리고 남도 무너뜨린다."

또 『密嚴經』云, 「不見有兎角, 觸壞於大山, 曾無石女兒. 執箭射於物, 未聞欲鬪戰, 而求兎角弓, 誰復須宮室, 令石女兒造.」

원 경문으로 번역한다(〈대정장〉 권16, 743c).

> 不見以兎角 觸壞於大山
> 曾無石女兒 執箭射於物
> 未聞欲鬪戰 而求兎角弓
> 誰復須宮室 令石女兒造

토끼 뿔과 같음을 (이름만 있고 실제는 없는 것임을) 알지 못하고,
대산大山에 부딪혀 부수어지며,
일찍이 석녀의 아이가 없었는데 (이를 알지 못하고)
화살을 집어 사물을 쏘며,
있다고 듣지도 못한 토끼 뿔 얻고자 활을 드는 것과 같네.
그 누가 궁실에 대기시켜 석녀로 하여금 아이를 낳도록 하겠
는가.

또 『密嚴經』云, 「世尊說此識, 爲除諸習氣, 了知解脫已, 此亦無所得. 賴耶有可得, 解脫非是常, 如是淸淨藏, 亦名無垢智. 常住無始終, 雜(離의 오자)四句言說. 佛說如來藏, 以爲阿賴耶. 惡惠不能知, 藏卽賴耶識, 如

來淸淨藏, 世間阿賴耶.」

『대승밀엄경』권3하의 원 경문으로 번역한다(〈대정장〉 권16, 747a).

世尊說此識　爲除諸習氣
了知解脫已　此亦無所得
賴耶有可得　解脫非是常
如來淸淨藏　亦名無垢智
常住無始終　離四句言說
佛說如來藏　以爲阿賴耶
惡慧不能知　藏卽賴耶識
如來淸淨藏　世間阿賴耶

세존께서 이 식識을 설하심은 모든 습기 제거하게 하고자 함이네.
(일체가 오직 식임을) 요지了知하여 해탈하고 나면, 이(唯識이라
함도) 또한 얻을 바 없는 것이며,
아뢰야식이 해탈 얻음은 항상하지 않는 것이나
여래의 청정장淸淨藏은 또한 무구지無垢智라 하며,
상주常住하여 시종始終이 없고, 사구四句의 언설 떠났다네.
불佛이 여래장을 아뢰야식이라 설함을, (『능가경』에 의하면 여래
장의 오염된 면이 아뢰야식이다)
잘못된 지혜에 빠진 자는 알 수 없나니, 여래장이 곧 아뢰야식이고,
여래청정장이되, 세간에서는 아뢰야식이라네.

〈해설〉

『능가경』에 의하면 여래장의 오염된 면이 아뢰야식이다. 따라서 여래
장과 아뢰야식은 두 자리가 아니라 같은 자리이되 세간의 오염된 상태를
아뢰야식이라 칭할 뿐이다. 여래장이 윤회 전생轉生하는 까닭에 윤회하
면서 아뢰야식이되 그 바탕은 청정한 여래장일 뿐이다.

  "아뢰야식이 해탈 얻음은 항상하지 않다"는 것은, 아뢰야식은 폭류수
와 같이 변화하는 까닭에 아뢰야식상의 해탈도 하나의 법상으로서
생멸 변화하는 까닭이다. 즉 아뢰야식은 변화하는 식識이고, 거기에
나타난 해탈도 변화상이다. 그 변화하는 아뢰야식도 그 바탕은 불변하
는 여래장이다. 바다가 여래장이라면 파도가 아뢰야식이다. 그 파도도
바다인 까닭에 아뢰야식도 실은 여래장을 떠나 있는 것이 아니다.

又問, "何名頓門漸門?"
答, "若有人初發心, 學法性理, 若通達法性理, 是名頓門. 若學三乘敎者,
是名漸門."

또 묻는다. "무엇을 돈문頓門, 점문漸門이라 합니까?"
  답한다. "만약 어떤 사람이 초발심하여 법성의 이理를 수학하여
법성의 이理를 통달하였다면, 이를 돈문이라 한다. 만역 삼승의
교敎를 수학하는 자라면 이를 점문이라 한다."

又問, "云何通達法性理?"
答, "準『大佛頂經』, 「觀佛菩提, 及大涅槃. 猶如有人, 用事遠行, 未得歸

還, 迷失道路, 後得醒悟, 明了其家, 所歸道路.」〔(『대불정수능엄경』권6의 원문은 '(於是阿難及諸大衆, 身心了然, 得大開示.) 觀佛菩提, 及大涅槃, 猶如有人, 因事遠遊, 未得歸還, 明了其家, 所歸道路.'(〈대정장〉권19, 131b.)〕 一切衆生, 亦復如是, 無量劫來, 迷於法性, 順妄想流, 今得醒不順妄想流, 是名頓悟禪."

또 묻는다. "어떻게 법성의 이리理를 통달합니까?"

답한다. "『대불정수능엄경』에 의하건대, (이에 아난과 모든 대중들의 身心이 뚜렷해지며 크게 펼친 법문을 듣게 되었다) '부처님의 보리와 대열반을 보건대, 마치 어떤 사람이 일이 있어 멀리 여행하다가 귀환하지 못하였는데 그 집에 돌아가는 길을 뚜렷이 알게 된 것과 같다.'라고 하였으니, 모든 중생도 또한 이와 같다. 무량겁 이래 법성을 몰라서 망상의 흐름에 따라갔었는데, 이제 정신 차리고 망상의 흐름에 따라가지 않게 되었으니 이를 돈오선이라 한다."

又問, "禪旣頓悟, 行是漸行頓行?"
答, "準『思益經』云, 「問文殊師利, '云何行名爲正行?' 答, '若不行一切, 名爲正行.' 答, '若人千萬億劫行道, 於法性理, 不增不減.'

또 묻는다. "선은 이미 돈오로 해야 한다면, 행은 점행漸行입니까, 돈행頓行입니까?"

답한다. "『사익경』에 의하건대, 「문수사리에게 묻기를 '어떻게

행하는 것이 정행正行입니까?'

　답한다. '만약 일체를 행하지 않는다면 (이를) 정행正行이라 한다.'

　답하기를 '만약 사람이 천만억겁 도를 행하더라도 법성의 이理에서는 증가함도 없고, 감소함도 없다.'」라고 하였다.”

又問, “云何名正行?”

答, “佛言, ‘若菩薩不行生法, 不行滅法, 不行善, 不行不善, 不行世間, 不行世間, 不行有罪法. 不行無罪法. 不行有漏法, 不行無漏法, 不行有爲法, 不行無爲法, 不行修道, 不行除斷, 不行生死, 不行涅槃, 不行見法, 不行聞法, 不行覺法, 不行知法, 不行施, 不行捨, 不行戒, 不行覆, 不行忍, 不行善, 不行發, 不行精進, 不行禪, 不行三昧, 不行慧, 不行行, 不行知(智의 오자), 不行得. (若菩薩如是行者, 諸佛則授阿耨多羅三藐三菩提記. 所以者何. 諸所有行, 皆是取相. 無相無分別, 則是菩提.)(《대정장》권15, 45c).

是名正行, 亦名頓行. 緣有衆生心想妄想, 則說漸頓. 若離心想妄想, 漸頓不可得. 如是行者, 一切諸佛, 則授阿耨多羅三藐三菩提記. 授記者有何義. 離法二相, 是授記義. 所問漸頓行, 不行一切行, 是名頓行.’”

또 묻는다. “무엇을 이름하여 정행이라 합니까?”

답한다. (『사익범천소문경』에) 불佛이 설하셨다. “만약 보살이 생법生法을 행하지 아니하고, 멸법을 행하지 아니하며, 선을 행함 없고, 불선不善을 행함 없으며, 세간법을 행함 없고, 출세간법을 행함도 없으며, 죄가 되는 법을 행함 없고, 죄가 되지 않는 법을 행함도 없으며, 유루법을 행함 없고, 무루법도 행하지 아니하며, 유위법을 행하지 아니하고, 무위법을 행하지 아니하며, 도를 닦음을 행하지 아니하고, 끊어 멸하는 행을 하지 아니하고, 생사의 법을 행하지 아니하고, 열반을 행하지 아니하며, 법을 견함을 행하지 아니하고, 법을 듣는 행을 하지 아니하고, 법을 깨닫는 행을 하지 아니하고, 법을 아는 행을 하지 아니하고, 보시를 행하지 아니하며, 버리는 행을 하지 아니하고, 계를 행하지 아니하고, 덮어 가리는 행을 하지 아니하고, 인내를 행하지 아니하고, 선을 행하지 아니하고, 발심을 행하지 아니하며, 정진을 행하지 아니하고, 선을 행하지 아니하며, 삼매를 행하지 아니하고, 지혜를 행하지 아니하고, 행을 행하지 아니하고, 지혜를 행하지 아니하고, 얻음을 행하지 아니한다. (만약 보살이 이와 같이 행한다면, 모든 부처님이 아뇩다라삼먁삼보리를 성취하리라고 약속해주신다. 왜 그러한가. 모든 행이 있는 것은 다 상을 취하는 것이기 때문이다. 무상無相하고 분별함이 없음이 바로 보리이다.).

이를 이름하여 정행正行이라 하며, 또한 돈행頓行이라 한다. 중생의 심상心想과 망상妄想에 의하여 점법과 돈법을 설하는 것이니, 만약 심상과 망상을 떠난다면 점법과 돈법을 얻을 수 없는 것이다. 이와 같이 행하는 자는 모든 부처님께서 아뇩다라삼먁삼보리를 성취할 것임을 약속해주신다. 약속해 준다는 것(授記)은 어떤 뜻인가. 법에 이상二相을 떠남이니 이것이 수기授記의 뜻이다. 질문한 점행과 돈행에서 일체의 행을 행하지 않는 것, 이것을 돈행이라 한다."

『思益經』云,「梵天問網明菩薩言,"汝不行六波羅蜜, 然後得受記耶?"
網明言,"如汝所説, 菩薩行六波羅蜜, 而得受記. 梵天! 若菩薩捨一切煩
惱, 名爲檀波羅蜜. 於諸法無所起, 名爲尸羅波羅蜜. 於諸法無所傷, 名
爲屬提波羅蜜. 於諸法離相, 名爲毘梨耶波羅蜜. 於諸法無所住, 名爲禪
波羅蜜. 於諸法無戲論, 名爲般若波羅蜜."」(〈대정장〉권15, 45c.)

『사익범천소문경』에 이른다. "범천이 망명보살에게 말하였다. '당
신은 육바라밀을 행하지 아니한 후에 수기를 받았습니까?' 망명(보
살)이 말하였다. '당신이 설한 바와 같이 보살은 육바라밀을 행하여
수기를 받습니다. 범천이여! 만약 보살이 일체의 모든 번뇌를
버림을 단(보시)바라밀이라 하고, 모든 법이 일어나지 않음을 시라
(지계)바라밀이라 하며, 모든 것에 상처를 입지 않음을 찬제(인욕)
바라밀이라 하며, 모든 것에서 상을 떠남을 비리야(정진)바라밀이
라 하며, 모든 것에 머무름 없음을 선바라밀이라 하고, 모든 것에
희론이 없음을 반야바라밀이라 합니다.'"

〈해설〉
이 단락은 인용된 경문에 바로 이어진 다음 구절과 함께 읽어져야
그 뜻이 제대로 설명될 수 있다.

"梵天! 菩薩如是行六波羅蜜." "於何處行?" 梵天言, "無處行也.
所以者何? 凡所有行, 皆是不行. 若行卽是不行, 若不行卽是行. 梵
天! 以是故當知, 無所行是菩提. 如汝所問, 汝得受菩提記者, 如如

法性, 得受記. 我所受記, 亦如是." 梵天言, "善男子! 如如法性, 無受
記." 網明言, "諸菩薩受記相, 皆亦如是, 如如如法性."

"범천이여! 보살은 이와 같이 육바라밀을 행합니다."

"어디에서 행하였습니까?"

"행한 곳이 없습니다. 왜 그러한가? 무릇 모든 행은 다 행하지
않음입니다. 만약 행한다면 곧 행하지 않음이고, 행하지 않는다면
곧 행함입니다. 범천이여! 이 까닭에 마땅히 알아야 할지니, 행하
는 바 없음이 보리입니다. 당신이 물은 바와 같이 당신이 보리를
성취할 것이라는 약속을 받은 것은, 여여如如한 법성이 수기를
받은 것입니다. 제가 수기를 받은 것 또한 그와 같습니다."

범천이 말하였다.

"선남자여! 여여한 법성은 수기를 받음이 없습니다."

망명(보살)이 말하였다.

"모든 보살이 수기를 받는 상이 또한 모두 이와 같아 여여한 법성과
같습니다."

보살이 육바라밀의 행을 통해 보리를 성취한다는 것은 기본 상식이고,
망명보살도 마찬가지로 육바라밀의 행을 통해 수기를 받게 되었음을
말하고 있다. 그런데 이어지는 경문은 "어디에서 행하였습니까?"라는
질문에 "행한 곳이 없다."고 대답하였다. 육바라밀을 행하였으면 행한
곳이 있어야 할 텐데 행한 곳이 없다는 것이다. 즉 행하되 행한 자리가
없다는 것이니 어떤 행을 지은(作) 바가 없이 행하였다는 뜻이다.

276

즉 행함에 머무름이 없었기에 행한 자리를 얻을 수 없는 일이다. 무엇을 행한다 하면, 행하는 자와 행해지는 것의 두 법(二法)이 있게 되나, 실은 불이不二인 까닭에 무엇을 행한다 함이 본래 없다. 또한 그래서 행한 자가 어디에 따로 있었던 것이 아니고, 단지 여여如如한 법성이 수기를 받은 것이되, 여여한 자리에 수기를 받는다 함도 없다는 것이다. 그래서 여여법성如如法性이 수기를 받았다 하고, 바로 이어 여여법성은 수기를 받음이 없다고 하였다. 모든 보살이 수기를 받음도 그러한 여여법성과 같다는 것이다.

『楞伽經』云,「大惠問佛,"云何知識相?"佛言,"生滅是識, 不生滅是之. 隨相無相, 及已有無, 種々相因, 是識離相. 無相及有, 無因是智. 着境界相是識, 不着境界相是智. 三□和合相, 應生是識. 無碍相應自性相是智. 得相是識, 無得相是智惠. 能證無相者, 不取不善."」

『대승입능가경』 권4 「무상품無常品」의 원문이다. 원 경문에 의거하여 번역한다.

"復次大慧! 生滅是識, 不生滅是智. 墮相·無相及以有無種種相因是識, 離相·無相及有無因是智. 有積集相是識, 無積集相是智. 著境界相是識, 不著境界相是智. 三和合相應生是識, 無礙相應自性相是智. 有得相是識, 無得相是智."(〈대정장〉 권16, 610b.)

또한 대혜여! 생멸하는 것이 식識이고, 생멸하지 않는 것은 지智이

며, 상상과 무상無相 및 유有와 무無의 갖가지 상상의 인因에 따르는
것은 식識이고, 상상과 무상無相 및 유·무의 인因에서 떠나는 것은
지智이니라. 적집積集의 상상이 있음은 식識이요, 적집의 상이 없으
면 지智이다. 경계상에 집착하면 식識이고, 경계상에 집착하지
않으면 지智이다. 세 가지(我相·根·塵)가 화합함에 상응하여 생기는
것은 식識이요, 자성상自性相에 걸림 없이 상응함이 지智이다. 얻는
다는 상상이 있으면 식識이요, 얻는다는 상이 없으면 지智이다.

『思益經』云,「"何謂方便?" 佛言, "如來爲衆生說. 布施得大富, 持戒得
生天, 忍辱得端正, 精進得諸功德, 禪定得法喜, 智惠捨諸煩惱, 多聞得
智惠. 故行十善道, 得人天富樂, 故慈悲喜捨, 得生梵世, 故禪定得如實,
智惠得道果, 故學地得無學地, 故譬碧支佛地. 消諸供養, 故及說三乘敎,
方便引一切衆生, 令悟法性理, 是名方便."」

『사익범천소문경』 권2의 원문은 다음과 같다. 원 경문에 의거하여
번역한다.

"世尊! 何謂方便?" 佛言, "如來爲衆生, 說布施得大富, 持戒得生天,
忍辱得端正, 精進得具諸功德, 禪定得法喜, 智慧得捨諸煩惱, 多聞
得智慧. 故行十善道, 得人天福樂, 故慈悲喜捨, 得生梵世, 故禪定
得如實智慧, 故如實智慧得道果, 故學地得無學地, 故辟支佛地得
消(消는 잘못 들어간 듯)諸供養, 故佛地得無量智慧, 故涅槃得滅一
切苦惱, 故梵天! 我如是方便, 爲衆生, 讚說是法."(〈대정장〉 권15,

41b.)

"세존이시어! 무엇을 방편이라 합니까?" 부처님께서 설하셨다. "여래는 중생을 위해 설하길, 보시를 행하면 큰 부자가 되며, 지계를 행하면 천계에 생하고, 인욕을 행하면 단정해지며, 정진을 행하면 여러 공덕을 갖추게 되고, 선정을 행하면 법희法喜를 얻고, 지혜를 행하면 모든 번뇌를 멸함을 얻으며, 다문多聞하면 지혜를 얻는다고 설한다. 까닭에 십선도를 행하면 인천의 복락을 얻고, 까닭에 자비희사慈悲喜捨를 행하면 범천에 태어나며, 까닭에 선정을 행하면 여실지혜를 얻고, 까닭에 여실지혜를 얻으면 도과道果를 얻고, 까닭에 (성문승의) 여러 수증修證의 단계를 수학하면 무학지를 얻고, 까닭에 벽지불지를 수학하면 여러 공양을 얻으며, 까닭에 불지佛地에서는 무량한 지혜를 얻고, 까닭에 열반에서는 모든 고뇌를 멸함을 얻는다. 까닭에 범천이여! 내가 이와 같은 방편을 중생위해 설하나니 이 법을 찬탄하라!"

『寶積經』云,「文殊師利說不思議法, 五百比丘, 地裂入阿鼻地獄. 舍利弗言, "大士莫說此法," 文殊師利言, "舍利弗! 莫作是言, 寧聞此法. 從阿鼻地獄出, 速得解脫. 若不聞此法, 無量劫不得解脫."」

『대보적경』 권105의 원 경문은 다음과 같다. 원 경문에 의거하여 번역한다.

爾時, 世尊告尊者舍利弗言, "舍利弗! 汝當知! 此五百比丘, 雖墮地
獄, 後從獄出, 速證涅槃. 非彼愚癡凡夫之人, 沒於見, 得墮隊疑心,
供養如來能得解脫. 舍利弗! 是諸比丘還復, 因此乃至解脫, 速得涅
槃, 非是餘人能速解脫. 所以者何? 以不聞此深法門故.

(〈대정장〉 권11, 588a.)

이때 세존께서 존자 사리불에게 설하셨다. "사리불이여! 너는
마땅히 알아야 한다. 이 오백 비구는 비록 지옥에 떨어졌으나
후에 지옥에서 나와 신속히 열반을 증득하였다. 저 우매하고 어리
석은 범부가 지견에 빠지고 의심에 떨어졌다가 여래께 공양한
후에야 능히 해탈하게 된 것이 아니다. 사리불이여! 이 여러 비구들
은 다시 돌아오게 되었고, 이로 인해 내지 해탈에 이르게 되고
신속히 열반을 얻게 되었으나 그 밖의 사람들은 신속히 해탈하지
못하였다. 왜 그러한가? 이 깊은 법문을 듣지 못하였기 때문이
니라."

『思益經』云, 「若身淨無惡, 口淨常實語, 心淨常行慈, 是菩薩遍行.」
(〈대정장〉 권15, 37c.)

『사익범천소문경思益梵天所問經』 권1에 이른다.

"몸은 청정하여 악행이 없고,
입이 청정하여 항상 진실한 말을 하며,

280

마음은 청정하여 항생 자비심을 행함이
보살의 두루 펼쳐지는 행이다."

『大佛頂經』云,「一根旣返源, 六根成解脫. 見聞如幻翳, 三界若空花. 聞
復翳相(원 경문은 根)除, 塵銷覺圓淨. 淨極光通達, 寂照含虛空. 却來觀
世間, 猶如夢中事.」
(〈대정장〉권19, 131a.)

『대불정수능엄경』권6에 이른다.

"하나의 감각기관(根)에서 이미 근본에 돌아갔으니
육근으로부터 해탈한다.
견문은 환과 같고, 눈에 낀 눈병과 같으며,
삼계는 공화空華와 같다.
법문 듣고 눈병의 뿌리 제거되면
번뇌 사라지고 각覺이 원만하고 청정하다.
청정함이 지극한 빛으로 통달되면
적조(寂照: 佛의 경지)하여 허공을 함용하네.
다시 돌아와 세간을 보건대
마치 꿈속의 일과 같네."

Ⅷ. 돈황문헌 티베트 문文 마하연 화상과 여러 선사의 법문집

〈1〉『마하연(화상)의 교의教義 mKhan po Ma ha yan』(P117Ⅴ)

가. 해제

충본극기沖本克己에 의하면[146] 이 문헌의 제명題名은 "『선정불관론禪定不觀論』 중에서 6바라밀과 10바라밀을 모은 것을 설한 경"이다. 여기에서 6바라밀과 10바라밀을 불관不觀의 선지禪旨에 의해 향상向上의 바라밀론으로 통일하고 있다. 『돈오대승정리결頓悟大乘正理決』에서는 6바라밀론만 논급되어 있다.

돈황문헌 가운데서 티베트 문으로 된 마하연 화상의 법문을 일부

---

146 沖本克己, 「敦煌出土のチベット文禪宗文獻の內容」(『(講座敦煌 8) 敦煌佛典と禪』, 東京, 大東出版社, 1980), p.424.

요약하고 간략히 해설한 글의 일부분을 전하는 문헌이 발견되었
다. 본 문헌은 상산대준上山大峻이 티베트 문 원문과 함께 일역日譯
하여 그의 저서 『敦煌佛教の研究』(京都, 法藏館, 1990, pp.299~
304)에 수록하였다. 여기서는 그 일역본을 저본으로 하여 국역
해설한다.

나. 본문 및 주해註解

화상和尙 마하연의 선禪에 돈입頓入하는 문門을 요약한다.

(A) '부사의不思議에 머무른다': 그렇게 할 수 있게 되었을 때
돈입頓入이라 하고, 근도(近道: 도에 가까워짐)라고도 하며, 해탈도
문解脫道門이라고도 한다.

(국역 주) 부사의不思議란 생각과 언어분별의 경계를 넘어서 있는
것이니 곧 '말의 길이 끊어지고, 마음 갈 곳이 멸한 것(言語道斷 心行處
滅)', 그러한 자리를 가리킨다.

(B) 그렇게(돈입) 할 수 없을 때 그에 대해(앞의 돈입에 對稱하여)
오방변五方便이라고 하는 것이다. 다섯 가지란 무엇인가? 다음과
같다.
(1) 망념이 일어남을 각(覺: 知覺)하게 되었을 때는 무수기無授記
이다.

〈해설〉

무수기無授記에서 수기授記란 부처님이 누구에게 미래에 성불할 것이라고 예언(약속)을 주는 것을 말한다. 무수기는 그러한 성불의 약속이 없게 된다는 뜻으로 망념 일어남을 지각知覺하게 된다면 성불하지 못하게 된다는 것이다. 망념이 생한 바 없음을 알아야 하는데 망념 일어나 거기에 향하고 쏠리고 물들게 되어버렸으니, 그러함이 있는 한 성불하지 못하게 된다는 것이다. 망념을 지각하면서 동시에 거기에 물들어 버리고 업습이 되어 종자로서 장식에 저장된다. 그래서 일어난 망념을 지각하는 순간에 이미 오염되어 버린 것이고, 그러함이 있는 한 무명 업습이 계속 쌓이고 증장되어서 성불할 수 없게 된다는 법문이다.

때문에 망념이 이미 생하였다면 그 생한 바가 본래 생함 없는 것임을 요지(了知: 뚜렷이 앎)해야 망념이 생하되 거기에 향하거나 집착하거나 물들지 않는다. 『능가경(대승입능가경)』에 '생함이 없다(무생)라고 한 것은 생이 그대로 무생이라는 뜻이다.'고 한 법문을 잘 요지了知해야 한다.

(2) 망념 일어난 것을 지각知覺하고, 그 지각이 수반될 때, 이는 범부이다.

〈해설〉

일어난 망념을 지각하게 되면, 그 지각된 것이 여운餘韻이 되어 따라붙어 뒤의 마음에 영향을 준다. 즉 물들여진 것이 하나의 여력餘力이

284

되어 남게 된다. 보통 범부중생의 사정이 이러하다.

(3) 망념이 일어난 것을 지각하고, (마음이) 일어난 과실過失을 알아채서 지각으로 인한 동요가 생기는 것이 없다면 멸진(滅盡: 번뇌가 모두 멸함)이다.

〈해설〉

망념이 일어난 것이 인지되었다면 그것이 잘못된 것임을 바로 알아채서, 즉 본래 생한 바 없는 것임을 알고, 그 여력에 끌리어 물들게 되지 않아야 한다. 그리하면 일어난 그 망념의 여력이 힘을 잃어 그로 인한 동요됨이 없게 되고, 번뇌가 멸하게 된다. 멸진滅盡이란 번뇌가 남김없이 멸한 열반을 보통 가리키는데 동요됨이 없게 됨이 점점 많아지고 익숙해지면서 그러한 멸진이 이루어진다.

(4) 망념 일어난 것을 지각知覺하고, (그것이) 무자성無自性인 때(실체 없는 그림자와 같아서), (이를) 항상 적정寂靜함이라 하고(一向寂靜), 공수면(空隨眠: 마음이 텅 비어 경계에 영향을 받지 않음)이라 한다.

〈해설〉

일어난 망념이 실체 없는 그림자와 같아 이를 무자성無自性이라 하고 또 공空이라고도 한다. 이를 요지了知하였기에 거기에 영향 받거나 물들지 않고, 동요됨도 없어 항상 고요한 자리에 있게 된다. 이렇게 마음이 텅 비어 경계의 영향을 받지 않음을 잠자는 것과 같다고 비유해서 공수면空隨眠이라 한다.

(5) 망념 일어난 것을 지각하고, 그 지각된 것에 상념이 따라가지 아니하며, 거기에 수반隨伴하지 않은 때, 각각의 찰나의 마음은 염념念念에 해탈하며, 가장 뛰어난 선禪이다.

〈해설〉

이미 일어난 망념에 물들지 아니하고, 영향을 받지 않아야 한다. 일어난 그대로 실은 무엇이 생긴 바가 없으며, 텅 비어 그림자와 같은 것임을 요지了知하여 그 자취에 마음이 쏠리거나 따라붙지 않아야 한다. 그렇게 되면 생각 생각마다, 찰나의 마음마다에서 항상 해탈하고, 걸림이 없게 된다. 그래서 가장 뛰어난 선이라 한다.

(C) 화상 마하연의 선禪, 불관不觀 가운데 여섯 가지, 열 가지 바라밀이 집약되어 있음을 설한다.

(1) 불관不觀에 오입悟入하는 때, 삼계三界를 두루 버리기 때문에, 대시大施를 만족한다.

〈해설〉

마하연 화상의 선법은 관조함이 없는 불관不觀의 선이다. 불관이니 보시바라밀을 행하되 차별이 없어 삼계 어디에나 두루 미친다. 그래서 원만하고 크고 크다. 머리로 계산되는 보시바라밀이 아니다. 그래서

286

대보시大報施바라밀이다.

(2) 불관不觀에 오입悟入하는 때, 삼계三界의 과실過失을 생함이 없기 때문에, 대계大戒를 만족한다.

〈해설〉
아직 불관不觀에 들지 못하였다면 바라밀행을 하는 데 마음 일으킴이 있게 되고, 마음 일어나면 선악 등 일체법이 함께 일어나 온전한 지계행持戒行이 되지 못한다. 그래서 불관不觀의 선에 들게 되면 자연히 최상의 지계바라밀이 이루어진다. 그래서 대지계바라밀이다.

(3) 불관不觀에 오입悟入하는 때, 심행心行이 생하지 않음에 인(忍: 決定으로 흔들림 없음)하기 때문에, 대인(大忍: 대인욕바라밀)을 만족한다.

〈해설〉
인욕바라밀이 원만히 최상으로 이루어지려면 심행心行이 생함 없어야 한다. 무슨 바라밀을 행하려 하거나 지으려 하면 이미 마음이 움직여지고 흔들려 결정決定의 자리에 있지 못한다. 그래서 지계행持戒行이 제대로 펼쳐지지 못하는 것이다. 불관不觀으로 마음 일어남이 저절로 없는 까닭에 결정의 지계바라밀도 이루어져 대인욕바라밀이 만족된다.

(4) 불관不觀에서는 강의 흐름과 같이 끊어짐이 없기 때문에,

대정진大精進도 또한 만족한다.

⟨해설⟩

마음으로 무슨 정진을 한다고 함이 있으면, 마음을 어느 특정한 곳에
부단不斷히 두려 함이 있고, 열심히 집중하려 함이 있어 항상 여여如如하
게 이어지지 못하고 단절됨이 있게 된다. 그래서 강물의 흐름과 같은
중단됨이 없는 대정진에 이르지 못한다. 불관不觀의 행에서는 본래
무슨 행을 특별히 한다고 함이 없어 마음을 씀이 없기에(不用心) 여여함
이 끊임없이 저절로 펼쳐지는 행이 이루어진다. 그래서 이를 대정진大精
進바라밀이라 한다.

(5) 불관不觀은 (특별히 어느 한 방향으로) 정해진 바가 없기
때문에, 대정(大定: 대선정바라밀)도 또한 만족한다.

⟨해설⟩

불관不觀이 되지 못한 일반의 선법은 어느 특별한 법상에 의거하여
그 방향으로 향하고 집중하는 행이 되지만 그러한 상태는 모두 머리에
떠오른 개념의 상相에 있는 것이 되어 뿌리 없는 그림자처럼 안정되지
못하고 강고强固하지 못해서 깊고 원만하며 무너짐 없는 선정을 이루지
못한다. 그러나 불관不觀에서는 그림자인 상념을 떠난 행인지라 흔들릴
바도 없고, 무너질 바도 없어 금강의 무너짐 없는 삼매가 이루어진다.
이를 금강삼매라 한다. 그래서 대선정바라밀을 만족한다.

(6) 불관不觀은 혜慧이기에 출세간지出世間智를 이루기 때문에, 혜慧도 또한 만족한다.

〈해설〉

불관不觀은 이미 무상無上의 심지心地법문, 돈법의 요의要義를 요지了知한 바탕에서 이루어지는 까닭에 그 자체가 최상의 지혜바라밀이 이루어진 가운데 행해진다. 그래서 불관不觀의 행 자체가 이미 출세간지出世間智를 이루고 있어서 대지혜바라밀이 만족되어 있다.

(7) 불관不觀, 그것이 무상無上의 주처住處에 가는 방편이기 때문에, 대방편도 또한 만족한다.

〈해설〉

불관不觀의 행은 무상無上의 자리自利와 이타행利他行에 자리하게 한다. 왜냐하면 하는 바 없이 하고 머무는 바 없이 하는 까닭에 잘못을 떠나 원만하고 온전한 자리自利 이타행利他行, 복덕과 지혜의 두 자량資糧이 저절로 갖추어지고 구현되게 하기 때문이다. 불관不觀의 행 자체에서 이미 자리自利가 구현되고 있는 것이며, 모든 중생심에 일심一心의 빛이 함께 하기 때문이다. 그래서 대방편바라밀이라 하였다.

(8) 불관不觀에 오입悟入하는 때, 삼계三界가 조복調伏되기 때문에, 대공大力도 또한 만족한다.

〈해설〉

불관不觀이라 어떠한 상대相對도 있다 할 바가 없다(無所有). 그래서 두려울 바 없어 삼계에 적이 없다. 또한 관觀함이 있으면 힘이 소모됨이 있게 되나, 불관不觀에는 원천의 본래의 한량없는 힘이 소모됨이 없이 자연히 드러나 펼쳐지게 된다. 법계연기法戒緣起의 힘(力)과 함께 하니 그 위력에 모두 조복된다. 그래서 대력大力바라밀을 만족한다.

(9) 불관不觀, 그것이 원願이고, 여래의 원願에 들어가는 것을 원하기 때문에, 대원大願도 또한 만족한다.

〈해설〉

불관不觀인 자리는 본심 그 자리이고, 본래 그러한 자리인 까닭에 여래의 본원에 합치하여 있다. 즉 여래의 대원에 함께 하고 있는 것이다. 그래서 대원바라밀도 또한 만족한다.

(10) 불관不觀, 그것이 여래계如來界이기 때문에, 대지大智도 또한 만족한다.

〈해설〉

여래, 본심의 자리가 본래 불관不觀이다. 그래서 불관不觀의 자리는 이미 여래계如來界이고, 여래의 대지大智가 갖추어져 있고, 구현되는 자리가 된다. 그래서 대지大智바라밀도 또한 만족한다.

290

이 밖에 〈P812〉는, 위 (A)에 상당하는 서문과 (B) (5)의 중간까지이고, 그 이하는 결락되어 있다. 〈P116〉에는 (C) 부분만이 보인다. 단지 〈P812〉의 서문은, 〈P117〉의 것과 상당히 다르다. 아래에 그 부분을 기술한다.[147]

〈2〉『마하연 화상의 선禪의 심수心髓』(〈P812〉의 서문 부분)

가. 해제

이 문헌은 〈S468〉〈S709〉〈P117〉〈P812〉〈P813〉〈P827〉에 함께 보이는데, 그 제목도 약간씩 다르다. 자세한 제명題名은「선정돈오문禪定頓悟門, 병주석並注釋」이다. 부사不思에 의한 돈오와 오방편五方便을 간략히 설명하고 있다.『돈오대승정리결』의 내용을 보완해 주고 있다.[148] 이 가운데 상산대준上山大峻은 〈P812〉의 서문 부분을 일역日譯하여 소개하였다. 〈마하연 화상의 선禪의 심수心髓〉는 그 서문의 첫 구절이다.[149]

나. 본문 및 주해

화상 마하연의 선禪의 심수心髓를 설한다.

대승선의 전적典籍은 많지만, 그 중에서 뛰어난 것은 중中의 뜻에 돈입頓入하는 것이다. 돈입에서 방편은 없고, 법의 자성을

---

147 上山大峻 앞의 書, p.302.
148 앞의 沖本克己의 글, p.424.
149 上山大峻 앞의 書, pp.302~304.

깊이 생각하는 것이다. 그 중에서 법은 마음이고, 마음은 생한 바가 없다(不生). 이를테면 허공과 같고, 6근根의 대상이 되는 것이 아니다.

〈해설〉

돈법은 부사(不思: 생각하지 말라)의 선지禪旨를 강조한다. 그런데 여기서 법의 자성을 깊이 생각하라고 하였다. 그 법의 자성이 곧 마음은 본래 생각함이 없다는 것이다. 그래서 먼저 마음의 성품(심성)이 생각함이 없음을 사유 관찰해보아야 한다. 그래서 자심에서 그러함을 확인해야 한다. 이를 뚜렷이 해야 하고, 여기에는 깨우침이 있기 때문에 이를 요지了知한다고 한다. 그리하여 그러함을 요지하게 되면 이제 생각하되 생각함이 없음을 안다. 이를 생각함이 없이 생각한다고 한다.

일체가 오직 마음일 뿐이고(唯心), 마음은 텅 비어 고요해서(空寂) 언제 생한 바가 없고, 생하는 바가 없다(無生). 그래서 일어난 마음을 제거하려 함이 없다. 그것이 생한 바가 없음을 요지하였기 때문이다. 마음은 대상이 될 수 없는 것이어서 마음이 마음을 모르고 마음이 마음을 보지 못한다(『반주삼매경』). 『대승입능가경』「게송품」에서 "칼이 자신을 자르지 못한다."고 하였다.

때문에 그 공인 것이 각覺이다. 각覺하면, 각覺 그것도 없다. 그 까닭에 억지로 상념의 혜慧에 머무르지 아니하고, 법이 평등함을 깊이 생각한다.

〈해설〉

마음이 텅 비어 고요하되(空寂), 각覺되어 있다. 그 각은 능(能: 見分, 주관) 소(所: 相分, 객관)를 떠나 몸으로 각覺되는 것이라 이를 신증身證이라 한다. 따라서 각의 자리는 마음으로 분별되는 자리가 아니고, 대상이 되는 것이 아니다. 그래서 각 그것도 없다고 하였다. 무각無覺의 법문은 그러한 자리에서 나온다. 텅 비어 고요한 자리가 온 법계와 함께 내 몸으로 깨어 있다. 그래서 상념의 혜慧에 머무름이 없다. 일체가 이 몸과 함께 각覺되어 있어 일체가 평등하게 여일如一하게 불佛이어서 평등하고 여여하다.

화상 마하연의 선에서는 어떠한 것도 분별하지 않는다는 것이 부사不思이고, 부사의不思議에 머문다는 것이다.

〈해설〉

부사不思의 선은 마음이 본래 생각함이 없다는 것이고, 이 행이 이루어지려면 일단 자심自心을 사유 관찰하여 그러함을 확인하고, 요지了知해야 한다(전술). 그래서 부사不思의 선禪이란 마음을 부사不思하게 하려는 행이 아니라 마음이 본래 생각함이 없음을 요지(了知: 뚜렷이 앎)하여 마음을 잊어야 한다. 부사不思의 뜻이 구현될 때 마음을 잊게 된다(忘心). 아직 부사不思의 법이 남아 있다면 망심忘心에 이르지 못한다. 그 법리(法理: 理法)에 걸리는 마음이 있게 되기 때문이다. 마음을 잊으려면 그 부사不思라는 법도 버리게 되는 것이다. 그래서 부사의不思議이다. 즉 마음으로 생각함도 없어 마음이 미치지(及) 아니하고, 언설의 길을 넘어서 언어로 드러낼 수 없다는 것이다.

그렇게 할 수 없을 때, 그에 대하여 오방편五方便의 가르침이 있다. 무엇인가 하면-(이하 앞의 〈P117〉 기술 내용과 같음)-.

〈해설〉

위와 같은 돈법頓法은 누구나 쉽게 들어올 수 있는 것은 아니다. 그래서 돈법에 들 수 있는 요긴한 방편을 다섯 가지로 펼쳤다. 그 핵심이 바로 마음은 본래 생각함이 없지만, 그러함을 먼저 자심에서 확인하여 요지了知해야 돈법에 들기 때문에 방편으로 그러함을 사유 관찰하게 한 것이라는 뜻이다.

〈3〉 여러 선사의 법문집(P116)

가. 해제

돈황출토 문헌 〈P116〉에 실려 있다. 여러 선사의 법문들 중에서 요긴한 부분들을 채록하여 합집하였다. 저본은, 상산대준上山大峻, 앞의 『敦煌 佛敎の硏究』, pp.325~330이다.

나. 본문 및 주해

"이 돈입頓入의 문은 이상과 같이 많은 경전의 성어聖語와 다르지 아니하며, 사師와 지자智者들의 말씀과도 공통한다.

『능가경』 중에 나오는 대승 수기授記의 사師인 나가르쥬나(용수)에 의해 (저작된)『인연심론因緣心論』과도 또한 (일치하기에) 여기에서 제거되어야 할 것은 아무 것도 없다. 안립安立된 것도 아무 것도 없다. 진실성을 올바로 간看한다. 진실을 보는 때 해탈이라고 한다."

〈해설〉

『능가경』에서 용수보살에게 수기授記한 내용은 다음과 같다.

　『대승입능가경』 권6 「게송품」에 설한다.

大慧汝應知　대혜여! 너는 마땅히 알지니,

善逝涅槃後　선서(善逝: 佛)가 열반한 후,

未來世當有　미래세에

持於我法者　나의 법을 지닐 자 마땅히 있을 것이니라.

南天竺國中　남천축국에

大名德比丘　크게 덕으로 이름난 비구가 있어,

厥號爲龍樹　그 이름은 용수(龍樹: 나가르쥬나)라 하고,

能破有無宗　능히 유·무의 종을 타파하여,

世間中顯我　세간에서 나의

無上大乘法　위없는 대승법 드러내리니,

得初歡喜地　보살초지 얻고

往生安樂國   안락국(아미타 극락세계)에 왕생하리라.[150]

선종의 돈입 법문은 여러 대승경론에 의거하고 있다. 용수보살의 저술과도 일치하는 점을 설하고 있다. 선종은 달마대사 이래 "敎敎에 의지하여 종(宗: 心性)을 깨닫는다(藉敎悟宗)"를 근간으로 하였다. 敎敎를 통해 먼저 선지禪旨 선리禪理에 통하지 않으면 안 된다. 후에는 이러한 기본이 없이 교를 무시하는 경향이 많았다.

그래서 선지禪旨도 모르고 선을 한다 하고, 더구나 최상승의 선을 한다고 하였으니 참으로 우스꽝스러운 일이다.

"안립安立된 것도 아무것도 없다."라 한 것은, 돈법은 무슨 법을 따로 세울 바가 없다는 것이니 무슨 법을 따로 세우면 어떤 특별한 구역을 가리키는 것이 되어 무소부재無所不在한 진여眞如 여여如如의 뜻에 어긋나게 된다. 본연의 진리는 어디에나 평등하여 어느 한 곳에만 있거나 없는 것이 아니다. 이미 언설을 떠났는데 어떻게 언설에 의거하여 법을 세울 수 있겠는가(安立). 단지 부처님은 설할 수 없는 법, 세울 수 없는 법을 중생 위해 임시방편으로 세운 것일 뿐이다.

7대七代의 초조, 보리달마다라의 「어록」 가운데 또,

"이리로 들어가는 것은 교敎에 의해 종宗을 깨닫는 것이어서, 이생(異生: 凡夫)과 진실(眞實: 聖人)이란 하나여서 다르지 않지만, 허망한 객진客塵에 덮여 있는 까닭에, 진실성을 뚜렷이 요해了解하

---

150 박건주, 앞의 『능가경 역주』, 2010, pp.499~500.

지 못한다. 만약 허망을 끊어 진실을 알고, 분별을 끊어 빛에 머무른다면, 자신도 없고, 남도 없다. 범부와 성자가 평등하며, 하나이고, 흔들림 없는 견고함에 머문다면, 그 이상은 문자 등의 가르침에 따르지 않는다. 이것이 진실의 안정安靜이며, 분별없는 적연(寂然: 고요함)한 무위無爲이다. 이것이 이입理入이라고 한다."
고 하였다.

〈해설〉

달마대사의 『이입사행론二入四行論』에 나오는 법문이다. 〈대정장〉 권 48 『소실육문少室六門』 등에 수록된 본과 약간의 출입이 있다. "이생異生과 진실眞實"은 〈대정장〉본에서는 "범부와 성인聖人"이다.[151]

유심唯心이고 일심一心이어서 무생無生이고, 일체법불가득一切法不可得이라는 심오心悟가 되어야 이입理入이 되고, 이입이 되어야 선지(禪旨: 禪理)가 들어선다. 이것이 선오先悟이고, 이를 통해 이로理路가 뚜렷해져서 돈법頓法의 행에 들어간다.

선사禪師 무주無住가 설한 법문 가운데 또,
"무심無心은 계戒이다. 무념無念은 정定이다. 환심幻心이 생기지 않는 것이 혜惠이다."
고 하였다.

---

151 박건주, 『절관론역주』에 수록된 『이입사행론』, pp.254~255, 참조.

〈해설〉

『능가경』에 분별 떠남이 곧 진여眞如라고 하였다.

선사禪師 항마장降魔藏이 설하신 법문 가운데 또,

"어떤 것도 생각함 없는 것(無念)이 불佛을 염념念하는 것이다."

고 하였다.

〈해설〉

이 법문은 『능가사자기』 도신선사의 장章에 "생각하는 바가 없는 것,

이것을 불佛을 염념하는 것이라 이름한다."고 하였다. 즉 생각하는

바가 없는 것이 곧 염불念佛이다. 왜냐하면 『능가경』에 "분별 떠남(무

념)이 진여眞如다."라고 하였기 때문이다. 또 『능가사자기』 도신의

장에 "염불念佛은 염불심念佛心이고, 불심佛心은 무상無相이다."고 하였

다.[152] '불심佛心이 무상無相'이라는 뜻은, 그 불심이 염념의 대상이 될

수 없다는 것이다.

(또) "항상 불佛을 염념念하되, 소득所得을 일으키지 않는다면, 즉

(이것이) 무상無相이며, 평등하여 경계가 없다. 이 자리에 들면

염념念하는 마음도 고요해진다. 또 견고하게 하여야 할 것이 아니고,

그것을 간看하여 평등하면, 여래의 진실 법신이다…"고 한다.

---

152 박건주 역주, 『능가사자기』 「도신의 章」, 운주사, 2001/2011.

〈해설〉

불佛을 염念함이란 곧 아무런 상념함이 없는 것이라 하였다. 바로
상념함이 없는 것이 곧 마음에 소득所得이 없는 것이다. 소득이란
곧 마음에 소연(所緣: 對象)이 들어서 거기에 쏠리고 물드는 것이다.
소연에 향하거나 물들지 않음이 곧 평등이고, 경계가 없음이다. 이렇게
되면 마음이 저절로 고요해져서 마음으로 마음을 굳건히 한다거나
함도 떠난다. 마음이란 대상이 될 수 없는 것이라 마음이 마음을 견고하
게 한다고 함도 잘못이다. 단지 일체가 그대로 평등함을 간看할 뿐,
마음으로 마음을 어떻게 하는 작의作意의 행을 떠난다.

선사 아루단베르(A rdan hwer)의 법문 중에 또,
  "마음 그대로 평등하다는 것이, 유가瑜伽에 결정(決定: 安住)하는
도이다."
고 한다.

〈해설〉

당념 당처의 마음 그대로 항상 평등하다. 평등하다는 것은 불이不二이
고, 분별 떠났다는 뜻이다. 그래서 대상을 소연所緣으로 삼을 바가
없다. 항상 그 자리에 여여如如할 뿐이다. 이 뜻(禪旨)이 곧 유가(禪)에
결정決定 안주케 하는 도이다.

와륜臥輪선사가 말한 것 가운데 또,
  "마음을 움직이지 아니한 채로 생각하며, 여러 경계에 대해

얻을 바 없으면, 제어할 필요가 없고, 시설할 필요도 없다."
고 하였다.

〈해설〉

생각하지 말고 분별하지 말라고 하여 무생물처럼 있는 것이 아니다.
마음이 움직임 없는 가운데 생각도 하고 분별도 한다. 그래서 생각함이
없이 생각하고, 분별함 없이 분별한다고 한다. 범부는 마음이 경계에
휩쓸리어 흔들리면서 생각하지만, 성인은 경계에 휩쓸림이 없고, 여여
如如 평등한 자리에 있을 뿐이다. 그래서 마음에 무슨 경계가 일어나든
이를 제어할 필요가 없고, 특별한 법을 시설할 필요가 없다.

사師 마하연 선사의 법문 가운데 또,
  "법성은 각함이 없는 것이어서, 부사不思 불관不觀에서 성립한
다."
고 하였다.

〈해설〉

법성(심성, 진여)이 본래 생각함이 없다. 그래서 부사不思 불관不觀함이
곧 법성이며, 진여이다.

Ⅸ. 결론

불교의 수증修證 법문에는 점법漸法과 돈법頓法의 두 체계가 시설되어 있다. 점법이 점차로 진전된다는 뜻이라면 돈법은 단박에 이른다(성취한다)는 뜻이지만, 그 자세한 내역을 살펴보면 불교의 전 교의敎義와 수증의 체계가 양자에 관련되어 있어 그렇게 쉽게 요약될 수 있는 사항은 아니다. 점법은 주로 소승불교의 중심 되는 수증론으로 시설되어 있고, 대승에서는 점법과 돈법이 아울러 함께 시설되어 있다. 돈법의 뜻은 점법에 대비되어 이해될 수 있기 때문에 먼전 점법을 공부해보아야 돈법의 뜻이 드러난다. 또한 각자의 근기나 성향에 따라 우선 점법을 오랫동안 닦아야 하는 이가 있고, 점법을 잠깐 닦은 후 곧장 돈법으로 나아갈 수 있는 뛰어난 이들도 있다. 어쨌든 일단 점법을 얼마 동안은 거치게 되는 것이 보통이다. 달마대사 이래의 중국 선종은 대승경론의 깊은 선지禪旨에 의한 돈법을 주로 설하지만, 사람에 따라 점법을 펴기도 하였다.

중국 선종 돈법의 근간은 먼저 심성心性을 자심自心에서 파악하는 것이고(見性), 그 심성은 이미 여러 대승경론에서 설하였기 때문에 자심에서 그러한 뜻의 심성을 확인하는 간심看心의 행이 먼저 개시開示되었다. 즉 마음은 본래 텅 비어 고요해서(空寂), 생함이 없고(無生), 지知함이 없으며, 견見함이 없고, 분별함이 없다. 일체가 오직 마음일 뿐이어서(唯心) 무엇이 생하였다 한들 생한 그대로 마음일 뿐이라 생한 그대로 무생無生이다. 유심唯心이고 무생인 뜻이 항상 당념當念 당처當處에서 구현되고 있는 까닭에 마음으로 마음을 어떻게 하려는 온갖 작의作意의 행들이 할 필요 없게 되어, 무사無事, 불용심不用心, 무념無念, 무심無心, 부사不思, 절관絶觀의 행이 되고, 온갖 법상法相도 넘어서게 되어 마침내 마음도 잊는 망심忘心의 자리에 든다. 그리고 망심忘心을 통해 이제 신증身證의 세계가 열리는 것이다.

이러한 돈법은 마음을 어떻게 하여 번뇌를 제거하거나 억제하거나 정돈하는 등의 행을 주로 하는 점법과 뚜렷이 구분되는 것이었고, 아직 심성의 뜻을 파악하지 못한 이들에게는 초기의 불법에 위배되는 행으로 인식될 수 있는 것이었다.

돈황 지역이 티베트에 점령되던 780년대에 이곳에서 활동하며 존숭받고 있던 마하연 선사는 북종 신수神秀 선사의 재전제자再傳弟子였다. 당시 티베트 국왕은 불교를 국교로 하는 새 국가 건설을 위해 인도와 중국으로부터 뛰어난 승려를 구하고 있었다. 돈황이 점령되면서 마하연 선사는 국왕에 의해 초빙되어 대략 787년부터 티베트에서 선종 돈법에 의한 포교활동을 하게 되었다. 당시 티베트는 770년대 이래 인도의 명승 연화생(蓮華生: 파드마삼바바)과 적호(寂護: 산타락시타)

등의 전교傳敎 활동으로 인도의 점법漸法이 상당한 세력을 이루고
있었다. 마하연 선사의 돈법파(頓門)도 왕비 등 귀부인 30여 명이
출가하고, 5천 명의 신도를 얻게 되는 등 수년 사이에 급성장하였다.
점법파(漸門)는 이를 시기하여 돈문의 법이 불설佛說이 아니니 금지해
야 할 것을 왕에게 주청奏請하였다. 이에 왕은 돈법을 금하는 조치를
취하였고, 돈문은 자해自害의 행동을 펼치며 이에 격렬히 반발하였다.
결국 왕의 입회하에 792년 제1차의 대론對論이 개최되었다. 당시 적호寂
護는 이미 788년에 입적하였기 때문에 다른 인도 점법승이 점문의
대표로 참여하였을 것이다. 이전에 적호와 마하연이 만나 대담을 한
바 있는지는 불분명하다. 마하연이 티베트에 들어온 지 1년 내외에
적호가 입적한 셈이다. 마하연 선사는 티베트에 와서 돈법을 펼치면서
792년의 제1차 대론이 있기 전에 왕을 비롯하여 여러 점법파들과도
종종 대담對談을 주고받았다고 하였다. 이 제1차 대론에서 비판 내지
질문 공격의 발언자는 인도의 점법승과 티베트의 종교지도자 뺄양과
예시왕뽀 등이었고, 이에 대한 답변자는 마하연 선사였다. 양편의
대담 기록은, 중국 측 자료인『돈오대승정리결頓悟大乘正理決』에 수십
회에 이르는 답변이 상세히 기록되어 전하지만, 티베트 측 기록인
여러 관련 자료에서는 점법파의 신랄한 공격적 질문만 주로 기록되어
있고, 답변의 내용은 1~2회만 겨우 기록되어 있다. 후대의 티베트
자료들도『바새』등 초기의 기본 자료를 요약하여 옮기는 정도로 기술하
고 있다. 대부분 공격적 비판의 질문만 집중하여 기술하고, 답변한
내용은 간략히 두 세 줄로 소개하고 있을 뿐이다. 티베트 측 기록들은
종류는 많지만 대론의 진상을 제대로 전하는 것이 실은 거의 없는

셈이다. 반면 『돈오대승정리결』은 수십 회의 질문과 답변이 상세히 기록되어 있고, 마하연 선사는 수십 종류의 대승경론을 자세히 인용하며, 자신들이 설하는 돈법이 이와 같이 대승경론에 의거하고 있음을 명증明證하고 있다. 이에 따라 인도 점법파는 더 이상 할 말을 잃었고, 티베트 왕은 마하연 선사의 돈법은 경론에 합치하고 있으니 정법임을 공인한다고 하면서 그의 승리를 선언하였다. 그리고 돈법을 자유롭게 포교하고, 신앙할 수 있도록 하라는 명을 내렸다. 그러나 제1차 대론의 결과 티베트 왕에 의해 결정된 돈문의 승리를 솔직히 그대로 기술한 티베트 자료는 보이지 않는다. 단지 티베트 종교지도자였던 예시왕뽀가 돈문에 상대하기 위해 적호의 제자인 연화계(蓮華戒: 카말라실라)를 인도에서 초빙해 와 제2차의 대론(794)을 개최하게 되었다는 기록만이 전할 뿐이다. 인도 측 전임 대론자가 실패하였으니 그 후임으로 그 제자를 초빙하게 된 것이 분명하니, 제1차의 대론은 인도측이 패배한 것이 분명하다. 또한 티베트 자료에서는, 연화계가 티베트에 초빙되어 와 중국의 돈법을 제압하게 될 것이라고, 그 스승 적호가 일찍이 예언한 바 있었다는 것을 덧붙이고 있다. 어떠한 일이 이전에 누구에 의해 예언되어 있었다는 기록들이 티베트불교사 여러 곳에 자주 보인다. 그러한 예언의 일이 사실인 예도 있겠지만, 여기서는 적호와 연화계의 일을 신비화시키려는 의도가 다분해 보인다. 즉 점법의 승리가 이미 예정되어 있었다는 것이 되어 티베트가 점법이 인도하는 국가가 된 것을 예정된 일로서 당연시하고 합리화시키는 것이다.

그런데 제1차 대론에서 많은 대담을 통해 돈문의 승리가 선언되었는데, 대론자가 연화계로 바뀌어졌다고 해서 1년여 만에 다시 개최된

794년의 제2차 대론에서 승자와 패자가 바뀌어졌다는 것이 쉽게 납득되지 않는 면이 있다. 더구나 그 토론의 주제도 동일한 것이었다. 티베트 자료 가운데 가장 이른 시기에 나온 사서史書『바새(쌈예사지桑耶寺誌)』의 제2차 대론의 기록에서 마하연 선사의 답변은 오직 1회 밖에 기술되어 있지 않다. 연화계와 삘양 및 예시왕뽀의 공격적 질문도 새로운 것이 아니고, 마하연 화상의 답변도 예전과 다를 바 없는 내용들이다. 그런데 왕은 어찌하여 판결을 갑자기 정반대로 내리게 된 것일까.

필자는 이에 대한 해답을 왕이 점법의 승리를 판결하면서 언급한 다음의 구절에서 찾고자 한다.

> 이에 국왕이 선언하되, "단박에 깨쳐 들어간다고 주장하는 중국 화상의 선법은 십법행十法行을 훼멸하는 법이므로 행하지 말라. 마음이 우매해서 자타로 하여금 수심修心의 문을 막고 중단시킨다면, 마음은 몽매해지고, 법은 쇠락하게 되니, 그와 같은 법은 화상 그대만이 닦도록 하라.
> …(중략)…
> 대저 티베트는 땅이 외지고 궁벽하며, 사람의 심성은 우둔하고 성정이 거칠어서, 외와 같은 법을 이해하기가 힘들고 어렵다.(『바새(쌈예사지)』, 중암, p.112에서 轉引)

즉 국왕은 양편의 대론에서 돈법 측의 승리를 인정하였지만, 티베트의 현실을 고려할 때 난해한 돈법으로 우둔하고 거친 티베트인들에게 불교를 편다는 것이 대단히 어려운 일임을 알고, 점법으로 불교를 퍼야 하겠다고 결정한 것으로 본다. 사실 돈법은 불교를 상당히 오랫동안 깊이 있게 한 사람들도 쉽게 수긍하지 못하는 경우가 많다. 당시 티베트인들은 뵌교의 영향이 깊이 스며들어 있었고, 대부분 문자를 알지 못하였다. 깊은 교리를 먼저 숙지해야 하는 돈법을 그들에게 펴면서 불교로 이끈다는 것은 대단히 어려운 일이다. 그래서 복덕행 쌓아가는 행을 위주로 하면서 점차 반야행을 닦게 하는 방향으로 결정한 것으로 본다. 복덕과 지혜의 두 자량資糧을 강조한 인도 점법승의 가르침대로 이후 티베트불교는 그러한 방향으로 나아가면서 발전하였다. 티베트 국왕의 그 결정은 티베트의 현실을 감안한 것이었다.

단지 이후 티베트에서 마하연의 돈법이 단절된 것은 아니라고 본다. 이후 까규파(白敎)의 무상대수인법(無上大手印法: Mahamudra)이나[153] 닝마파의 족첸(rdZogs chen, 大圓滿)의 선법도 실은 중국 선종의 돈법과 다를 바가 없다. 단지 기초 단계인 생기차제生起次第의 법문들은 점법에 속하는 것이어서 다른 면이 있지만 선종에서도 본래 점법도 갖추고 있다는 면에서 보면 마찬가지이다. 양자가 동일하지 않다고 주장하는 일부의 입장도 있지만, 양자 모두 같은 대승경론의 심의深義에 의거한 것으로 다를 바가 없다.

마하연 화상은 대론에 실은 승리한 셈이지만 국왕의 불교정책이 티베트 백성의 여건을 감안하여 점법의 방향을 취하게 되자 티베트에서 물러나게 되었다. 티베트의 기록들은 대론의 문답 내용을 거의 대부분 기록하지 않고, 인도승과 티베트 예시왕뽀 등이 돈법을 비난한 내용만

---

153 大手印法에 대해서는 박건주 역주, 『티베트밀교 무상심요법문』, 운주사, 2001/2015, 참조.

일방적으로 기술하고는 마하연 화상의 답변과 해설은 하나도 싣지 않았다. 그렇게 하여 국왕이 점법의 승리를 선언한 것이 당연한 것인 양 내용을 왜곡시켰다. 사실에 입각한 올바른 역사 기록이라면 국왕이 돈법의 승리로 판정하였지만, 티베트인들의 사정을 감안해서 앞으로 불교정책은 점법의 방향으로 결정하였다고 기술하였어야 한다. 그러나 점법파가 그러한 사실을 그대로 기록하지 못하였다. 자신들이 티베트불교를 이끌어가게 되었는데 중국의 돈법에 패배하였다는 것을 그대로 기록할 수 없었던 것이다. 후술하는 『돈오대승정리결』의 기록에 의하면 문답에서 오고간 내용에 의하면 도저히 인도 점법승이 승리한 것으로 볼 수 없게 되기 때문에 그 부분을 모조리 제외시킨 것이다. 따라서 티베트 쪽의 기록은 사실상 반쪽자리 기술밖에 안 된다. 또한 이후에 작성된 티베트 기록들도 거의 모두 이 『바새(쌈예사지)』의 기록 일부를 발췌한 정도에 지나지 않은 것이었고, 그 내용도 돈법을 일방적으로 몰아친 대목들이었다.

후대 티베트불교에서 마하연 화상이 전한 돈법의 영향과 그 계승의 모습도 보인다. 돈황에서 발견된 문헌에는 중국 선종의 돈법 법문들을 티베트 문으로 번역한 문헌들이 다수 있다. 따라서 마하연의 활동 시기에 이미 상당수의 선종 법문들이 티베트에 전해지고 수습修習되었음을 알 수 있다.

이후에도 티베트에서 돈법의 전승은 꾸준히 이어져 중국선종의 돈법과 대유가파(티베트의 돈법)가 함께 칭해지기도 하였고, 연이어 전래된 밀교에도 선종의 돈법이 어울려져 있음을 볼 수 있다.

참고문헌

〈원전〉

『頓悟大乘正理決』(P4646, S2672, P4623, P823, P827, P21)

(影印本 P4646)『敦煌禪宗文獻集成(中)』(北京, 新華書店)

『頓悟大乘正理決』・『頓悟大乘正理決 長篇』・『チバット文異本〈頓悟大乘正理決〉』
    [上山大峻, 『敦煌佛教の研究(資料篇)』, 京都, 法藏館, 1990. 3]

『大乘二十二問』(S2674, P2287, P2690, S4297, 位20, P2835, M1139, S2707, S4159)
앞의 上山大峻, 『敦煌佛教の研究(資料篇)』 및 『敦煌禪宗文獻集成』 및 『大正藏』
    2818番(S2674)

『修習次第』

〈初篇〉

(1)〈Skt. 교정본〉Tucci G., Minor Buddhist Texts, Part II, Roma 1958(repr. Kyoto,
    1978), pp.185~229.

(2)〈Tib. 교정본〉위의 책

(3)〈西藏大藏經本〉C. ki 22a-42b4; D. No.3915, ki 22al-41b7; N. No.3301,
    a 22a2-44al; P. vol.102, No.5310, a 22a3-45a8.

(4)〈인도街版 Tib.本〉, New Delhi, 1977.

(5)〈돈황출토 티베트문헌〉ST648, PT825.

(6)〈(漢譯)廣釋菩提心論〉, 『大正藏』32.

(7)〈漢譯교정본〉: 芳村修基, 『インド大乘佛教思想研究』(京都, 1974)

〈中篇〉

(1)〈西藏大藏經本〉

(2)〈인도街版 Tit.本〉初篇文獻 4번

(3)(日譯) 芳村修基, 『インド大乘佛教思想研究』(京都, 1974)

〈後篇〉

(1)〈SKT. 교정본〉Tucci G., Minor Buddhist Texts, Part III, Roma 1971.

310

(2)〈SKT. 寫本寫眞〉

(3)〈Tib. 교정본〉芳村修基,『インド大乘佛教思想研究』, 京都, 1974.

(4)〈西藏大藏經本〉

(5)〈인도街版 Tib.本〉초편문헌 제4번.

(6)〈Tib로부터 日譯〉芳村修基,『インド大乘佛教思想研究』(京都, 1974)

『Bu ston(1290~1364)佛教史』(芳村修基,『インド大乘佛教思想研究』, 京都, 1974)

『布頓佛教史』(布頓著, 郭和卿譯, 台北, 華宇出版社, 1988)

『王統鏡』: Houston G W, The bSam yas Debate: according to the rGyal rabs gsal
   ba'i me long, Central Asiatic Journal ⅩⅤⅢ(1974)

『學者의 宴』: Lho-brag-chos-hbyun, Śantapitaka Series vol4 (Ja==part4), New Delhi,
   1962.

GWHouston: Sources for a History of the bSam yas Debate(StAugustin, 1980)

『sBa bzed(bSam-yas寺의 緣起錄)』: Stein R A, Une chronique ancienna de bSam-yas:
   sBa-bzed, Paris, 1961.

〈티베트문사본〉Ptib117v, Ptib812『mKhan po Mahayan의 教義』(원문 및 日譯), 上山
   大峻,「敦煌出土マハユン禪師遺文」(『印佛研』29-2, 1971) / 上山大峻,「チバット
   寫本中のマハユン資料」,『敦煌佛教の研究』(京都, 法藏館, 1990. 3) / 沖本克己,
   『大乘佛教·敦煌Ⅱ』(中央公論社, 1989)

〈티베트문사본〉ST468『(和尚摩訶衍의) 禪定頓悟門』; 上山大峻,「敦煌出土マハユ
   ン禪師遺文」(『印佛研』29-2, 1971) / 沖本克己의 日譯,『日本西藏學會會報』23,
   1977 / 原田覺,「敦煌藏文 mKhan po Ma ha yan資料考(1)」(『印佛研』30-1, 1981)

『禪定燈明論 bSam gtan mig sgron』: Giuseppe Tucci: Minor Buddhist Texts ,Part
   Ⅱ(Roma, 1958)

『大臣實錄 Blon po'i bka' than』: Giuseppe Tucci: Minor Buddhist Texts, Part Ⅱ
   (Roma, 1958)

〈초기선종 관련 원전류〉

『대승입능가경(능가경 7권본)』(『능가경 역주』, 박건주, 운주사, 2009)

『敦煌禪宗文獻集成(全3卷)』(林世田·劉燕遠·中國美 編, 北京, 新華書店, 1998)

『능가사자기 역주』(박건주, 운주사, 2001/2011)

『대반야경』(〈대정장〉 권7)

『화엄경(60권본)』(〈대정장〉 권9)

『화엄경(80권본)』(〈대정장〉 권10)

『마하반야바라밀경』(〈대정장〉 권8)

『대반야바라밀다경』(〈대정장〉 권7)

『반주삼매경』(〈대정장〉 권13)

『聖善住意天子所問經』(〈대정장〉 권12)

『금강삼매경』(〈대정장〉 권9)

『사익범천왕소문경』(〈대정장〉 권15)

『대불정수능엄경』(〈대정장〉 권19)

『유마힐소설경』(〈대정장〉 권14)

『대보적경』(〈대정장〉 권11)

『大乘密嚴經』(不空 역본)(〈대정장〉 권11)

『대반열반경(40권본)』(〈대정장〉 권12)

『佛華嚴入如來德智不思議境界經』(〈대정장〉 권10)

『법화경』(〈대정장〉 권9)

『大乘百法明門論硏究』(簡金武 著, 臺中, 2001)

『티베트밀교 無上心要法門』(박건주 역해, 운주사, 2015/2001초판)

『중론』(〈대정장〉 권30)

『諸法無行經』(〈대정장〉 권15)

『대승기신론』(〈대정장〉 권32)

『속고승전』(〈대정장〉 권50)

『열반경종요』(『원효대사전집』, 보련각, 1978)

『종경록』(〈대정장〉 권48)

『十萬頌』(밀라레빠존자 頌, 張澄基 역주, 『密勒日巴大師全集(歌集)』, 臺北, 1980)

『心銘』(박건주, 『절관론 역주』, 운주사, 2012)

『絶觀論』, 위와 같음

『顯宗記(『頓悟無生般若頌』)』, 위와 같음

『南天竹國菩提達摩禪師觀門』, 위와 같음

『無心論』, 위와 같음

312

『안심법문』, 위와 같음

『보리달마론(『二入四行論長卷子』)』(박건주 역주, 운주사, 2013)

『능가사자기』(박건주 역주, 운주사, 2001/2011)

『북종선법문-돈황문헌역주Ⅱ』(박건주 역주, 씨아이알, 2009)

『大乘北宗論』, 위와 같음

『大乘五方便』, 위와 같음

『大乘開心顯性頓悟眞宗論』, 위와 같음

『頓悟眞宗金剛般若修行達彼岸法門要訣』, 위와 같음

『惠達和尙頓悟大乘秘密心契禪門法』, 위와 같음

『하택신회선사 어록-돈황문헌역주Ⅰ』(박건주 역주, 씨아이알, 2009)

『南陽和尙頓敎解脫禪門直了性壇語』, 위와 같음

『菩提達磨南宗定是非論』, 위와 같음

『南陽和尙問答雜徵義』, 위와 같음

『修心要論』(박건주 저, 『초기선종 동산법문과 염불선』, 비움과 소통, 2012)

『註心賦 역주』(박건주 역주, 학고방, 2014)

『경덕전등록』(〈대정장〉 권51)

『육조단경』(〈대정장〉 권48)

『대방등대집경』(〈대정장〉 권13)

『불장경』(〈대정장〉 권15)

『中華傳心地禪門師資承襲圖』(『卍新纂續藏經』63)

〈논저〉

Paul Demiéville: Le Concile de Lhasa, Paris, 1952(1986)

　〖中國語譯〗: 耿昇 譯, 『吐蕃僧諍記』, 甘肅人民出版社, 1985 / 臺灣商鼎出版社, 1993 / 西藏人民出版 社, 2001.

吳基昱 譯, 『吐蕃佛敎會議』(『敦煌學』1, 1974)

　〖日語抄譯〗: 島田虔次 譯, 『ラサの宗論』(『東洋史研究』17-4, 1959)

　〖國譯〗: 김성철·배재형·차상엽 공역, 『라싸 종교회의: 서기 8세기 인도와 중국 불교도들의 돈頓/정적靜寂주의 논쟁』(①『불교학리뷰』 9권 2011. 6/ ②11권 2012. 6/ ③14권 2013. 12/ ④16권 2014. 12/ ⑤17권 126/ ⑥18권 2015.12)

Paul Demiéville, Recents travaux sur Touen-houang, T'oung Pao, LⅥ, 1970.

Giuseppe Tucci: Minor Buddhist Texts Part II(Roma, 1958)

Paul Demiéville: Bibiliographic; Guiseppe Tucci, Minor Buddhist Texts part IIToung Pao, VolXLVI(Leiden, 1958)

上山大峻,『敦煌佛教の研究』(京都, 法藏館, 1990)

田中良昭,『敦煌禪宗文獻の研究』(東京, 大東出版社, 1983)

沖本克己,「敦煌發現的藏文禪宗文獻及所遺課題」(『戒幢佛學』2, 長沙, 岳麓書社, 2002. 12)

饒宗頤,「神會門下摩訶衍之入藏兼論南北宗之調和問題」(『香港大學五十周年記念論文集』, 1964)

沖本克己,「摩訶衍の思想」(『花園大學研究紀要』8, 1977)

沖本克己,「敦煌出土西藏文禪宗文獻の研究(1)」(『印佛研』26-1, 1977)

沖本克己,「敦煌出土西藏文禪宗文獻の研究(2)」(『印佛研』27-2, 1979)

沖本克己,「敦煌出土の西藏文禪宗文獻の研究(3)」(『印佛研』28-1, 1979)

沖本克己,「敦煌出土のチバット文禪宗文獻の内容」(『(講座敦煌8) 敦煌佛典と禪』, 東京, 大東出版社, 1980)

原田覺,「頓悟大乘正理決の妄想說について」(『印佛研』25-2, 1977)

原田覺,「摩訶衍禪師考」(『佛教學』8, 1979)

原田覺,「摩訶衍禪師と頓門」(『印佛研』28-1, 1979)

山口瑞鳳,「摩訶衍の禪」(『(講座敦煌8) 敦煌佛典と禪』, 東京, 大東出版社, 1980)

上山大峻,「チバット宗論の始終」(『敦煌佛教の研究』, 京都, 法藏館, 1990)

중암 저,『까말라씰라의 수습차제연구-쌈예(bSam yas)의 논쟁 연구-』(불교시대사, 2006. 9)

伊吹敦,「摩訶衍と『頓悟大乘正理決』」(『東洋哲學論叢』創刊號, 1992)

伊吹敦,「摩訶衍禪師と「頓悟」」(『禪文化』146, 1992)

島田虔次 譯,「ラサの宗論」(『東洋史研究』17-4, 1959)

沖本克己,「敦煌出土のチバット文禪宗文獻の内容」(『(講座敦煌8) 敦煌佛典と禪』, 東京, 大東出版社, 1980)

沙武田,『藏經洞史話』(北京, 民族出版社, 2004)

唐阿美(惟果),「圓測의 解深密經疏 연구」, 동국대박사학위논문, 1999.

314

沖本克己,「敦煌出土のチベット文禪宗文獻の内容」(『(講座敦煌8) 敦煌佛典と禪』, 東京, 大東出版社, 1980)

上山大峻,「西明寺學僧曇曠と敦煌の佛教學」(『敦煌佛教の研究』第一章, 京都, 法藏館, 1990)

班班多杰,『藏傳佛教思想史綱』(上海三聯書店, 1992)

佟德富,「試論禪宗在吐蕃社會的傳播及其影響」(『内蒙古社會科學』 1999-3)

沖本克己,「敦煌出土のチバット文禪宗文獻の内容」,『敦煌佛典と禪』(敦煌講座 8, 東京, 大東出版社, 1980)

楊富學·秦才郎加,「摩訶衍禪法對吐蕃佛教的影響」(『敦煌吐蕃文化學術研討會論文集』, 敦煌吐蕃文化學術研討會, 敦煌, 敦煌研究院, 2008. 8. 1)

沖本克己, 「大乘无分別修習義·序文－－ぺりオ九九六について」(『花園大學研究紀要』 第25期, 1993-1)

김치온,「마하연의 선법 연구－돈황본『돈오대승정리결』을 중심으로」(『보조사상』 31, 2009)

釋慧嚴,『中國禪宗在西藏』(『中華佛學學報』 7, 1994. 7)

山口瑞鳳,「摩訶衍の禪」,『敦煌佛典と禪』, 東京, 大東出版社, 1980.

巴宙,「大乘二十二問之研究」(『中華佛學學報』 第三期, 1990. 4)

釋慧嚴,「中國禪宗在西藏」(『中華佛學學報』 第七期, 1994. 7)

王森,『西藏佛教發展史略』(中國社會科學出版社, 1987. 6)

釋慧嚴,『中國禪宗在西藏』(『中華佛學學報』 7, 1994. 7)

小畠宏允,「古代チバットにおける頓門派(禪宗)の流れ」(『佛教史學研究』 18-2, 1976. 4)

林冠群,『吐蕃贊普埀松德贊研究』(台灣商務印書館, 1991. 4)

藤技晃,「吐蕃支配期の敦煌」(『東方學報』 31, 1961. 3)

芳村修基,「河西僧曇曠の傳曆」(『印度學佛教學研究』 7-1, 1958. 12)

御牧克己,「頓悟と漸悟－カマラシ-ラの『修習次第』」(『講座大乘佛教 7: 中觀思想』, 春秋社, 1983. 11)

原田 覺,「チバット佛教の中觀思想」(『講座大乘佛教 7: 中觀思想』, 春秋社, 1983. 11)

立花孝全,「Lam rim chen moに見られるbsam yasの宗論について」(『印佛研』 15-1,

1966)

長谷部好一, 「吐蕃佛教と禪－頓悟大乘正理決をめぐって」(『愛知學院大文學紀要』 1, 1971)

上山大峻, 「曇曠と敦煌の佛教學」(『東方學報』 35, 1964)

上山大峻, 「チバットにおける禪とカマラシ-ラとの爭點」(『日本佛教學會年報』 40, 1975)

鄭金德, 『現代西藏佛教』(臺灣, 佛光出版社, 1995)

木村隆德, 「敦煌チバット語禪文獻目錄初考」(『東京大學文學部文化交流研究施設研究紀要』 4, 1980)

原田覺, 「敦煌本 sGom rim dan po 考」(『日本西藏學會會報』 28, 1982)

山口瑞鳳, 「rin lugs rBa dPal dbyans－bSam yasの宗論をめぐる一問題－」(『平川彰博士還曆 記念論集』, 1975)

山口瑞鳳, 「吐蕃王國佛教史年代考」(『成田山佛教研究所紀要』 3, 1978)

藤枝晃, 「吐蕃支配期の敦煌」(『東方學報』 31, 1961)

芳村修基, 「河西僧曇曠の傳歷」(『印佛硏』 7-1, 1958)

久野芳隆, 「曇曠述大乘二十二問」(『佛教研究』 1-2, 1937)

上山大峻, 「エセイデの佛教綱要書」(『佛教學研究』 32·33合倂號, 1977)

上山大峻, 「エセイデの佛教綱要書(Ⅱ)」(『佛教學研究』 37, 1981)

上山大峻, 「エセイデの佛教綱要書(Ⅲ)」(『佛教學研究』 45·46合倂號, 1990)

木村隆德, 「敦煌出土のチバット文禪宗文獻の性格」(『敦煌佛典と禪』, 〈講座敦煌 8〉, 東京, 大東出版社, 1980)

박건주, 『중국초기선종 능가선법 연구』(운주사, 2007)

박건주, 「牛頭禪에 보이는 諸禪家 공유 상통의 禪旨－宗密의 입장에 대한 비판과 보완」(『선학』 44, 8)

Yoshiro Imaeda(今枝由郎): "Documents tibétains de Touen-houang concernant le concile du Tibét", Journal Asiatique, Tome 263, 1975

Kimura R, Le dhyana chinois au Tibet ancien apres Mahayana, Journal Asiatique, 1981

Wayman A, Doctrinal disputes and the debate of bSam yas, Central Asiatic Journal, ⅩⅪ-2(1977)

Houston GW, Sources for a History of the bSam yas Debate, StAugustin, 1980

* 이 참고문헌 목록에는 저자가 참고하지 못한 자료도 있다. 연구하는 학자들에게
도움이 될 수 있도록 목록에 넣어두었다.

우두선牛頭禪에 보이는 제선가諸禪家 공유상통의

선지禪旨 – 종밀宗密의 입장에 대한 비판과 보완[154]

서언

규봉종밀(圭峰宗密, 780~841)이 그의 여러 저술에서 여러 선가의 선법을 요약하여 소개 비평한 내용들은 후대 하나의 지남指南이 될 정도로 큰 영향을 주었다. 여러 분파로 나누어져 상호비방 쟁론하는 양상을 회통시켜 화회和會코자 한 그의 활동은 소중한 면이 있지만, 그의 글들에는 자파(自派: 하택종) 지상주의에 치우쳐 있는 점이 엄연한 까닭에 그 내용들을 그대로 수용해서는 안 되는 면들이 많다. 따라서

---

154 이 글은 필자가 2016년 6월 24일 동국대에서 발표하고, 한국선학회 학술지 『禪學(선학)』 44(2016. 8. 31)에 발표한 논문이다. 중국 선종의 여러 선가禪家에서 설하는 돈법을 회통하여 이해할 수 있도록 하였다. 본서에서 의론되는 돈법을 올바로 이해하는 데 도움이 될 것으로 여겨져 여기에 부록으로 싣는다.

이를 비판적 시각에서 살펴보지 않으면 안 된다. 남북이종의 분종分宗을 비롯한 여러 선가의 분립 쟁투의 발단을 야기한 것은 하택신회의 제자 일각에서 일으킨 조작에 의한 것일 뿐, 본래 여러 선가의 선법이 다른 것이 아니었고, 그렇게 쟁론이 일어날 일도 아니었다. 미꾸라지 한 마리가 휘젓고 다니며 맑고 조용한 연못을 온통 흙탕물로 더럽히고 어지럽힌 꼴이었다. 종밀은 그 미꾸라지의 후속 세대로서 그 편에 서서 추종하고 그 흐름이 위세를 얻도록 도와준 셈이다.

본고는 여러 선가 중에 시기적으로 가장 앞선 우두선에 여러 선가가 공유하는 상통의 선지와 법문이 담겨 있음을 설명하고, 그 선지를 통해 여타 선가의 법문들이 다 융회 회통되는 것임을 밝히고자 한다. 아울러 그러한 선지들이 모두 궁극에는 마음을 잊는 망심忘心의 자리에 이르러 신증身證을 성취하게 하는 가르침이며, 그 길에 소용이 되는 것임을 해설하고자 한다.

한편, 하택荷澤―징관澄觀―종밀宗密로 이어진 선가에서 심체를 '지知'로 드러낸 법문에 대해 그 문제점을 지적하여 마땅한 방향을 제시하고자 한다.

이러한 작업을 통해 종밀의 회통론이 지니는 공功과 과過도 저절로 드러날 것이다.

Ⅰ. 종밀의 저술 의도와 그 문제점

우두법융(牛頭法融, 594~657)의 활동 시기는 남북분종이나 선문禪門 5家의 우열논쟁이 일어나기 이전이다. 또한 신수(神秀, 605~706)·혜능

(惠能, 638~713)보다 1세대 정도 앞이고, 하택신회(684~758)보다 1세기 앞이며, 규봉종밀(780~841)보다 2세기 앞이다. 그의 저술로『심명心銘』과『절관론絶觀論』,『주금강반야경注金剛般若經』1권(〈대정장〉55),『금강반야경의金剛般若經意』1권(〈대정장〉55),『유마경기維摩經記』1권(〈대정장〉55),『유마힐경요략소維摩詰經要略疏』1권(〈대정장〉55),『화엄경사기華嚴經私記』양권(〈대정장〉55),『법화명상法華名相』1권(〈대정장〉55)이 전한다.『심명』은『전당문全唐文』권908과『경덕전등록』권30에 수록되어 전해져 왔고,『절관론』은 일찍이 실전되었다가 1세기 전 돈황에서 발견되었으며, 필자가『심명』과 함께 역주 해설한 바 있다.[155]

남북분종의 사事가 일어나게 된 것은 하택신회가 하남성 남양과 활주滑州에서 활동하며, 남돈북점설南頓北漸說·전의설傳衣說·정방설正傍說 등을 제창하면서부터인데, 그 내용이 돈황출토의 그의 여러 법문과 어록 가운데 기입記入되어 있지만, 필자의 소견으로는, 그 내용들은 실은 그의 제자 일각에서 스승의 법문을 편집하면서 그 내용들

---

155 『심명』과『절관론』에 대한 역주 해설은 박건주,『절관론 역주』(도서출판 운주사, 2012) 참조.

단지『절관론』의 저자에 대해 종래 달마대사설과 우두법융설 및 하택신회의 제자 無名으로 보는 설 등이 있다. 그에 대한 연구 소개는 平井俊榮,「牛頭宗と保唐宗」(『敦煌佛典と禪』, 東京, 大東出版社, 1980), pp.201~204 참조.

우두법융의 저서로 明記된 典籍에『宗鏡錄』권30 및 권9, 권77,『祖堂集』권3,『萬善同歸集』卷中 등이 있어 확정된 것은 아니지만 우두법융의 저서로 보는 것이 일반적이다. 또한『心銘』과 내용이 거의 상통하고 있는 점도 고려해야 한다.

을 위조하여 끼워 넣은 것으로 본다. 이러한 위조 활동의 주모자로부터 비롯된 분종을 이하에서 '하택종'으로 칭한다. 하택신회는 돈법의 뛰어남을 열심히 현창하였을 뿐, 어록집에 기술된 것처럼 여러 모략에 의한 선전으로 북종을 폄하하는 행을 한 것은 아니라고 본다. 사실 그러한 돈법은 북종도 같은 시기에 열심히 현창하고 있었다.

한편, 혜능의 생존 시까지는 남북분종을 야기하는 발설이 나온 바가 없었다. 남북이종南北二宗의 선법을 구분하여 융회 내지 회통하려는 노력이 하택신회보다 50여 년 후배인 징관(澄觀, 738~839)에 의해 이루어지고 있다. 징관의 그러한 활동은 하택신회의 제자 일각에서 조작한 내용들이 이미 불교사회에 상당히 전파되어 있었음을 말해준다. 그런데 8세기 중엽 당 현종 시의 승려 청화淸畫가 지은『능수이조찬能秀二祖讚』에 "남북의 분종分宗이란 역시 잘못된 말이다."[156] 하였다. 또한 하택신회의 수제자인 혜견(慧堅, 719~792)의 비문碑文에[157] 의하면

---

156 "二公之心如月如日, 四方無雲, 當空而出, 三乘同軌, 萬法斯一, 南北分宗, 亦言之失."『全唐文』권917, p.12059(臺灣大通書局).

157 이『慧堅碑銘』의 정식 이름은『唐故招聖寺大德慧堅禪師碑銘幷序』이다. 太中大夫給事中皇太子及諸王侍讀兼史館修撰杜國 徐岱가 撰하였다. 1945년 西安 西郊에서 발견되었다. 이 비문은 하택신회 계통의 선법과 전승을 전해주는 중요한 자료이다. 이 비문과 慧堅에 대한 연구는 蔣雲華(1994), 楊曾文(1995), 王亞榮(1996), 楊曾文(2002) 등에 의해 이루어진 바가 있다. 본고는 이 가운데 楊曾文(2002)에 실린 교정본 원문에 의거하였다. 楊曾文,「有關神會的兩篇銘文」(『中國佛教史論』, 北京, 中國社會科學出版社, 2002)./ 蔣雲華,「『唐故招聖寺大德慧堅禪師碑』考」(『中華佛學學報』7, 臺灣中華佛學研究所, 1994)./ 楊曾文,「關于『唐故招聖寺大德慧堅禪師碑』的補充說明」(『中國社會科學院研究生院學報』, 1995-4)./ 王亞榮,「『慧堅禪師碑』與慧堅禪師」(『紀念少林寺建寺1500周年國際學術

황궁에 초빙되어 덕종(780~805 재위)과 질의응답하고 나서, 황제의
명으로 여러 장로와 불법의 정사正邪를 가리고, 남북 양종의 시비是非를
정하는 의론에서 다음과 같이 말하였다.

> 개시開示하는 때에는 돈이고 점이 아니나, 수행의 자리에서는
> 점차 청정해지는 것이어서 돈이 아니다. 법이 공함을 알면 법에
> 사邪와 정正이 없고, 종통宗通을 깨달으면 종에 남북이 없다. 누가
> 분별하여 가명假名을 붙인 것인가![158]

남종 돈법의 기치를 크게 올려 남종 천하의 시대를 연 하택신회의
제자가 이와 같이 돈점을 아우르고 있으며, 종통을 깨달으면 남북이
따로 없다는 것을 강조하고 있다.[159] 만약 하택신회가 직접 남돈북점을
주창하였다면 그 수제자가 위와 같이 말한 것은 스승에 따르지 않은
것이 된다. 즉 남돈북점설을 조작한 자는 하택신회의 제자 전체가
아니고, 그 일각의 모인某人인 것이 분명하다. 요컨대 8세기 중엽 징관의
활동 시기에 남북분종과 우열논쟁이 전개되고 있었고, 이러한 흐름을
거부하여 양자가 둘이 아님을 주창하는 흐름도 있었다. 특히 하택신회
의 수제자가 남북선법이 둘이 아님을 황제 앞에서 공언하고 있음을

研討會論文集』, 宗教文化出版社, 1996).

158 「又奉詔與諸長老辯佛法邪正, 定南北兩宗. 禪師以爲, "開示之時, 頓受非漸. 修行
之地, 漸淨非頓. 知法空, 則法無邪淨, 悟宗通, 則宗無南北, 孰爲分別而假名哉."」
楊曾文, 앞에 든 『中國佛敎史論』(2002)에 실린 원문, p.238.

159 이에 대해서는 필자가 「북종의 頓法과 종밀의 북종관」(『한국선학』17, 2007.
8)에서 논급한 바 있다.

유의해야 한다.

그런데 징관보다 50년 정도 후배인 종밀도 징관을 이어 남북선법을 회통시키려고 하였다. 양인의 회통 법문에 대해서는 필자가 두 편의 글로 비평 해설한 바가 있다.[160] 그 글들에서 양인이 이해하고 있는 남북의 선법이 실은 그와 같은 것이 아님을 해명하였다. 양인의 회통론은 일단 남북의 선법을 일부에서 주창하는 선법으로 전제한 바탕에서 각 선법을 보족함으로써 분쟁을 해소시킨다는 취지였다. 징관은 남종 북종의 부족하고 치우친 면을 지적하며 그 보완해야 할 면을 제시함으로써 원만한 행법이 되는 길을 설하고 있다. 종밀은 남북선법뿐 아니라 우두·하택·정중(무상)·(강서 홍주)마조 등 선문십가禪門十家를 거론하고 있다. 그의 회통론의 취지에는 크게 두 방면의 입장이 있다. 첫째, 후학들이 언설에 집착하고 뜻에 미혹하여 정견情見으로 서로 괴리乖離됨이 확산된 것이라는 점,[161] 둘째, 각 선법 자체에 부족하거나 미진한 면이 있다는 점이다. 그래서 그는 첫째 과제의 대치對治를 위하여 각 선법의 뜻을 교선의 양면에서 깊이 있게 펼치면서 치우치지 않는 요의了義를 제시하고 있으며, 둘째 과제에 대해서는, 주로 하택선을 최상 내지 완결된 것으로 보는 입장에서 그를 기준으로 삼아 여타 선법의 특장과 결점을 지적하면서 요청되는 보완 사항을 제시하고 있다. 여기

---

160 「澄觀·宗密의 융회론·修證論과 능가선」(『불교학보』 44, 2006. 2) / 앞에 든 「북종의 頓法과 종밀의 북종관」 두 글 모두 박건주, 『중국 초기선종 능가선법 연구』(서울, 운주사, 2007. 11)에 수록되었다.

161 『禪源諸詮集都序』에 "후학들이 언설에 집착하여 뜻에 미혹하고 情見으로 어긋남이 커진 것인데 어찌 和會토록 해야 하지 않겠습니까!(後學執言迷意, 情見乖張, 爭不和會也.)"

에서 첫째 방면의 입장은, 대승의 선법은 어느 것이나 요의了義에 입각한 통찰이 우선되어야 한다는 점에서 매우 지당한 것이다. 그런데 둘째 방면의 입장에서 그가 주로 의거한 하택선이 바로 분종 쟁론을 일으킨 당사자라는 점에 문제가 있다. 즉 쟁론을 화회和會시킨다고 하면서 그 발단을 일으킨 자의 편에 서서 입론하고 있다. 이를테면 그가 북종의 선으로 전제하여 기술하고 있는 선법은 실은 하택종에서 북종을 폄하하면서 제시한 선법 그대로이다. 이러한 면은 징관이 북종의 선법으로서 제시한 내용보다 훨씬 간단하고 폄하된 내용이다. 징관이 제시한 북종의 선법은 하택종에서 북종을 폄하하여 제시한 것보다 더 갖추어져 있고 깊다. 징관은 『법화경』의 개시오입開示悟入에 대한 남북종의 해석을 대비한 가운데 북종의 해석을 다음과 같이 요약하였다.

북종에서 설한다. 지智의 용用이 지知이고, 혜慧의 용用이 견見이다. 마음이 본래 일어남이 없음을 깨달아(見心不起) 그렇게 보는 것을 이름하여 지智라고 한다. 지智가 능히 지知한다. 오근五根이 부동不動함을 혜慧라 하고, 혜가 능히 견견하니 이것이 불지견佛知見이다. 심부동心不動이 개開인데 개開란 방편문을 개開함이다. 색부동色不動이 시示이고, 시示란 진실상을 시示함이다. 오悟하니 망념이 생하지 아니하고, 입入하니 바로 모든 경계가 항상 고요하다(常寂).[162]

---

162 『演義鈔』34(〈대정장〉 36, 261c), "北宗云, 智用是知, 慧用是見. 見心不起名智, 智能知. 五根不動名慧, 慧能見. 是佛知見. 心不動是開, 開者開方便門. 色不動是示, 示者示眞實相. 悟卽妄念不生, 入卽萬境常寂."

또 남종선의 요지를 '요견심성了見心性'으로 자주 제시하고 있는데, 이는 그 심성이 본래 생함 없는 것임(心不起)을 요견了見함을 뜻하기에 위 북종의 '견심불기見心不起'나 같은 뜻이다. 그는 남북선법의 특징을 남종은 '지知' 내지 '조照'에 치우치고, 북종은 '적寂'에 치우친 것으로 대비하고, 치우친 면을 해소하여 양면이 평등무이平等無二한 길을 제시하고 있다. 징관과 종밀은 심체를 '지知'(眞知, 靈知)라 하는 선지를 하택선 독자적 선법 내지 그 특장으로서 자주 제시하지만, 실은 우두선 및 북종을 비롯한 초기선종의 선사들 법문에서 일찍이 설해져온 것이다. 그렇지만 '지知'의 선지는 후술하는 바와 같이 병폐가 있어서 잘 쓰지 않은 것으로 본다. 징관(738~839)은 각 방면의 교학뿐 아니라 혜충(慧忠, 683~769)과 법흠(法欽, 714~792)으로부터 우두선, 무명(無名, 722~793)으로부터 하택선, 혜운慧雲으로부터 북종선을 받았다. 특히 무명으로부터 선을 배우고 인가받은 바 있어 그를 하택선의 계승자로 칭하는 것이 보통이다. 겸전무웅鎌田茂雄은 그러한 측면도 있긴 하지만 그보다 강하고 깊게 영향을 받은 것은 우두선이며, 그를 하택종에 넣은 것은 종밀에 의도에 의한 것이고, 징관의 선에 본질을 형성한 것은 우두선이며, 바로 '심종心宗'이라고 보았다.[163]

종밀의 회통론이 지니는 교선일치의 뜻과 요의了義의 이해를 통해 한편으로 치우친 입장을 넘어서야 한다는 취지는 소중한 것이지만, 하택종에서 여타의 선법을 폄하하는 차원에서 간략히 요약하여 하나의 선전구로서 이용한 내용을 거의 그대로 받아서 표제로 삼고 제종으로

---

163 鎌田茂雄, 「澄觀における禪思想の形成」(『中國華嚴思想史の研究』, 東京大學東洋文化研究所. 1965), pp.483~484.

분류하여 의론한 것은 온당치 못하다고 본다. 종밀이 그의 글들에서
표제로 삼아 분류한 여러 선가의 선법은 각 선가의 선법이 그러한
내용에 머무른 것으로 곡해되게 하였고, 특히 선법 간 우열 판정의
뜻을 가미함으로써 본래 둘이 아닌 선지임을 알게 하는 길을 희미하게
한 잘못이 있다. 왜냐하면 종밀이 각 선가의 선법으로서 제시하여
전제로 삼은 내용은 그 선가의 선법에 피상적 일면에 불과한 것이고,
전반에 걸친 선지에 어울리지 않는 것이며, 한 단면의 표언表言에
불과한 것에 주로 의거한 것이기 때문이다. 종밀은 북종을 그의 삼종선
가운데 식망수심종息妄修心宗에 넣고, 그 선법을 요략하길, "까닭에
반드시 스승의 언교에 의거하여 경계를 여이고 관심하여 망념을 멸한
다. 염念이 다하면 곧 깨달아 모르는 바가 없게 된다. 마치 거울에
낀 먼지를 부지런히 닦아내면 먼지가 다하여 밝게 드러나 비추지 않음이
없는 것과 같다."¹⁶⁴고 하였다. 이러한 선법은 일단 수행법상 근간이
되는 것이다. 그러나 북종의 선법이 과연 이러한 것이거나 이러한
것에 머무른 것이었을까. 필자가 돈황에서 발견된『대승북종론』·『대
승오방편』·『대승개심현성돈오진종론』·『돈오진종금강반야수행달
피안법문요결』·『혜달화상돈오대승비밀심계선문법』¹⁶⁵ 및 『능가사자
기』¹⁶⁶ 등 북종선 법문들을 역주 해설한 바 있고, 신수의 재전제자

164『禪源諸詮集都序』(〈대정장〉 48, 402b)에 "故須依師言教, 背境觀心息滅妄念, 念盡
　即覺悟無所不知. 如鏡昏塵須勤勤拂拭, 塵盡明現, 即無所不照."
165 모두 필자가 역주 해설하여 앞의『북종선법문-돈황문헌역주Ⅱ』, 씨아이알,
　2009에 수록하였다.
166 박건주 역주,『능가사자기』, 운주사, 2001/2011.

326

마하연이 티베트에서 인도의 점법행자들과 돈점 논쟁을 펼치면서 설한
『돈오대승정리결頓悟大乘正理決』을 검토하였지만 모두 돈법의 법문이
고, 『육조단경』이나 하택선에 비해 오히려 돈법의 뜻이 더욱 깊고
넓게 펼쳐져 있다. 종밀이 만약 진정으로 회통 화회시키려는 열의가
있었다면 하택종에서 북종을 폄하하면서 많이 제기하였던 이른바 북종
의 사구선법四句禪法, 즉 '응심입정凝心入定, 주심간정住心看淨, 기심외
조起心外照, 섭심내증攝心內證'의 뜻은 이러하니 이를 점법으로 치부하
여 폄하해서는 안 되고, 또한 북종의 법문이 여기에만 머무른 것이
아님을 설파하였어야 한다. 하택종에서 점법으로 폄하하는 사구선四句
禪도 돈법의 뜻을 알려면 먼저 점법도 행해보아야 하는 것이며, 먼저
이 행을 거치게 되는 것이라 입도방편入道方便의 뜻으로 설하는 것이다.
또한 점법에만 머물러서는 안 되기 때문에 깊고 넓게 돈법의 뜻이
설해지는 것이다. 또한 '주심간정住心看淨'을 '주간심정住看心淨'으로
해석한다면 '마음의 성품이 본래 청정함을 본다'는 것이 된다. '마음이
청정함'이란 '분별 떠남이 청정이니' 곧 '마음이 본래 분별에서 떠나있다'
는 것이며, '마음이 본래 일어남이 없다(心不起)'는 뜻으로 돈법에 바로
통하는 것이다. 돈법의 선지에 의하면 물론 이러한 뜻에 '머무른다(住)'
는 행도 어긋나는 것이지만, 이 선지(뜻)에 순숙되어야 하고, 얼마
동안은 그러함을 뚜렷이 하는 기간이 필요한 것이다. 그 뜻에 순숙되다
보면 저절로 그 뜻에 머무름에서도 벗어나게 되어 있다. 그 뜻에 머무르
지도 아니하지만 그 뜻이 저절로 구현되어지는 것이다. 이에 대해서는
이전에 필자가 약간이나마 설명한 바 있다.[167]

이른바 '활대의 종론'도 하택신회의 어록집에 의해 그 대화 내용이

밝혀지게 되었지만 오히려 그 내용 자체가 그 사事의 실재성을 부인케
한다.[168] 종밀이 그러한 일각에서의 흐름을 그대로 수용하여 여타 선가의
선법을 그러한 내용으로 기술한 것은 그 흐름의 추종자였고, 그러한
흐름의 하택종을 자파로 인식하고 있었음을 알 수 있다. 종밀 당시에는
북종의 활동이 유지되고 있었고, 돈황 출토의 북종 돈법 법문이 종밀
당시에 알려져 있었을 것이다. 그 법문들을 읽어보았을 것인데도 그
북종 돈법의 사실을 그가 소개도 하지 아니하고, 단지 최하위의 식망수
심종息妄修心宗에 배치시킨 것은 왜곡을 이끌었던 하택 계열의 일부
분파세력에 합류한 것으로 볼 수밖에 없다.

　종밀은『중화전심지선문사자승습도中華傳心地禪門師資承襲圖』(이하
『승습도』)에서 제종사의 계승에는 방傍과 정正이 있는 것임을 반드시
알아야 하며, 지금 사자師資의 방傍·정正을 서술한 연후에 교의 얕고
깊음을 기술하면 자연히 달마의 마음이 흘러 하택에 이른 것임을 알게
될 것이라고 한다.[169] 또 혜능의 남종을 달마 이래의 의발과 법을 전해
온 '본종本宗'으로 칭하고 있으며, 남종이 (5조의 법을) 이어 받은
연유는 천하가 아는 바이기 때문에 여기서 기술하지 않는다고 하였
다.[170] 그 연유라는 것은『육조단경』앞에 기술된 고사이고, 그야말로

---

167 박건주,「돈법과 점법의 문제」(『중국초기선종 능가선법연구』, 운주사, 2007) 참조.
168 이에 대해서는 박건주 역주,「보리달마남종정시비론」(『하택신회선사 어록-돈황
　　문헌역주 I』, 씨아이알, 2009) 참조.
169 『中華傳心地禪門資承襲圖』(卍新纂續藏經 63, 31a)에 "若要辨諸宗師承, 須知有
　　傍有正. 今且敍師資傍正, 然後述言教淺深, 自然見達磨之心流至荷澤矣."
170 위의 책, 같은 면에 "南宗者, 卽曹溪能大師, 受達磨言旨已來, 累代衣法相傳之本
　　宗也. 後以神秀於北地大弘漸教, 對之, 故曰南宗. 承稟之由, 天下所知, 故不敍

328

치졸한 조작의 글에 지나지 않는다. 그런데 종밀은 그러한 내용을 인용하며 사실로 포장하고 있다. 즉 종밀의 의도는 실은 하택신회가 달마의 정종正宗을 계승한 것임을 천명하는 데 있었다. 그는 하택종의 일각에서 왜곡 선전하던 내용들을 기정사실화하고 있다. 또 종밀은 기술하길, 4조 도신이 우두법융을 인가하면서 "이 법은 위로부터 단지 일인一人에게만 위촉되어 왔고, 내가 이미 제자 홍인弘忍에게 부촉하였으니 너는 따로 스스로 일종一宗을 세우라."고[171] 하였다 한다. 5조 홍인이 이러한 말을 하였을 리가 없다. 법을 전하면서 스승이 제자에게 이런 말을 하겠는가. 어디에도 없는 일인데도 홍인-혜능-하택으로 1인전人傳하여 정맥이 되었다는 자창自唱의 설을 사실로 포장하기 위해 조작한 것에 지나지 않는다. 이른바 하택종의 정방설正傍說과 1인부촉설이란 것은 이전 불가에 이러한 규정이나 원칙이 있었던 것이 아니다. 하택종의 제자 집단 일각에서 주창하여 나온 것일 뿐이다. 그래서 전술한 바와 같이 하택신회의 수제자도 남북종을 가르는 것을 실언失言이라 하고 있는 것이다. 중국 고대 이래 정방正傍의 이념과 학문의 계보가 있어야 대접받는 사회 전통이 위진남북조 이래 더욱 상당한 영향력을 행사하고 있었다. 그래서 사대부 층들은 자신의 학문의 계보를 윗대 누구에게 연결시키는 데 주력하였다. 그러한 흐름이 불교계에 전이되어 한국에서 오늘날까지도 교맥·선맥의 계보로 왈가왈부하는 모습이 이어지고 있다. 요컨대 하택종 일각에서 일으킨 조작

也."

171 앞의 『中華傳心地禪門師資承襲圖』, 31a에 "四祖語曰, 此法從上只委一人, 吾已付囑弟子弘忍訖(卽 五祖也), 汝可別自建立. 後遼於牛頭山, 別建一宗."

의 일들은 중국사회의 전통 내지 사대부사회의 정황을 이용한 것에 지나지 않는다. 하택종 일각에서의 이러한 왜곡 행위로 말미암아 '불佛의 선법禪法(법장法藏)이 1인에게 부촉되어 전해진 계보(『부법장인연전付法藏因緣傳』)'를 조작하여 만드는 일이 유행되었고, 나중에는 여러 조사 대수代數 가운데 28조설祖說이 대표의 위치를 얻게 되었다. 종밀은 그러한 조작 행위의 선두는 아니라 하더라도 선두를 바로 계승하여 그 흐름에 큰 힘을 실어준 인물이다. 종밀 자신이 『승습도』에서 이르길, "신수의 제자 보적(普寂, 651~739)의 교화 활동(化緣)이 점점 성황을 이루어 이경二京의 법주法主, 삼제三帝의 문사門師가 되었으나 단지 달마의 종宗이라 칭하고, 남종 북종의 칭호는 (아직) 나오지 않았다."[172]고 하였다. 즉 보적의 시기까지만 하더라도 남북종의 칭호조차도 거의 없었다. 하택종에서 보적이 7조를 칭했다고 맹렬히 비판한 일이나, 보적이 사람을 보내어 음해하려 하였다는 설도 실은 하택신회의 후대 제자 일각에서 보적 입적(739) 후에 조작하여 선전한 것으로 보아야 한다. 하택(684~758)과 보적은 거의 같은 시기에 활동하였고, 덕종德宗과 남북선종에 대해 의론하면서 남북선법 불이不二의 뜻을 설파한 하택의 수제자 혜견(719~792)은 보적보다 53년 뒤에 입적하였다. 보적이 입적하니 경사 지역의 사서士庶가 거의 모두 상복을 입고 장례의 예를 행하였다고 할 정도로 당시 그는 대중의 큰 공경을 받고 있었다.

『단경』이나 『하택신회어록』 및 몇몇 비문에 기술된 내용 가운데 법문을 설한 부분을 제외하고 남북선에 대해 기술한 내용은 모두 다

---

172 위의 『中華傳心地禪門師資承襲圖』, 같은 면에 "秀弟子普寂化緣轉盛, 爲二京法主, 三帝門師, 但稱達磨之宗, 亦不出南北之號."

나중에 그 제자 일각에서 편집하면서 조작하여 덧붙인 것에 불과하다. 따라서 종밀이 여러 저술을 통해 그러한 설들을 거의 그대로 수용하여 기술한 것은 그 위조된 설이 큰 힘을 발휘하고 정통의 설로서 인식되게 하는 데 큰 공훈을 세운 셈이다. 종밀의 여러 저술들은 후대 명저로서 애독되었고, 그의 선법 분류와 천심淺深 우열 평가는 후대인들의 지남指南이 되다시피 하였다.

II. 우두선과 망심忘心의 선지禪旨

우두법융은 『심명』과 『절관론』에서 돈법의 심지법문心地法門을 명료히 드러내어 이끌고 있다. 희소한 초기 선종의 법문집으로서 그 가치가 지대한데도 4조 도신의 정계正系가 아니고 방계傍系로 인식되어 소외된 면이 있다.

종밀은 우두선을 가리켜 "공으로써 근본을 삼는다"(『도서』), "우두는 단지 일체가 모두 무無라고 한다(牛頭但云, 一切皆無)"(『승습도』 34c)라고 하였다. 3종의 선법 가운데 제2 민절무기종泯絶無寄宗에 배당시키고 다음과 같이 요략한다.

범성 등의 법이 모두 몽환과 같아 모두 있다 할 바가 없다(無所有). 본래 텅 비어 고요해서(空寂) 지금에야 비로소 없게 된 것이 아니다. 즉 이렇게 무無임을 통달한 지혜도 또한 얻을 바 없다. 평등한 법계인지라 불佛도 없고 중생도 없으며, 법계 또한 가명假名이다. 마음이 이미 있지 않거늘 누가 법계를 말하리오. 닦거나 닦지 않을 것도 없고, 불佛이라거나 불佛이 아니라 할 것도 없다. 설사 일법一法이 있어 열반보다 뛰어난 것이라 하더라도 나는 이 또한 몽환과 같다고 설한다. 구속받을 것이 없으며, 작作할 불佛도 없다. 모든 지어진 것은 다 미망이다. 이와 같음을 요달了達하면 본래 할 일이 없고, 마음이 기댈 바가 없게 되어 바야흐로 전도미망 을 면하게 되니 비로소 해탈이라 이름할 수 있다.[173](『都序』)

이 요략은 우두선의 근간이 되는 것임이 분명하고, 실은 대승선에 속한 여러 선법이 공유하는 가르침이다. 대승선의 핵심은 '일체법불가 득一切法不可得'이다. 종밀도 이를 기술한 후 하택(신회)·강서(마조)· 천태(지자)도 마찬가지로 이 이리理를 설한다고 하였다. 단지 여타 3가가 이를 종으로 삼지는 않는다고 한다. 종밀은 이 선리가 '일법一法에 정식情識이 걸리지 않도록 하는 것(不令滯情 於一法上)'이라[174] 한다. 이 또한 지당한 해석이며, 대승경론에 이 뜻을 넓게 펼치고 있거니와 달마선은 이 뜻이 갖추어지지 않으면 안 되게 되어 있다. 또한 달마선 전반의 근간이며 요의要義이기도 하다.

종밀은 민절무기종을 교문의 밀의파상현성교密意破相顯性敎에 해당 시키고, 능견能見·소견所見이 홀로 일어날 수 없어 모두 함께 공한

---

173 앞의 『都序』, 402c에 "說凡聖等法, 皆如夢幻, 都無所有. 本來空寂, 非今始無.
　　卽此達無之智, 亦不可得. 平等法界, 無佛無衆生. 法界亦是假名. 心旣不有, 誰言
　　法界. 無修不修無佛不佛, 設有一法,勝過涅槃. 我說亦如夢幻, 無法可拘, 無佛可
　　作. 凡有所作, 皆是迷妄. 如此了達, 本來無事. 心無所寄, 方免顚倒. 始名解脫."
174 앞의 『都序』, 402c.

뜻을 설하는 중관中觀의 법문이 그것이라고 한다. 종밀은, 일부 수학자가 이 법문에 대해 인과의 뿌리도 뽑아버리는 법문으로 비판하는 것에 대해 문자에 집착하여 뜻을 몰라 한편에 치우친 까닭에 그렇게 보는 것이며, 불佛의 그러한 설법에 깊은 뜻이 있음을 알아야 한다는 취지로 변호 내지 회통케 하고 있다. 이러한 입장은 당연한 것이다.

종밀은『승습도』(33c)에서 우두선을 소개하길, "정情을 잊어(본문 '妄'은 '忘'의 오자) 곧바로 고苦의 인因을 끊어야 바야흐로 모든 고액을 건너게 된다. 이렇게 정을 잊는 것으로써 수행을 삼는다(妄〔忘의 오자〕卽絶苦因, 方度一切苦厄. 此以忘情爲修也.)" 하고, 이를 평하길, "전자(前者: 馬祖)는 생각 생각이 전진全眞이라고 아는 것으로서 깨달음으로 삼아 마음에 임운任運함을 수행으로 삼는데, 이는(牛頭는) 본래 무사無事임을 아는 것으로서 깨달음을 삼아 정情을 잊는 것(妄'은 '忘'의 오자)으로서 수행을 삼는다."고 하였다.

또 그는 삼가三家의 견해가 다른 점에 설명하길, "초(初: 북종)는 일체가 모두 망妄이라 하고, 차(次: 馬祖)는 일체 모든 것이 진眞이라 하며, 후(後: 우두)는 일체가 다 무無라고 하는 것이니, 만약 행상行相에 대해 설한다면, 초初는 마음을 억눌려 망妄을 멸하는 행이고(伏心滅妄)이고, 차次는 정성情性을 (진실인 것으로) 신임하는 행(信任情性)이고, 후(後: 우두)는 마음을 쉬어 일으키지 않는 행(休心不起)이다."라고 하였다.[175] 삼가의 선법을 편의적으로 압축하여 간략히 서술하게 되는 사정을 감안하다 하더라도, 사실은 그렇게 단순화하여 제시할 수 없는 까닭에

---

175 同 33c에 "又上三家見解異者, 初一切皆妄, 次一切皆眞, 後一切皆無. 若就行說者, 初伏心滅妄, 次信任情性, 後休心不起."

여러 문제가 있게 되는 것이다. 북종과 마조의 선법이 그러한 표현으로
설명될 수 있는 것이 아니지만, 여기서는 우두선 중심으로 해설한다.

우두법융의 『심명心銘』에 설한다.

생生이라는 상相이든, 무생無生이라는 상이든
조照함을 생함은 (잘못됨이) 마찬가지이나니
마음 청정함 얻고자 하거든
마음을 억지로 부리는 행을 하지 말라!
종횡으로(어느 때 어느 자리에서나) 조照함이 없는 행이 가장 미묘하
나니,
여법하게(心性의 뜻에 따라) 지知하는 바 없어야 하고,
지知함 없이 지知함이 요체이다.

(生無生相, 生照一同, 欲得心淨, 無心用功. 縱橫無照, 最爲微妙, 如法無知,
無知知要.)[176]

달마선 돈법의 근간이 되는 선지 가운데 하나는 먼저 심성이 본래
텅 비어 고요해서(空寂) 지知함도 없고, 견見함도 없으며, 분별함도
없음을 알아 이미 일어난 상념을 어떻게 조절 정돈 제거하려는 행을
하지 않는 행이다. 즉 지함이나 분별함에는 마음 일어남(心起)이 수반되
는데, 일어난 마음을 누르거나 제거하려 하면 이미 일어난 마음에
또 마음을 일으키게 되어 선리禪理에 역행逆行하는 것이 된다. 단지

---

176 『경덕전등록』 권30(〈대정장〉 51, 457b).

마음이란 본래 일어남이 없는 것(心不起)임을 알아서 일어난 그대로 실은 일어나지 않은 것이라고 알 뿐 어떤 행을 일으킴이 없다. 이 행이 이루어지려면 먼저 심성이 그러함(無生, 心不起, 知함도 분별함도 없음, 無心임)을 알아야 하는 것이기에 '견성성불見性成佛'을 강조한다. 망념이 일어난 자리나 그렇지 않은 자리나 둘이 아니라 항상 당념당처의 심지心地 그 자리일 뿐이다. 그래서 무슨 상념이 어떻게 출렁거리든 그것이 수중월水中月과 같은 것임을 알아 얻을 바 없고, 취할 바 없으며, 생한 바 없어, 멸할 바도 없음을 알기에 항상 어느 때나 당념당처의 심지(心地: 本心)에 있는 것임을 알 뿐이다. 그래서 열반 해탈이라 하여 어떤 이상의 세계를 향하거나 그리며 번뇌의 이 자리를 떠나려 함도 없다. 번뇌의 당념당처 그 심지에 이미 해탈 열반 등 일체가 다 갖추어져 있음을 알기 때문이다. 만약 이 자리를 벗어나 다른 세계를 구하고자 하면 마음이 심지에서 붕 뜨게 되어 환상의 그림자 세계를 좇게 되고, 자성불自性佛의 자리를 놓치게 되는 것이다. 만약 아직 심지의 자리를 모르고 있다면 아무리 많은 행을 쌓아도 그림자 좇는 것 밖에 안 된다. 또한 생각이 일어나지 않도록 막거나 억제하라는 것이 아니다. 이미 본래 그 심지의 자리에 있음을 아는 까닭에 무슨 망념이 일어나더라도 단지 본래 그 자리에 있다고 자각할 뿐이다. 그래서 항상 여일如一하고, 여여如如하며, 일체 경계에 대해 평등하여 무이無二가 되니 일체를 망妄이라 하든, 진眞이라 하든, 공무空無라 하든 상관이 없게 된다. 망妄이든, 진眞이라 하든, 공무空無라 하든 모두 마음에 떠오른 영상일 뿐이다. 그러면서 중생을 이끄는 데는 망妄이라 설할 필요가 있고, 진眞이라 설할 필요가 있으며, 공무空無라

고 설할 필요가 있다. 아무리 뛰어나고 올바른 최상의 법문이라 하더라
도 그 법을 해解하면서 거기에 향하고 집착하는 마음이 생기면 이것이
본연의 심지 자리를 덮어 가리는 것이 되는 까닭에, 마음은 본래 일어남
이 없는 것인데 동動하여 나온 그 법상法相도 망妄인 줄 알아야 한다.
이렇게 알 때 그 법상에 향함이 사라지며 본연의 자리가 된다. 최상의
법문도 하나의 법상이 되어 본래 텅 비어 고요한 심지의 자리를 가리는
까닭에 이를 버려야 하는데 버리려고 하면 또 기심起心이 되고, 마음에
본래 견분見分과 상분相分이 없어 일심一心인데 마음으로 마음을 어떻
게 하려는 행이 되어 그 선지에 모순된다. 그래서 마음을 어떻게 한다는
것이 다 망妄일 뿐임을 먼저 알아야 한다. 즉 크고 뛰어난 최상의
법문이라 하더라도 문자 언설상이고 법상으로 일단 받아들이고 이해하
는 까닭에 영상이며 망임을 알고 있어야 그것에 향하는 마음, 집착하는
마음에서 저절로 벗어나게 된다. 즉 먼저 알고 있어야 저절로 벗어나게
된다. 먼저 망妄임을 알고 있다 하더라도 오랜 세월동안 집착한 업습이
남아 있기에 얼마 동안은 妄이고 일어난 바가 없으며, 수중월과 같다는
뜻을 간看할 필요가 있는 것이다. 북종에서 설하는 간看의 행은 바로
이러한데서 필수의 가르침으로 설해지는 것이다. 그리고 그 간심看心의
행에서, 앞에 기술한 심성을 이미 알았으면(見性) 이를 순숙케 하는
행이 되고, 아직 분명치 않으면 뚜렷이 아는(了知) 행이 되며, 아직
모르는 경우라면, 그러함을 자심에서 확인하는 행이 된다. 그리고 이미
견성하여 순숙되었다면 이제 간심看心함도 없게 되어, 앞의 우두선
법문에서 '마음을 쉬어 일으키지 않는 행(休心不起)'이 되고, 마음으로
무슨 행을 한다고 함이 없게 되어 무사無事, 절관絶觀, 무수無修의 행(無修

之修)이 된다. 앞에 인용한 우두의 법문은 이러한 자리를 가리킨다.

한편, 동시에 망妄 그 자리가 그대로 실은 진眞의 자리에서 떠나 따로 있는 것이 아니다. 그 자리를 그러한 뜻에서 망妄이라고 분별해서 말하는 것일 뿐이지 심지의 자리를 벗어나 있는 것이 아니다. 거울에 비친 모든 상이 거울을 벗어나 다른 자리에 있지 않는 것과 같다. 거울에 비친 상 그대로 온전히 거울일 뿐이다. 바다의 파도 그대로 파도가 온통 바닷물인 것과 같다. 물속의 달 그 자리도 그대로 실은 물의 자리일 뿐이다. 단지 그 달이라는 상에 미혹되지만 않으면 그대로 진眞의 자리일 뿐이다. 한 자리가 미혹되면 망妄이고, 그림자임을 알면 그 자리가 물이고 진眞이다.

또한 진眞이다 하고 이를 취하려 하면 그 진眞이 망妄이 되어버린다. 진眞이 인지의 대상이 되면 이미 분별이고 분별된 것이며, 상념이고 그림자이며 환幻이다. 진眞임을 알았다 하더라도 수행을 한다고 하여 그 진眞을 비추어 보는 행을 하게 되면 그 진眞을 마음에서 일으키게 되고, 머리에 떠오른 상을 관조하게 되지만 머리에 떠오른 것이 진眞일 수는 없다. 진眞이란 내 마음으로 일으켜야 비로소 생기는 것이 아니다. 만약 그렇다면 생멸이 있는 것이 되어 진眞이라 할 수 없다. 진眞이란 불생불멸하여 영원하다는 뜻이 갖추어져 있어야 한다. 또한 진眞이라고 지知하게 되면 그 진眞에 물들게 되어버린다. 동시에 진眞에 대한 정식情識이 일어나게 된다. 물들어진다는 것은 곧 정식이 일어나고 곧바로 업습業習이 된다는 것이다. 이법理法을 반드시 알아야 하지만 알면서 그 법상에 물들여지는 면이 함께 있는 것이다. 마치 불에 가까이 하면 화상을 입는 것과 같다. 마음이 근본이지만 소연(所緣: 對象)에 향하면 소연이 불(火)이 되어 마음이 데인다. 그러니까 일체가 망妄이라는 법문을 아는 것이 반드시 필요하다. 그 바탕이 있어서 마음의 소연所緣에 향함이 저절로 약해지고 소멸되어 가는 것이다. 또한 마음뿐이어서 따로 대상 내지 소연이 없는 것임을 알아야 한다. 그래야 마음의 소연에서 자유로워진다. 우두선에서 일체가 공무空無함을 설하고, 북종에서 망妄임을 설하며, 마조가 그대로 진眞임을 설함은 소연에 향하지 않게 하기 위함이기 때문에 선지로 보면 둘이 아닌 선법이다. 이러한 뜻이 각 선가의 법문에 실은 다 갖추어져 있다.

그렇다면 법문을 듣고 지知하지 않으면 안 되고, 일상생활에 지知함이 이어지는데 어떻게 할 것인가. 바로 심지心地의 자리를 뚜렷이 알고, 그 심지의 자리는 텅 비어 고요해서(空寂) 지知함도 없고, 견見함도 없으며, 분별함도 없으며, 오직 마음일 뿐이고, 그 마음은 견분見分 상분相分이 불이不二인 일심一心이며, 항상 어느 때나 심지의 자리를 벗어나 있지 않음을 알면 된다. 또한 그 심지의 자리는 대상이 될 수 없으며 불가득不可得임을 알면 된다. 이미 그 자리에 처하여 있기 때문이다. 이러한 뜻이『능가경』,『반야경』등을 중심으로 한 대승경론과 우두선 등 여러 선가의 법문에 공통으로 설하고 있다.

번뇌의 바람에 휩쓸려 힘든 상황 바로 그 자리 그대로 실은 심지의 자리임을 알아야 한다. 소연所緣을 지知하는 그 자리 그대로 심지인 자리이니 지知하는 가운데 바로 심지에 즉하게 된다. 본래 심지의 자리는 지知함이 없음을 아는 까닭에 지知하되 지知함이 없게 되니 이를 '지知함 없이 지知함'이라 한다. 즉 견문각지見聞覺知하는 가운데 즉심卽心이 되는 것이고, 즉심시불卽心是佛이라 하는 것이다. 즉심卽心

이란, 능(能: 見分) 소(所: 相分)의 이분二分을 떠난 일심의 자리가 된 것을 말한다. 달마대사의 『안심법문』에 "마음(見聞覺知 하는 마음)에 즉하여 무심함이 불도에 통달함이다. 사물에 즉하여 견見을 일으키지 않음을 이름하여 도에 통달함이라 한다(卽心無心, 是爲通達佛道. 卽物不起見, 名爲達道.)."고 하였다.[177] 마음에 즉하여 무심하게 되려면 당념당처의 마음이 본래 무심한 것임을 알아야 한다. 무심한 가운데 지知하는 것이니 이를 지知함 없이 지知함이라고 한다. 지知하는 가운데 그 소연所緣이 되는 것을 머리에 떠올림이 없어야 무심이 되고 그 소연에 상처를 입지 않는다. 그렇지 않으면 불에 데듯 상처를 입게 되어 있다. 상념의 자리가 본래 무심임을 먼저 알아야 한다. 이를 모르고 아무리 마음을 애써서 무심하게 하려 해도 이루어질 수 없는 것이다. 무심은 새로 생겨지는 것이 아니다. 여기에 돈법의 뜻이 있다. 점법은 마음을 어떻게 해서 무심하게 하는 행이고, 돈법은 상념의 자리가 본래 무심임을 요지了知함을 바탕으로 그 뜻이 사事에서 순숙되어지는 행이다. 우두의 『절관론』에 부처님은 "무심無心의 심心으로 지知하고, 무목無目의 목目으로 견見한다(無心之心知, 無目之目見.)."고[178] 하였다.

지知함 없이 지知함이 되려면 먼저 지知하는 자리 그대로 지知함이 없음을 알아야 한다. 즉 지知하는 자리와 지知하지 않는 자리가 둘이 아니라는 것이다. 어느 자리이든 텅 비어 고요한(空寂) 심지心地를 떠나 있는 것이 아니다. 『반야경』을 비롯한 여러 경론에 마음이 본래 지知함이 없다 하였으니 억지로 지知하지 않으려는 행도 떠난다. 지知하

---

177 박건주, 앞의 『절관론역주』에 수록된 『안심법문』, p.247.
178 박건주, 앞의 『절관론역주』, p.129.

는 자리 그대로 지知하지 않는 것임을 알 뿐이다. 이러한 선지를 듣고
알게 되면 그 지해知解가 생기는데 여기에서 그 지해한 것을 조照하거나
상념하면 안 되기에 우두는 이를 경계하여 조照하는 행을 버릴 것을
당부하고 아울러 "조照함이 없는 행이 가장 미묘하다"고 강조한다(앞의
인용문). 알고 있으면 묘하게 그 뜻이 상응되어 순숙되어지는 것인데,
수행한다고 하며 자칫 열심히 아는 바를 머리에 떠올려 비추어 보는
조照의 행을 하게 되기 쉽다. 우두는 그러한 행을 경계하여 이르길,
"뚜렷이 경계(대상) 비추어 보는 행은 일심의 뜻에 걸리게(어긋나게)
되고, 제법에 통하지 못하게 된다(分明照鏡, 隨照冥蒙, 一心有滯, 諸法不
通.)."(『심명』)고 하였다. 본래 지知하지 않음이 자심에 갖추어져 있고,
자심은 대상이 될 수 없는 것이라 조照할 것이 어디에 없는 것이다.
올바르고 최상의 이법을 지知하게 되었다 하더라도 이를 머리에 떠올려
조照하게 되면 바로 망상하고 있는 것이 되어 버린다.

　종밀은 이르길, 우두선은 공을 통달한 까닭에 돈오문에서 반半이고,
정情을 잊은 까닭에 점수문漸修門에서는 결락된 곳이 없다고 하였다.
그러나 공을 통달함은 모든 선가의 공통이고, 우두의 법문에는 그뿐
아니라 유심唯心·무심(無心: 마음이 본래 무심함)·절관絶觀·불용심不用
心·무작의無作意·무념(無念: 마음이 본래 상념 함이 없음)·부사(不思:
마음이 본래 생각함이 없음)·무사無事·망심(忘心: 마음을 잊음)·본래무
일물本來無一物 등 여러 선가의 선지가 모두 포함되어 있다. 또 종밀은,
북종은 단지 점수만 있고, 돈오는 전혀 없으며, 돈오가 없는 까닭에
그 수修도 진眞이 되지 못한다고 하였다. 이 또한 전혀 사실이 아니며
전술한 바와 같이 오히려 남종 이상의 돈법을 펼치고 있다. 종밀은,

하택에서는 반드시 먼저 돈오하고, 그 오悟에 의거하여 수修한다고 한다. 그러나 선오후수先悟後修는 달마선의 여러 선가가 공유하는 근간이다. 이러한 종밀의 기술은 거의 모함이라 할 수 있는 억지에 불과하다.[179]

우두의『절관론』에, "묻는다. '어떻게 망상을 멸합니까?' 답한다. '망상이 (본래) 생기지 않았고, 멸해야 할 망상이 없음을 알며, 마음이 그대로 무심임을 알면 멸할 수 있나니, 바로 이것이다.'" 하였다.[180] 돈법의 핵심이 바로 마음이 그대로 무심임을 요지了知함에 있다. 마음을 억지로 무심하게 하는 행이 점법이다. 즉 무심을 만들려는 행이 아니라 바로 상념 그 자리 그대로 무심임을 요지할 뿐이다. 그래서 불용심不用心의 행이 된다. 또『절관론』에, "묻는다. '무엇이 불법입니까?' 답한다. '심법이 없음을 아는 것, 바로 이것이 불법이다.'"고[181] 하였다. 일체 모든 것이 오직 마음일 뿐이라(唯心) 마음을 마음이라 할 다른 것이 없다. 다음 외에 다른 것도 있어야 마음을 마음이라 할 것인데 마음을 마음으로 삼을 것이 없다. 그래서 유심唯心의 뜻은 유심唯心이니 유심唯心도 얻을 바 없다는 것이다. 마음은 인식의 대상이 될 수 없고, 마음이 마음을 모른다. 마음이 있다고 생각하는 것이 일체법을 일으킨다. 지금 마음 일어나는 자리가 실은 마음 없는 자리이다. 마음이 없는 까닭에 모든 마음의 현상이 일어나는 것이다. 마음

---

179 앞의『승습도』35c에 "牛頭以達空故, 於頓悟門而半了. 以忘情故, 於漸修門而無虧. 北宗但是漸修, 全無頓悟. 無頓悟故, 修亦非眞. 荷澤則必先頓悟, 依悟而修."

180 박건주 역주, 위의『절관론』, p.143.

181 앞의 박건주,『절관론역주』, p.141. "問, '何名佛法?' 答, '知心法無, 卽是佛法.'"

없음과 마음 있음이 실은 두 자리가 아니다. 때문에 마음 있음 자리에서 바로 마음 없음을 요지了知해야 한다. 이것이 무심無心의 선지이고 마음을 잊는 망심忘心의 선지이고 선법이다. 이러한 돈법의 선지가 우두선의 도처에 보이고, 여러 선문禪門에 공통하고 있는데 어찌 돈법의 반半에 불과하다고 말하는 것인가.

여러 대승경론에서 펼친 요의了義의 법문을 반드시 알아야 하는 것이지만, 듣고 알았다 하더라도 그 법문이 참으로 그렇구나 하고 생각한 그것 또한 머리에 떠올려졌으니 이미 망妄이고 공무空無임을 알아야 한다. 그래야 그 법을 머리에 떠올려 조照하는 행을 하지 않게 되는 것이다. 경론에 일체가 망妄이고 공무라고 한 까닭이며, 그 요의의 뛰어난 진리도 언설에 의한 분별이며, 원만한 진리란 본래 어느 한 구역이 아닌데, 최상승의 궁극의 법이 무엇이라고 하면 그 구역에 한정된 진리가 되기 때문이다. 이에 대해서는 돈황에서 새로 출토된 6조 이전 초기선사들의 법문 어록을 모아 놓은 어록집 『보리달마론』(또는 『달마론』, 『이입사행론장권자二入四行論長卷子』)에 개시開示되어 있다. 필자가 돈황출토의 여러 본을 종합 정리 주석 해설하여 『보리달마론』의 제명題名으로 출간한 바 있다.[182] 그 가운데 한 문단을 인용한다.

〈65〉 또한 견見을 견見함이 없고, 불견不見을 견見함이 없는 것, 이를 이름하여 법을 견見함이라 한다. 지知를 지知함이 없고, 부지不知를 지知함이 없는 것, 이를 이름하여 법을 지知함이라 한다.

---

182 박건주 역주 해설, 『보리달마론』, 운주사, 2013. 본고 인용문 앞의 번호는 본서에서 소절을 순서대로 나누어 붙인 것임.

이와 같이 이해하는 것을 이름하여 망상이라 한다.[183]

견見과 불견不見을 견見함이 없고, 지知와 부지不知를 지知함이 없어
야 법을 견見하고 지知함이라 한 것은 달마선의 중요한 선지이고,
올바르게 깊은 뜻을 이해한 것이지만, 이렇게 이해하면 망상이라 함은,
그 법이 이해의 대상이 되어 하나의 법상이 되는 것이기에 마음에
떠오른 상념이 되어 망상이 되는 것이며, 이를 곧잘 붙잡고 조照하는
행에 빠지게 되기 때문이다. 올바로 지知하였다면 그 지知한 뜻에
따라 그 지知함에도 향할 수 없고, 머리에 떠올리지도 않아야 하는
것이다. 상당히 높은 뜻을 알게 된 경우도 많은 행인들이 그 지知한
것에 빠져버리는(떨어져버리는) 예가 매우 많다. 그래서 조금 빗나가면
팔만사천리라 한다. 앞에 인용한 우두선 법문에서 "정情을 잊어야
함"을 강조하고 있는 것도 그러한 뜻이 있다. 견見함 없고, 지知함
없는 것이 심성心性이다. 그런데 그 지해知解가 필수의 행이지만 그
지해된 법에 마음이 향해지면 정식情識이 되어 동하고 염착되어버린다.
즉 이미 심성에 어긋난 것이니 바로 망상에 떨어진 것이다. 진실이
그러하되 그렇다는 상념에도 머무르지 말아야 한다. 그래야 지知함
없고, 견見함 없는 자리가 체증體證된다. 그래서 진실을 밝히고는 그렇
게 아는 것도 망상이라 한 것이다. 또한 그러하기에 알았다면 마음을
어디에 둘 수가 없고, 말의 길이 끊어졌다고 하는 것이다(心行處滅,
言語道斷).

---

183 "復次不見見, 不見不見, 是名見法. 不知知, 不知不知, 是名知法. 如是解者, 名爲
妄想."

위의 『달마론』(『보리달마론』)에 또 다음의 법문이 있다.

〈61〉 묻는다. "법(모든 존재, 진리, 법성)이 어떠하다고 알아야
합니까?"

답한다. "법이란 '지각知覺함이 없는 것'이라 한다. 마음이 만약
지각하지 않는다면 이 사람은 법을 아는 것이다. 법이란 '인식함이
없고, 견見함도 없는 것'이라 한다. 마음이 만약 인식함도 없고
견見함도 없다면 법을 봄이라 한다. 일체법을 지知하지 않음을
이름하여 법을 지知함이라 한다. 일체법을 얻지 않음을 이름하여
(일체)법을 (진실로) 얻음이라 한다. 일체법을 견見하지 않음을
이름하여 (일체)법을 (진실로) 견見함이라 한다. 일체법을 분별하
지 않음을 이름하여 (일체)법을 (진실로) 분별함이라 한다."[184]

"일체법을 지知하지 않음을 이름하여 (진실로) 지知함이라 한다."는
우두선에서도 나오는 법문으로, 달마 이래 초기 선종의 요의了義이고
요의要義인 선지였음을 알 수 있다. 지知함에는 조照가 즉각 따르게
되는 병폐가 있는데 그렇다고 해서 법문이나 사물 등을 견문하고 먼저
지知하지 않으면 안 되는 것이고, 병폐를 겪지 않기 위해서는 지知하면
서 일단 흔들림이 없어야 한다(不動). 흔들림이 없으려면 그것이 망妄이
고, 그림자와 같으며, 수중월水中月과 같고, 그래서 공무空無한 것이고,

---

[184] "問, 云何知法? 答, 法名無覺無知. 心若無覺無知, 此人知法. 法名不識不見. 心若
不識不見, 名爲見法. 不知一切法, 名爲知法. 不得一切法, 名爲得法. 不見一切法,
名爲見法. 不分別一切法, 名爲分別法."

그래서 그 자리가 그대로 진眞인 줄도 알아야 한다. 사실 이러한 여러 사항들이 한 자리에 동시에 만족되어 있는 것이 법이다. 이러한 뜻이 있기에 마음이 동動함 없이 지知하게 되어 마치 거울이 대상을 비추되 흔들림 없는 것과 같아 비추되 비춤이 없어 마음이 지知하되 지知함 없는 것과 같다고 하는 것이다. 만약 거울이 찌그러지거나 흔들리면 대상의 진실한 모습이 비추어지지 않는다. 그와 같이 대상을 지知하게 되면 마음이 흔들려 그 대상을 올바로 지知하지 못하게 된다. 지知하되 지知함이 없으면 마음에 흔들림 없어 진실로 지知하게 되는 것이다. 지知함이란 마음으로 지知하는 것인데 지知함 없으면 무심無心이 되고, 무심인 가운데 지知함에 바로 몸으로 지知함이 된다. 이것이 바로 신증身證이다. 이 자리에서는 이미 대상이 대상이 아니다. 그래서 밖에 유有하는 것으로 생각되지 않는다. 이를 무소유(無所有: 있다고 할 바가 없음)라고 한다. 무소유란 없다는 뜻과는 다르다. 있지만 대상으로서 인지되는 것이 아닌 자리의 있음이다. 그래서 그 있음이 소유所有 되는 것이 아니다. 몸으로 체험됨일 뿐 무엇이라 말할 수 없다. 여기에서 언어도단言語道斷 심행처멸心行處滅이라 하고, 불가설不可說 불가설不可說이라 한다. 한 티끌에 무진수無盡數의 세계가 중중重重으로 자리하고 있다고 함은 『화엄경』에 자세히 설해져 있거니와 몸으로 체험하는 자리는 이루 다 말로 드러낼 수 없는 것이다. 이러한 신증身證을 방해하는 것이 마음의 분별이고, 아직 마음이 있으면 아직 분별의 지知가 있다는 것이다. 『능가경』에 "분별 떠남이 바로 진지眞如다. 단지 분별 떠남만으로 되는 것이 아니고, (위에서 설한 禪旨를) 깨달은 지혜가 있어야 한다."(『대승입능가경』권7 「게송품」)고 하였다. 즉 마음의 분별을 떠나기 위해서는 마음이 본래 지知함과 분별함이 없다"는 뜻을 깨달은 지혜(覺智)가 있어야 한다는 것이다. 이러한 뜻(禪旨)이 있어 우두선에서 법상을 관행함도 끊게 하는 절관絕觀의 선법을 펴고 있으며, 여러 선가 공유상통의 불용심不用心·부작의不作意·부사不思 등으로 개시되는 선법은 곧 같은 선지에 의한 것이고, 함께 개시되는 선법들이다.

신증身證에서는 그 대상을 사량분별함을 떠나 온전히 몸으로 체지體知 체증體證하는 것이다. 마음의 분별을 떠나면 마음을 잊게 된다(忘心). 아직 마음이 있으면 분별을 떠날 수 없다. 모든 법문은 실은 마음을 잊게 하는(忘心) 가르침이다. 한마음 일어나면 모든 것이 생기고, 한마음 멸하면 모든 것이 멸한다고 하였다. 원효元曉는 『열반경종요』에서 "극과(極果: 妙覺)의 큰 깨달음이라 함은 실성實性을 체득하여 마음을 잊는 것이다(忘心)."고 하였는데 바로 이 마음을 잊는다고 하는 것이 달마선의 핵심 요의이다. 마음은 본래 무엇을 한다고 함이 없다. 그래서 이 자리에 든 부처님은 성도에서 열반에 이르기까지 하나의 법문도 설한 바가 없다고 하는 것이다. 또 원효는 같은 글에서 "이것(극과)은 이理와 지智를 모두 잊어버리고, 이름과 뜻이 아주 끊어진 것이니 이것을 열반의 그윽한 뜻(玄旨)이라 한다."고 하였다. 불교 행자는 큰 깨달음을 얻어 성불하고자 하는 마음에 자신이 배워 알게 된 이理와 지智에 끌리고 향하며 애착하게 된다. 그러나 그 이理와 지智를 올바로 알았다면 거기에 향할 바도 없어야 그 이理와 지智에 합당하게 된다. 각 선문의 법문에서 망妄, 진眞, 공무空無 등으로 설함은 실은 다 그렇게 되도록 이끄는 것이어서 선지로 보면 둘이 아닌 것이다. 『속고승전』의 저자 도선道宣은 우두법융과 거의 같은 시기에 활동하였는데 그는 달마선을 "망언忘言·망념忘念·무득無得의 정관正觀을 종宗으로 한다." 고 하였다.[185] 여기에서 '망념忘念'은 '망심忘心'이다. 마음을 잊음(忘心)이 궁극이니 일어난 마음이 다 망妄임을 설해야 한다. 망妄이라는 법문을 들으면 그 망심妄心을 제거하려는 행이 생기고, 이것이 또 마음을 일으키게 하는지라 그대로 진眞임을 설하는 것이니 그림자 그 자리가 실은 진眞의 자리를 떠나 있는 것이 아니라는 심지心地의 법문을 하게 되며, 망妄이고 그림자인지라 제거하려 할 필요가 없으며, 본래무일물이어서 공무인 뜻을 설하여 마음으로 무엇을 짓고자 얻고자 하는 병폐를 떠나게 하는 것이다. 수행을 한다는 것이 오히려 마음을 잊는 궁극의 행을 방해하게 되어 오히려 거꾸로 가게 되는 것이니 달마선에서는 무수지수無修之修의 행을 설한다. 무수無修란 부작의不作意 불용심不用心의 행인 까닭이고, 부작의의 행에서 진실한 닦음이 이루어지는 까닭에 무수지수라 한다. 여러 선가의 법문에 이 뜻을 도처에서 설하며 강조하고 있다. 달마선이 선의 종가宗家로서 선종으로 칭해진 것은 이러한 요의要義가 있기 때문이다.

요컨대 망심(忘心: 마음을 잊음)이 되어야 온전히 신증身證이 되는 것이고, 신증이 궁극이다. 그래서 또한 무심無心의 법문을 여러 선가에서 공통으로 설한다. 그런데 무심을 잡고 있으면 그 마음이 있게 되어 신증이 되지 못하는 것이다.

---

185 『속고승전』 권39 「감통편」(《대정장》 50, 666b) 중 釋法沖傳에 "於後達磨禪師傳之 南北, 忘言忘念無得正觀爲宗."

Ⅲ. 하택과 종밀의 심체心體, 영지靈知 법문과 망심忘心

하택-징관-종밀로 이어진 선가에서는 심체를 지知로서 드러낸 법문
이 여러 선가 중에 으뜸이며, 달마가 전한 마음이라며 자부하고 현창한
다. 이들의 여러 법문에서 자주 반복하여 설하고 있는데 『승습도』에서
핵심 구절을 인용하면 다음과 같다.

"심체가 지知하니(心體能知), 지知가 바로 마음이다(知卽是心)."

"마음이 항상 고요함이 자성自性의 체이고(心常寂是自性體), 마음
이 항상 지知함이 자성의 용用이다(心常知是自性用)."

"무주無住의 심체가 영묘하게 지知하여 어둡지 않다(無住心體, 靈知
不昧)."

"망념이 본래 고요하고(妄念本寂), 티끌(6塵) 경계가 본래 공하다
(塵境本空)."

"바로 이 텅 비어 고요한 자리에서 고요한 가운데 지知함이 있으니,
이것이 이전 달마대사가 전한 공적지심空寂之心이다. 미혹하든
깨달았든 마음이 본래 스스로 지知한다(卽此空 寂寂知. 是前達磨所
傳空寂心也. 任迷任悟, 心本自知)."

종밀에 의하면, 여기서 설하는 지知는 분별지分別知와 구분되는 것이
며, 성인에게는 많고 범부에게는 적은 지智와 달리 본래 누구에게나
평등하게 갖추어진 심心의 성性이고 심心의 체이다. 심心이라 하면
단지 가리킨 명자名字이지만 지知라 할 때는 그 속성을 현량現量으로

드러낸 것이어서(現量顯) 홍주종 등에서 불성佛性 등으로 설하는 비량현比量顯에 비교할 것이 아니며, 또한 하택은 자성용自性用을 드러낸 것인데 홍주종은 수연용隨緣用을 드러낸 것에 지나지 않는다고 한다.

주지하다시피 심체로서의 지知는 상대相對의 분별지가 아닌 까닭에 구분하여 영지靈知·진지眞知·절대지絶對知라고도 칭한다. 하택신회의 여러 법문에 이 지知의 법문은 간략한 몇 구句에 불과한데 이를 두루 강조하여 펼친 것은 징관澄觀에서부터이고, 종밀은 이를 계승하여 자파의 자랑으로 삼고 현창하였다. 그런데 우두법융의 『심명』에서 영지 법문이 나온다.

> 영지靈知가 스스로 조照하고, 만법이 여如에 돌아가니(靈知自照, 萬法歸如)
> 돌아감도 없고, 감수感受함도 없어 단지 절관絶觀하여 지키는 행도 잊는다(無歸無受, 絶觀忘守).

"만법귀여萬法歸如"에서 '귀여歸如'는 여(如: 평등, 眞如, 不二)에 돌아간다는 뜻이니 그 여如는 곧 심체이다. 그래서 영지靈知가 곧 심체心體인 셈이다. 징관에서 종밀로 이어지는 지즉심체知卽心體의 법문도 실은 이미 우두선에 있는 셈이다. 그런데 여러 경론에서는 심체로서 각(覺: 覺性 靈覺)을 설하고, 지知는 거의 쓰지 않는다. 물론 여기서의 각覺은 지각知覺에서의 각覺이 아니다. 지각 이전에 본래 깨어 있음이다. 심체心體로서의 각覺 대신에 지知를 쓸 수는 있지만 거기에는 여러 문제가 따르기 때문이다(후술). 각覺이란 깨어 있다는 것이니 일체 모든 것이

분별 이전에 깨어 있다는 뜻이다. 식식識이 멸한 불佛의 자리에서도
일체를 분별하여 안다. 그 자리에서는 식식識으로서 지知하는 것이 아니
라 불가설不可說이다. 단지 지知함이 없지 않은 까닭에 제9식으로서
암마라식을 세울 뿐이다. 마음을 잊은 망심忘心의 자리에서 지知함이
없지 않은데 이는 몸으로 체현되는 신증身證의 경계이고 불가설의
각각覺일 뿐이다. 각각覺이 인식의 대상이 될 수 없다. 심체가 각각覺이고,
마음이 마음을 볼 수 없으며, 마음이 마음을 모르기 때문이다(『반주삼매
경』). 각각覺이 인식의 대상이 되어버리면 그 각각覺을 상사각相似覺이라
한다. 진실한 각각覺이 되지 못하고, 단지 비슷하다는 뜻이다. 보살의
수행계위에서 상사각을 얻으면 현위賢位가 되지만, 성위聖位가 시작되
는 보살초지 이상의 수분각隨分覺이 되지 못한다. 수분각은 신증의
정도에 따라 보살초지에서 십지에 이르는 차등이 있게 된다. 그러나
일단 상사각을 먼저 얻어야 한다. 이를 통해서 이로理路가 뚜렷해진다.
즉 무분별지無分別智의 길이 열리게 되는 것이다. 그런데 심체를 '지知'
라는 명자名字로 설하게 되면 그 지자知字에 대상이 전제되어 있는
것이기 때문에 문제가 발생하게 되는 것이다. 대상이 전제되지 않은
지知는 그 자의字義의 근본을 말살하는 것이 되어버린다. 그러나 각각覺은
대상을 전제하지 않아도 자체로 깨어 있다는 뜻이 가능하다. 그러나
이 또한 어언이기 때문에 문제가 전혀 없는 것은 아니다. 각각覺도 일체법
과 불각不覺이 전제되지 않을 수 없는 것이다. 그래서 심심心이든 심체이든
실은 언어문자로 드러낼 수 없는 것이며, 이를 떠나있다고 설하는
것이다. 또한 '이것이다' 하고 칭하면 이미 어긋났다고 하는 것이다.
그렇지만 각각覺은 심체를 드러내는 데 가장 자세하고 구체적이며, 병폐

가 가장 적은 말이다. 그래서 여러 경론에서 이를 써서 심체를 가리키고 있는 것이다. 그런데 '(眞)지知'는 그 앞에 '진眞'이나 '영靈'을 붙여 분별의 지知와 구분하더라도 그 자의 자체에 대상을 지니고 있기 때문에 '지知'라고 그 뜻을 생각하는 순간에 이미 분별의 화火가 일어나버리게 되는 것이다. 마음이 마음을 볼 수 없고, 마음이 마음을 알 수 없는 것인데 마음에서 마음을 보고, 마음에서 대상을 지知하는 그 지知를 또 생각하여 지知하거나 지知하려 하니 분별의 화火가 겹쳐지는 것이다. 이러한 병폐를 막기 위해서 여러 대승경론에서 마음은 본래 지知함이 없고, 견見함이 없으며, 분별함이 없음을 먼저 알도록 하는 것이다. 그래서 상술한 우두선의 법문을 비롯한 여러 선가의 법문에서 "그 법을 지知하지 않음이 그 법을 진실로 아는 것이다."고 한 것이다. 두 가지 사물을 비비면 거기에 열이 나게 되어 있다. 지知를 지知하게 되는 것도 마찬가지다. 마음에 마음이 겹치어 비벼지니 심화心火가 발생하여 상기병上氣病이 발생하고, 원기가 소모되며 빠져나가는 것이다. 이러한 행으로 수행한다는 것이 오히려 심신을 망치게 한다. 정진의 욕심으로 열심히 하면 할수록 그 병폐가 심해진다. 그러함을 필자도 일찍이 겪은 바 있거니와 주변을 돌아보면 대개 이러한 지경에 이른 경우가 무척 많다.

그래서 마음이 본래 무심無心한 것임을 알고 가야 하는 것이다. 물이 흐르되 무심하게 흐르며, 『반야경』 등에 설한 바와 같이 색수상행식色受想行識이 그 자리에서 무엇을 한다 함이 없고, 지知함 없으며, 견見함 없고, 분별함 없음을 먼저 알아야 한다. 먼저 알고 가야 하기 때문에 그러함을 간看하라는 법문이 설해지는 것인데, 이를 수준 낮은 점법으로 몰아세우는 것은 참으로 올바른 길을 막아버리는 것이 된다. 단지 그 간행看行으로 알게 된 이법理法에 애착하면 안 되는 것이기에 우두선에서는 정식情識에 떨어질 것을 염려하여 본래 공무空無하고 무사無事한 것임을 일깨우고 있는 것이다. 전술한 바와 같이 여타 선가의 선지도 다 원융하게 성취하는 데 필요한 법문들이다. 그러한 선지와 법문들이 어울려져서 궁극의 자리인 망심忘心이 이루어진다. 망심이 되는 과정에서 여러 법문들이 다 그때그때 소용所用이 된다. 단지 종밀이 강조한 심체로서의 지知 법문은 자칫 여러 병폐를 낳게 될 수 있기 때문에 특별한 경우 아니면 그 사용을 자제하는 것이 좋다고 본다. 무엇보다 가장 적합하고 병폐가 적으며, 효율적인 '각(覺: 覺性, 靈覺)'이 있기 때문에 '지자知字'를 쓸 필요가 없는 것이다.

결언

우두선을 비롯한 여러 선가의 선지와 법문은 궁극으로 마음을 잊는 망심忘心의 자리로 이끌고 있다. 종밀은 하택종을 자파自派로 삼아 그 법문을 최상의 것으로 추켜세우고 현창하였다. 그는 하택신회의 제자 일각에서 조작한 남돈북점설, 전의설傳依說, 일인부촉설一人付屬說, 정방설正傍說 등을 추종하고, 그의 여러 글들에서 이를 사실로 포장하여 기술함으로써 그 위조의 설들에 큰 힘을 실어주었다.

　종밀이 여타 선가를 비평하면서 요약 정리하듯 제시한 망妄, 진眞, 공무空無 등의 선지들은 후대 각 선가의 간판처럼 전해지게 되었지만, 실은 각 선가의 진실한 선지라고 할 수 없을 정도로 단편적이고 치우친 것이었으며, 그 진실하고 깊은 뜻을 드러내기보다는 낮은 법문으로 폄하하고, 하택을 높이기 위한 것이었다.

불용심不用心・부작의不作意・부사不思・불행不行・무념無念・무심無心・절관絕觀・무사無事・망심忘心 등 우두선에 보이는 선지와 법문들은 실은 여러 선가의 법문에 거의 공통으로 보이는 것이며, 여타 선가보다 시기적으로 앞선 까닭에 후대에 선법의 지남指南으로서 소중한 역할을 한 것으로 평가되어야 한다. 우두선을 통해서 여타 선가의 선지들이 원융 회통될 수 있다. 우두선을 단순히 공무에 치우친 민절무기종泯絕無寄宗으로 보는 것은 큰 잘못이다. 반야의 선지를 포함하여 『능가경』을 비롯한 대승경론 전반의 선지가 함께 펼쳐져 있다.

우두선을 비롯한 여러 선가의 선지와 법문들은 모두 법상法相의 장애를 넘게 함으로써 궁극의 망심忘心과 신증身證에 이르도록 이끌고 있다. 모두 다 소중하고, 필요한 법문들이다.

단지 종밀이 자파自派인 하택종의 특장으로서 자랑삼아 제시한, "심체心體를 '지知'로써 드러내었다는 법문"은 여러 병폐를 낳게 되는 폐단이 있는 것이기 때문에 본래 여러 경론에서 심체를 '각覺'으로 드러내어 설한 뜻을 살펴서, 이를 통해 상사각相似覺을 얻고, 나아가 수분각隨分覺, 구경각究竟覺에로 진전해 가야 할 것이다.

부록논문의 참고문헌

〈원전〉

『대승입능가경』(〈대정장〉 16)

『열반경종요』(『원효대사전집』, 보련각, 1978)

『반주삼매경』(〈대정장〉 13)

『마하반야바라밀경』(〈대정장〉 8)

『대반야바라밀경』(〈대정장〉 5~7)

『頓悟大乘正理訣』, 上山大峻, 『燉煌佛教の研究 資料編』, 京都, 法藏館, 1990.

『心銘』, 박건주, 『절관론 역주』, 운주사, 2012.

『絶觀論』, 위와 같음.

『안심법문』, 위와 같음.

『보리달마론』, 박건주 역주, 운주사, 2013.

『능가사자기』, 박건주 역주, 운주사, 2001/2011.

『북종선법문—돈황문헌역주Ⅱ』, 박건주 역주, 씨아이알, 2009.

『하택신회선사 어록—돈황문헌역주Ⅰ』, 박건주 역주, 씨아이알, 2009.

『禪源諸詮集都序』(〈대정장〉 48)

『육조단경(돈황본)』, 周紹良 편저, 『燉煌寫經壇經原本』, 북경, 문물출판사, 1997.

『中華傳心地禪門師資承襲圖』(卍新纂續藏經 63)

『演義鈔』 34(〈대정장〉 36)

『能秀二祖讚』, 『全唐文』 917.

『唐故招聖寺大德慧堅禪師碑銘幷序』, 楊曾文, 아래 글(2002).

〈논저〉

楊曾文, 「有關神會的兩篇銘文」, 『中國佛教史論』, 北京, 中國社會科學出版社,
   2002.

冉雲華, 「『唐故招聖寺大德慧堅禪師碑』考」, 『中華佛學學報』 7, 臺灣中華佛學研

究所, 1994.

楊曾文,「關于『唐故招聖寺大德慧堅禪師碑』的補充說明」,『中國社會科學院研究
　　生院學報』, 1995-4.

王亞榮,「『慧堅禪師碑』與慧堅禪師」,『紀念少林寺建寺1500周年國際學術研討會
　　論文集』, 宗教文化出版社, 1996.

鎌田茂雄,「澄觀における禪思想の形成」,『中國華嚴思想史の研究』, 東京大學東
　　洋文化研究所, 1965.

平井俊榮,「牛頭宗と保唐宗」,『敦煌佛典と禪』, 東京, 大東出版社, 1980.

박건주,「澄觀・宗密의 융회론・修證論과 능가선」,『불교학보』44, 2006.2.

＿＿＿＿,「북종의 頓法과 종밀의 북종관」,『한국선학』17, 2007.8.

＿＿＿＿,「돈법과 점법의 문제」,『중국 초기선종 능가선법 연구』, 운주사, 2007.

찾아보기

356

박건주

전남 목포 출생. 전남대 사학과, 동 대학원 석사. 성균관대 대학원 사학과 문학박사(동양사). 성균관대·순천대·목포대·조선대에 출강하였고, 현재는 전남대 강사, 동국대 동국역경원 역경위원, 전남대 종교문화연구소와 호남불교문화연구소 연구이사.

저서에 『중국 초기선종 능가선법 연구』, 『달마선』, 『중국고대사회의 법률』, 『중국고대의 유생과 정치』, 『선종사상 왜곡의 역사와 간화선』 등이, 역서에 『능가경 역주』, 『능가사자기』, 『절관론 역주』, 『보리달마론』, 『위없는 깨달음의 길, 금강경』, 『하택신회선사 어록: 돈황문헌 역주1』, 『북종선법문: 돈황문헌 역주2』, 『주심부 역주』 등이, 그밖에 중국고대사와 중국불교사에 대한 여러 전공 논문이 있다.

티베트 돈점 논쟁 연구

초판 1쇄 인쇄 2017년 7월 21일 | 초판 1쇄 발행 2017년 7월 28일
지은이 박건주 | 펴낸이 김시열
펴낸곳 도서출판 운주사

(02832) 서울 성북구 동소문로 67-1 성심빌딩 3층
전화 (02) 926-8361 | 팩스 0505-115-8361
ISBN 978-89-5746-493-9 93220   값 20,000원
http://cafe.daum.net/unjubooks 〈다음카페: 도서출판 운주사〉